שְׁמוֹת

SHEMOT

Traducción: Yoram Rovner, Uri Trajtmann.

Impreso en Estados Unidos.

Publicado y editado por BN Publishing.

EMail: info@bnpublishing.com

ISBN: 9788352286

Atención: Este texto contiene los nombres Sagrados de Dios. Se ruega tratar con el máximo respeto, no poniéndolo en el suelo ni entrándolo al baño.

ל

CONTENIDOS

HEBREO

ESPAÑOL

שמות

פרק א

א) וְאֵ֗לֶּה שְׁמוֹת֙ בְּנֵ֣י יִשְׂרָאֵ֔ל הַבָּאִ֖ים מִצְרָ֑יְמָה אֵ֣ת יַעֲקֹ֔ב אִ֥ישׁ וּבֵית֖וֹ בָּֽאוּ׃
ב) רְאוּבֵ֣ן שִׁמְע֔וֹן לֵוִ֖י וִיהוּדָֽה׃
ג) יִשָּׂשכָ֥ר זְבוּלֻ֖ן וּבִנְיָמִֽן׃
ד) דָּ֥ן וְנַפְתָּלִ֖י גָּ֥ד וְאָשֵֽׁר׃
ה) וַֽיְהִ֗י כָּל־נֶ֛פֶשׁ יֹצְאֵ֥י יֶֽרֶךְ־יַעֲקֹ֖ב שִׁבְעִ֣ים נָ֑פֶשׁ וְיוֹסֵ֖ף הָיָ֥ה בְמִצְרָֽיִם׃
ו) וַיָּ֤מָת יוֹסֵף֙ וְכָל־אֶחָ֔יו וְכֹ֖ל הַדּ֥וֹר הַהֽוּא׃
ז) וּבְנֵ֣י יִשְׂרָאֵ֗ל פָּר֧וּ וַֽיִּשְׁרְצ֛וּ וַיִּרְבּ֥וּ וַיַּֽעַצְמ֖וּ בִּמְאֹ֣ד מְאֹ֑ד וַתִּמָּלֵ֥א הָאָ֖רֶץ אֹתָֽם׃
{פ}
ח) וַיָּ֥קָם מֶֽלֶךְ־חָדָ֖שׁ עַל־מִצְרָ֑יִם אֲשֶׁ֥ר לֹֽא־יָדַ֖ע אֶת־יוֹסֵֽף׃
ט) וַיֹּ֖אמֶר אֶל־עַמּ֑וֹ הִנֵּ֗ה עַ֚ם בְּנֵ֣י יִשְׂרָאֵ֔ל רַ֥ב וְעָצ֖וּם מִמֶּֽנּוּ׃
י) הָ֥בָה נִֽתְחַכְּמָ֖ה ל֑וֹ פֶּן־יִרְבֶּ֗ה וְהָיָ֞ה כִּֽי־תִקְרֶ֤אנָה מִלְחָמָה֙ וְנוֹסַ֤ף גַּם־הוּא֙ עַל־שֹׂ֣נְאֵ֔ינוּ
וְנִלְחַם־בָּ֖נוּ וְעָלָ֥ה מִן־הָאָֽרֶץ׃
יא) וַיָּשִׂ֤ימוּ עָלָיו֙ שָׂרֵ֣י מִסִּ֔ים לְמַ֥עַן עַנֹּת֖וֹ בְּסִבְלֹתָ֑ם וַיִּ֜בֶן עָרֵ֤י מִסְכְּנוֹת֙ לְפַרְעֹ֔ה אֶת־פִּתֹ֖ם
וְאֶת־רַעַמְסֵֽס׃
יב) וְכַאֲשֶׁר֙ יְעַנּ֣וּ אֹת֔וֹ כֵּ֥ן יִרְבֶּ֖ה וְכֵ֣ן יִפְרֹ֑ץ וַיָּקֻ֕צוּ מִפְּנֵ֖י בְּנֵ֥י יִשְׂרָאֵֽל׃
יג) וַיַּעֲבִ֧דוּ מִצְרַ֛יִם אֶת־בְּנֵ֥י יִשְׂרָאֵ֖ל בְּפָֽרֶךְ׃
יד) וַיְמָרְר֨וּ אֶת־חַיֵּיהֶ֜ם בַּעֲבֹדָ֣ה קָשָׁ֗ה בְּחֹ֙מֶר֙ וּבִלְבֵנִ֔ים וּבְכָל־עֲבֹדָ֖ה בַּשָּׂדֶ֑ה אֵ֚ת
כָּל־עֲבֹ֣דָתָ֔ם אֲשֶׁר־עָבְד֥וּ בָהֶ֖ם בְּפָֽרֶךְ׃
טו) וַיֹּ֙אמֶר֙ מֶ֣לֶךְ מִצְרַ֔יִם לַֽמְיַלְּדֹ֖ת הָֽעִבְרִיֹּ֑ת אֲשֶׁ֨ר שֵׁ֤ם הָֽאַחַת֙ שִׁפְרָ֔ה וְשֵׁ֥ם הַשֵּׁנִ֖ית פּוּעָֽה׃
טז) וַיֹּ֗אמֶר בְּיַלֶּדְכֶן֙ אֶת־הָֽעִבְרִיּ֔וֹת וּרְאִיתֶ֖ן עַל־הָאָבְנָ֑יִם אִם־בֵּ֥ן הוּא֙ וַהֲמִתֶּ֣ן אֹת֔וֹ
וְאִם־בַּ֥ת הִ֖וא וָחָֽיָה׃
יז) וַתִּירֶ֤אןָ הַֽמְיַלְּדֹת֙ אֶת־הָ֣אֱלֹהִ֔ים וְלֹ֣א עָשׂ֔וּ כַּאֲשֶׁ֛ר דִּבֶּ֥ר אֲלֵיהֶ֖ן מֶ֣לֶךְ מִצְרָ֑יִם וַתְּחַיֶּ֖יןָ
אֶת־הַיְלָדִֽים׃
יח) וַיִּקְרָ֤א מֶֽלֶךְ־מִצְרַ֙יִם֙ לַֽמְיַלְּדֹ֔ת וַיֹּ֣אמֶר לָהֶ֔ן מַדּ֥וּעַ עֲשִׂיתֶ֖ן הַדָּבָ֣ר הַזֶּ֑ה וַתְּחַיֶּ֖יןָ
אֶת־הַיְלָדִֽים׃
יט) וַתֹּאמַ֤רְןָ הַֽמְיַלְּדֹת֙ אֶל־פַּרְעֹ֔ה כִּ֣י לֹ֧א כַנָּשִׁ֛ים הַמִּצְרִיֹּ֖ת הָֽעִבְרִיֹּ֑ת כִּֽי־חָי֣וֹת הֵ֔נָּה בְּטֶ֨רֶם
תָּב֧וֹא אֲלֵהֶ֛ן הַמְיַלֶּ֖דֶת וְיָלָֽדוּ׃

כ) וַיֵּ֥יטֶב אֱלֹהִ֖ים לַֽמְיַלְּדֹ֑ת וַיִּ֧רֶב הָעָ֛ם וַיַּֽעַצְמ֖וּ מְאֹֽד:

כא) וַיְהִ֕י כִּֽי־יָֽרְא֥וּ הַֽמְיַלְּדֹ֖ת אֶת־הָֽאֱלֹהִ֑ים וַיַּ֥עַשׂ לָהֶ֖ם בָּתִּֽים:

כב) וַיְצַ֣ו פַּרְעֹ֔ה לְכָל־עַמּ֖וֹ לֵאמֹ֑ר כָּל־הַבֵּ֣ן הַיִּלּ֗וֹד הַיְאֹ֙רָה֙ תַּשְׁלִיכֻ֔הוּ וְכָל־הַבַּ֖ת תְּחַיּֽוּן: {פ}

פרק ב

א) וַיֵּ֥לֶךְ אִ֖ישׁ מִבֵּ֣ית לֵוִ֑י וַיִּקַּ֖ח אֶת־בַּת־לֵוִֽי:

ב) וַתַּ֥הַר הָֽאִשָּׁ֖ה וַתֵּ֣לֶד בֵּ֑ן וַתֵּ֤רֶא אֹתוֹ֙ כִּי־ט֣וֹב ה֔וּא וַֽתִּצְפְּנֵ֖הוּ שְׁלֹשָׁ֥ה יְרָחִֽים:

ג) וְלֹא־יָֽכְלָ֣ה עוֹד֮ הַצְּפִינוֹ֒ וַתִּֽקַּֽח־לוֹ֙ תֵּ֣בַת גֹּ֔מֶא וַתַּחְמְרָ֥ה בַֽחֵמָ֖ר וּבַזָּ֑פֶת וַתָּ֤שֶׂם בָּהּ֙ אֶת־הַיֶּ֔לֶד וַתָּ֥שֶׂם בַּסּ֖וּף עַל־שְׂפַ֥ת הַיְאֹֽר:

ד) וַתֵּֽתַצַּ֥ב אֲחֹת֖וֹ מֵֽרָחֹ֑ק לְדֵעָ֕ה מַה־יֵּֽעָשֶׂ֖ה לֽוֹ:

ה) וַתֵּ֤רֶד בַּת־פַּרְעֹה֙ לִרְחֹ֣ץ עַל־הַיְאֹ֔ר וְנַֽעֲרֹתֶ֥יהָ הֹֽלְכֹ֖ת עַל־יַ֣ד הַיְאֹ֑ר וַתֵּ֤רֶא אֶת־הַתֵּבָה֙ בְּת֣וֹךְ הַסּ֔וּף וַתִּשְׁלַ֥ח אֶת־אֲמָתָ֖הּ וַתִּקָּחֶֽהָ:

ו) וַתִּפְתַּח֙ וַתִּרְאֵ֣הוּ אֶת־הַיֶּ֔לֶד וְהִנֵּה־נַ֖עַר בֹּכֶ֑ה וַתַּחְמֹ֣ל עָלָ֔יו וַתֹּ֕אמֶר מִיַּלְדֵ֥י הָֽעִבְרִ֖ים זֶֽה:

ז) וַתֹּ֣אמֶר אֲחֹתוֹ֮ אֶל־בַּת־פַּרְעֹה֒ הַֽאֵלֵ֗ךְ וְקָרָ֤אתִי לָךְ֙ אִשָּׁ֣ה מֵינֶ֔קֶת מִ֖ן הָֽעִבְרִיֹּ֑ת וְתֵינִ֥ק לָ֖ךְ אֶת־הַיָּֽלֶד:

ח) וַתֹּֽאמֶר־לָ֥הּ בַּת־פַּרְעֹ֖ה לֵ֑כִי וַתֵּ֙לֶךְ֙ הָֽעַלְמָ֔ה וַתִּקְרָ֖א אֶת־אֵ֥ם הַיָּֽלֶד:

ט) וַתֹּ֧אמֶר לָ֣הּ בַּת־פַּרְעֹ֗ה הֵילִ֜יכִי אֶת־הַיֶּ֤לֶד הַזֶּה֙ וְהֵ֣ינִקִ֣הוּ לִ֔י וַֽאֲנִ֖י אֶתֵּ֣ן אֶת־שְׂכָרֵ֑ךְ וַתִּקַּ֧ח הָֽאִשָּׁ֛ה הַיֶּ֖לֶד וַתְּנִיקֵֽהוּ:

י) וַיִּגְדַּ֣ל הַיֶּ֗לֶד וַתְּבִאֵ֙הוּ֙ לְבַת־פַּרְעֹ֔ה וַֽיְהִי־לָ֖הּ לְבֵ֑ן וַתִּקְרָ֤א שְׁמוֹ֙ מֹשֶׁ֔ה וַתֹּ֕אמֶר כִּ֥י מִן־הַמַּ֖יִם מְשִׁיתִֽהוּ:

יא) וַיְהִ֣י ׀ בַּיָּמִ֣ים הָהֵ֗ם וַיִּגְדַּ֤ל מֹשֶׁה֙ וַיֵּצֵ֣א אֶל־אֶחָ֔יו וַיַּ֖רְא בְּסִבְלֹתָ֑ם וַיַּרְא֙ אִ֣ישׁ מִצְרִ֔י מַכֶּ֥ה אִ֥ישׁ־עִבְרִ֖י מֵֽאֶחָֽיו:

יב) וַיִּ֤פֶן כֹּה֙ וָכֹ֔ה וַיַּ֖רְא כִּ֣י אֵ֣ין אִ֑ישׁ וַיַּךְ֙ אֶת־הַמִּצְרִ֔י וַֽיִּטְמְנֵ֖הוּ בַּחֽוֹל:

יג) וַיֵּצֵא֙ בַּיּ֣וֹם הַשֵּׁנִ֔י וְהִנֵּ֛ה שְׁנֵ֥י אֲנָשִׁ֥ים עִבְרִ֖ים נִצִּ֑ים וַיֹּ֙אמֶר֙ לָֽרָשָׁ֔ע לָ֥מָּה תַכֶּ֖ה רֵעֶֽךָ:

יד) וַ֠יֹּ֠אמֶר מִ֣י שָֽׂמְךָ֞ לְאִ֨ישׁ שַׂ֤ר וְשֹׁפֵט֙ עָלֵ֔ינוּ הַלְהָרְגֵ֙נִי֙ אַתָּ֣ה אֹמֵ֔ר כַּֽאֲשֶׁ֥ר הָרַ֖גְתָּ אֶת־הַמִּצְרִ֑י וַיִּירָ֤א מֹשֶׁה֙ וַיֹּאמַ֔ר אָכֵ֖ן נוֹדַ֥ע הַדָּבָֽר:

טו) וַיִּשְׁמַ֤ע פַּרְעֹה֙ אֶת־הַדָּבָ֣ר הַזֶּ֔ה וַיְבַקֵּ֖שׁ לַֽהֲרֹ֣ג אֶת־מֹשֶׁ֑ה וַיִּבְרַ֤ח מֹשֶׁה֙ מִפְּנֵ֣י פַרְעֹ֔ה וַיֵּ֥שֶׁב בְּאֶֽרֶץ־מִדְיָ֖ן וַיֵּ֥שֶׁב עַל־הַבְּאֵֽר:

טז) וּלְכֹהֵ֥ן מִדְיָ֖ן שֶׁ֣בַע בָּנ֑וֹת וַתָּבֹ֣אנָה וַתִּדְלֶ֗נָה וַתְּמַלֶּ֙אנָה֙ אֶת־הָ֣רְהָטִ֔ים לְהַשְׁק֖וֹת צֹ֥אן

10

אֲבִיהֶֽן׃
יז) וַיָּבֹ֥אוּ הָרֹעִ֖ים וַיְגָרְשׁ֑וּם וַיָּ֤קָם מֹשֶׁה֙ וַיּ֣וֹשִׁעָ֔ן וַיַּ֖שְׁקְ אֶת־צֹאנָֽם׃
יח) וַתָּבֹ֔אנָה אֶל־רְעוּאֵ֖ל אֲבִיהֶ֑ן וַיֹּ֕אמֶר מַדּ֛וּעַ מִהַרְתֶּ֥ן בֹּ֖א הַיּֽוֹם׃
יט) וַתֹּאמַ֕רְןָ אִ֣ישׁ מִצְרִ֔י הִצִּילָ֖נוּ מִיַּ֣ד הָרֹעִ֑ים וְגַם־דָּלֹ֤ה דָלָה֙ לָ֔נוּ וַיַּ֖שְׁקְ אֶת־הַצֹּֽאן׃
כ) וַיֹּ֥אמֶר אֶל־בְּנֹתָ֖יו וְאַיּ֑וֹ לָ֤מָּה זֶּה֙ עֲזַבְתֶּ֣ן אֶת־הָאִ֔ישׁ קִרְאֶ֥ן ל֖וֹ וְיֹ֥אכַל לָֽחֶם׃
כא) וַיּ֥וֹאֶל מֹשֶׁ֖ה לָשֶׁ֣בֶת אֶת־הָאִ֑ישׁ וַיִּתֵּ֛ן אֶת־צִפֹּרָ֥ה בִתּ֖וֹ לְמֹשֶֽׁה׃
כב) וַתֵּ֣לֶד בֵּ֔ן וַיִּקְרָ֥א אֶת־שְׁמ֖וֹ גֵּרְשֹׁ֑ם כִּ֣י אָמַ֔ר גֵּ֣ר הָיִ֔יתִי בְּאֶ֖רֶץ נָכְרִיָּֽה׃
{פ}
כג) וַיְהִי֩ בַיָּמִ֨ים הָֽרַבִּ֜ים הָהֵ֗ם וַיָּ֙מָת֙ מֶ֣לֶךְ מִצְרַ֔יִם וַיֵּאָנְח֧וּ בְנֵי־יִשְׂרָאֵ֛ל מִן־הָעֲבֹדָ֖ה
וַיִּזְעָ֑קוּ וַתַּ֧עַל שַׁוְעָתָ֛ם אֶל־הָאֱלֹהִ֖ים מִן־הָעֲבֹדָֽה׃
כד) וַיִּשְׁמַ֥ע אֱלֹהִ֖ים אֶת־נַאֲקָתָ֑ם וַיִּזְכֹּ֤ר אֱלֹהִים֙ אֶת־בְּרִית֔וֹ אֶת־אַבְרָהָ֖ם אֶת־יִצְחָ֥ק
וְאֶֽת־יַעֲקֹֽב׃
כה) וַיַּ֥רְא אֱלֹהִ֖ים אֶת־בְּנֵ֣י יִשְׂרָאֵ֑ל וַיֵּ֖דַע אֱלֹהִֽים׃
{ס}

פרק ג

א) וּמֹשֶׁ֗ה הָיָ֥ה רֹעֶ֛ה אֶת־צֹ֛אן יִתְר֥וֹ חֹתְנ֖וֹ כֹּהֵ֣ן מִדְיָ֑ן וַיִּנְהַ֤ג אֶת־הַצֹּאן֙ אַחַ֣ר הַמִּדְבָּ֔ר וַיָּבֹ֛א
אֶל־הַ֥ר הָאֱלֹהִ֖ים חֹרֵֽבָה׃
ב) וַיֵּרָא֩ מַלְאַ֨ךְ יְהוָ֥ה אֵלָ֛יו בְּלַבַּת־אֵ֖שׁ מִתּ֣וֹךְ הַסְּנֶ֑ה וַיַּ֗רְא וְהִנֵּ֤ה הַסְּנֶה֙ בֹּעֵ֣ר בָּאֵ֔שׁ וְהַסְּנֶ֖ה
אֵינֶ֥נּוּ אֻכָּֽל׃
ג) וַיֹּ֣אמֶר מֹשֶׁ֔ה אָסֻֽרָה־נָּ֣א וְאֶרְאֶ֔ה אֶת־הַמַּרְאֶ֥ה הַגָּדֹ֖ל הַזֶּ֑ה מַדּ֖וּעַ לֹא־יִבְעַ֥ר הַסְּנֶֽה׃
ד) וַיַּ֥רְא יְהוָ֖ה כִּ֣י סָ֣ר לִרְא֑וֹת וַיִּקְרָא֩ אֵלָ֨יו אֱלֹהִ֜ים מִתּ֣וֹךְ הַסְּנֶ֗ה וַיֹּ֛אמֶר מֹשֶׁ֥ה מֹשֶׁ֖ה
וַיֹּ֥אמֶר הִנֵּֽנִי׃
ה) וַיֹּ֖אמֶר אַל־תִּקְרַ֣ב הֲלֹ֑ם שַׁל־נְעָלֶ֙יךָ֙ מֵעַ֣ל רַגְלֶ֔יךָ כִּ֣י הַמָּק֗וֹם אֲשֶׁ֤ר אַתָּה֙ עוֹמֵ֣ד עָלָ֔יו
אַדְמַת־קֹ֖דֶשׁ הֽוּא׃
ו) וַיֹּ֗אמֶר אָנֹכִי֙ אֱלֹהֵ֣י אָבִ֔יךָ אֱלֹהֵ֧י אַבְרָהָ֛ם אֱלֹהֵ֥י יִצְחָ֖ק וֵאלֹהֵ֣י יַעֲקֹ֑ב וַיַּסְתֵּ֤ר מֹשֶׁה֙ פָּנָ֔יו
כִּ֣י יָרֵ֔א מֵהַבִּ֖יט אֶל־הָאֱלֹהִֽים׃
ז) וַיֹּ֣אמֶר יְהוָ֔ה רָאֹ֥ה רָאִ֛יתִי אֶת־עֳנִ֥י עַמִּ֖י אֲשֶׁ֣ר בְּמִצְרָ֑יִם וְאֶת־צַעֲקָתָ֤ם שָׁמַ֙עְתִּי֙ מִפְּנֵ֣י
נֹגְשָׂ֔יו כִּ֥י יָדַ֖עְתִּי אֶת־מַכְאֹבָֽיו׃
ח) וָאֵרֵ֞ד לְהַצִּיל֣וֹ ׀ מִיַּ֣ד מִצְרַ֗יִם וּֽלְהַעֲלֹתוֹ֮ מִן־הָאָ֣רֶץ הַהִוא֒ אֶל־אֶ֤רֶץ טוֹבָה֙ וּרְחָבָ֔ה
אֶל־אֶ֛רֶץ זָבַ֥ת חָלָ֖ב וּדְבָ֑שׁ אֶל־מְק֤וֹם הַֽכְּנַעֲנִי֙ וְהַ֣חִתִּ֔י וְהָֽאֱמֹרִי֙ וְהַפְּרִזִּ֔י וְהַחִוִּ֖י וְהַיְבוּסִֽי׃

ט) וְעַתָּ֕ה הִנֵּ֛ה צַעֲקַ֥ת בְּנֵֽי־יִשְׂרָאֵ֖ל בָּ֣אָה אֵלָ֑י וְגַם־רָאִ֙יתִי֙ אֶת־הַלַּ֔חַץ אֲשֶׁ֥ר מִצְרַ֖יִם לֹחֲצִ֥ים אֹתָֽם׃

י) וְעַתָּ֣ה לְכָ֔ה וְאֶֽשְׁלָחֲךָ֖ אֶל־פַּרְעֹ֑ה וְהוֹצֵ֛א אֶת־עַמִּ֥י בְנֵי־יִשְׂרָאֵ֖ל מִמִּצְרָֽיִם׃

יא) וַיֹּ֤אמֶר מֹשֶׁה֙ אֶל־הָ֣אֱלֹהִ֔ים מִ֣י אָנֹ֔כִי כִּ֥י אֵלֵ֖ךְ אֶל־פַּרְעֹ֑ה וְכִ֥י אוֹצִ֛יא אֶת־בְּנֵ֥י יִשְׂרָאֵ֖ל מִמִּצְרָֽיִם׃

יב) וַיֹּ֙אמֶר֙ כִּֽי־אֶהְיֶ֣ה עִמָּ֔ךְ וְזֶה־לְּךָ֣ הָא֔וֹת כִּ֥י אָנֹכִ֖י שְׁלַחְתִּ֑יךָ בְּהוֹצִיאֲךָ֤ אֶת־הָעָם֙ מִמִּצְרַ֔יִם תַּֽעַבְדוּן֙ אֶת־הָ֣אֱלֹהִ֔ים עַ֖ל הָהָ֥ר הַזֶּֽה׃

יג) וַיֹּ֨אמֶר מֹשֶׁ֜ה אֶל־הָֽאֱלֹהִ֗ים הִנֵּ֨ה אָנֹכִ֣י בָא֮ אֶל־בְּנֵ֣י יִשְׂרָאֵל֒ וְאָמַרְתִּ֣י לָהֶ֔ם אֱלֹהֵ֥י אֲבוֹתֵיכֶ֖ם שְׁלָחַ֣נִי אֲלֵיכֶ֑ם וְאָֽמְרוּ־לִ֣י מַה־שְּׁמ֔וֹ מָ֥ה אֹמַ֖ר אֲלֵהֶֽם׃

יד) וַיֹּ֤אמֶר אֱלֹהִים֙ אֶל־מֹשֶׁ֔ה אֶֽהְיֶ֖ה אֲשֶׁ֣ר אֶֽהְיֶ֑ה וַיֹּ֗אמֶר כֹּ֤ה תֹאמַר֙ לִבְנֵ֣י יִשְׂרָאֵ֔ל אֶֽהְיֶ֖ה שְׁלָחַ֥נִי אֲלֵיכֶֽם׃

טו) וַיֹּאמֶר֩ ע֨וֹד אֱלֹהִ֜ים אֶל־מֹשֶׁ֗ה כֹּֽה־תֹאמַר֮ אֶל־בְּנֵ֣י יִשְׂרָאֵל֒ יְהֹוָ֞ה אֱלֹהֵ֣י אֲבֹתֵיכֶ֗ם אֱלֹהֵ֨י אַבְרָהָ֜ם אֱלֹהֵ֥י יִצְחָ֛ק וֵאלֹהֵ֥י יַעֲקֹ֖ב שְׁלָחַ֣נִי אֲלֵיכֶ֑ם זֶה־שְּׁמִ֣י לְעֹלָ֔ם וְזֶ֥ה זִכְרִ֖י לְדֹ֥ר דֹּֽר׃

טז) לֵ֣ךְ וְאָסַפְתָּ֞ אֶת־זִקְנֵ֣י יִשְׂרָאֵ֗ל וְאָמַרְתָּ֤ אֲלֵהֶם֙ יְהֹוָ֞ה אֱלֹהֵ֤י אֲבֹתֵיכֶם֙ נִרְאָ֣ה אֵלַ֔י אֱלֹהֵ֥י אַבְרָהָ֛ם יִצְחָ֥ק וְיַעֲקֹ֖ב לֵאמֹ֑ר פָּקֹ֤ד פָּקַ֙דְתִּי֙ אֶתְכֶ֔ם וְאֶת־הֶעָשׂ֥וּי לָכֶ֖ם בְּמִצְרָֽיִם׃

יז) וָאֹמַ֗ר אַעֲלֶ֣ה אֶתְכֶם֮ מֵעֳנִ֣י מִצְרַיִם֒ אֶל־אֶ֤רֶץ הַֽכְּנַעֲנִי֙ וְהַ֣חִתִּ֔י וְהָֽאֱמֹרִי֙ וְהַפְּרִזִּ֔י וְהַחִוִּ֖י וְהַיְבוּסִ֑י אֶל־אֶ֛רֶץ זָבַ֥ת חָלָ֖ב וּדְבָֽשׁ׃

יח) וְשָׁמְע֖וּ לְקֹלֶ֑ךָ וּבָאתָ֡ אַתָּה֩ וְזִקְנֵ֨י יִשְׂרָאֵ֜ל אֶל־מֶ֣לֶךְ מִצְרַ֗יִם וַאֲמַרְתֶּ֤ם אֵלָיו֙ יְהֹוָ֞ה אֱלֹהֵ֤י הָֽעִבְרִיִּים֙ נִקְרָ֣ה עָלֵ֔ינוּ וְעַתָּ֗ה נֵֽלְכָה־נָּ֞א דֶּ֣רֶךְ שְׁלֹ֤שֶׁת יָמִים֙ בַּמִּדְבָּ֔ר וְנִזְבְּחָ֖ה לַיהֹוָ֥ה אֱלֹהֵֽינוּ׃

יט) וַאֲנִ֣י יָדַ֔עְתִּי כִּ֠י לֹֽא־יִתֵּ֥ן אֶתְכֶ֛ם מֶ֥לֶךְ מִצְרַ֖יִם לַהֲלֹ֑ךְ וְלֹ֖א בְּיָ֥ד חֲזָקָֽה׃

כ) וְשָׁלַחְתִּ֤י אֶת־יָדִי֙ וְהִכֵּיתִ֣י אֶת־מִצְרַ֔יִם בְּכֹל֙ נִפְלְאֹתַ֔י אֲשֶׁ֥ר אֶֽעֱשֶׂ֖ה בְּקִרְבּ֑וֹ וְאַחֲרֵי־כֵ֖ן יְשַׁלַּ֥ח אֶתְכֶֽם׃

כא) וְנָתַתִּ֛י אֶת־חֵ֥ן הָֽעָם־הַזֶּ֖ה בְּעֵינֵ֣י מִצְרָ֑יִם וְהָיָה֙ כִּ֣י תֵֽלֵכ֔וּן לֹ֥א תֵלְכ֖וּ רֵיקָֽם׃

כב) וְשָׁאֲלָ֨ה אִשָּׁ֤ה מִשְּׁכֶנְתָּהּ֙ וּמִגָּרַ֣ת בֵּיתָ֔הּ כְּלֵי־כֶ֛סֶף וּכְלֵ֥י זָהָ֖ב וּשְׂמָלֹ֑ת וְשַׂמְתֶּ֗ם עַל־בְּנֵיכֶם֙ וְעַל־בְּנֹ֣תֵיכֶ֔ם וְנִצַּלְתֶּ֖ם אֶת־מִצְרָֽיִם׃

פרק ד

א) וַיַּ֤עַן מֹשֶׁה֙ וַיֹּ֔אמֶר וְהֵן֙ לֹא־יַאֲמִ֣ינוּ לִ֔י וְלֹ֥א יִשְׁמְע֖וּ בְּקֹלִ֑י כִּ֣י יֹֽאמְר֔וּ לֹֽא־נִרְאָ֥ה אֵלֶ֖יךָ יְהֹוָֽה׃

ב) וַיֹּ֧אמֶר אֵלָ֛יו יְהוָ֖ה מזה (מַה־זֶּ֣ה) בְיָדֶ֑ךָ וַיֹּ֖אמֶר מַטֶּֽה׃
ג) וַיֹּ֙אמֶר֙ הַשְׁלִיכֵ֣הוּ אַ֔רְצָה וַיַּשְׁלִכֵ֥הוּ אַ֖רְצָה וַיְהִ֣י לְנָחָ֑שׁ וַיָּ֥נָס מֹשֶׁ֖ה מִפָּנָֽיו׃
ד) וַיֹּ֤אמֶר יְהוָה֙ אֶל־מֹשֶׁ֔ה שְׁלַח֙ יָֽדְךָ֔ וֶאֱחֹ֖ז בִּזְנָב֑וֹ וַיִּשְׁלַ֤ח יָדוֹ֙ וַיַּ֣חֲזֶק בּ֔וֹ וַיְהִ֥י לְמַטֶּ֖ה
בְּכַפּֽוֹ׃
ה) לְמַ֣עַן יַאֲמִ֔ינוּ כִּֽי־נִרְאָ֥ה אֵלֶ֛יךָ יְהוָ֛ה אֱלֹהֵ֥י אֲבֹתָ֖ם אֱלֹהֵ֧י אַבְרָהָ֛ם אֱלֹהֵ֥י יִצְחָ֖ק וֵאלֹהֵ֥י
יַעֲקֹֽב׃
ו) וַיֹּאמֶר֩ יְהוָ֨ה ל֜וֹ ע֗וֹד הָבֵא־נָ֤א יָֽדְךָ֙ בְּחֵיקֶ֔ךָ וַיָּבֵ֥א יָד֖וֹ בְּחֵיק֑וֹ וַיּ֣וֹצִאָ֔הּ וְהִנֵּ֥ה יָד֖וֹ
מְצֹרַ֥עַת כַּשָּֽׁלֶג׃
ז) וַיֹּ֗אמֶר הָשֵׁ֤ב יָֽדְךָ֙ אֶל־חֵיקֶ֔ךָ וַיָּ֥שֶׁב יָד֖וֹ אֶל־חֵיק֑וֹ וַיּֽוֹצִאָהּ֙ מֵֽחֵיק֔וֹ וְהִנֵּה־שָׁ֖בָה כִּבְשָׂרֽוֹ׃
ח) וְהָיָה֙ אִם־לֹ֣א יַאֲמִ֣ינוּ לָ֔ךְ וְלֹ֣א יִשְׁמְע֔וּ לְקֹ֖ל הָאֹ֣ת הָרִאשׁ֑וֹן וְהֶֽאֱמִ֔ינוּ לְקֹ֖ל הָאֹ֥ת
הָאַחֲרֽוֹן׃
ט) וְהָיָ֡ה אִם־לֹ֣א יַאֲמִ֡ינוּ גַּם֩ לִשְׁנֵ֨י הָאֹת֜וֹת הָאֵ֗לֶּה וְלֹ֤א יִשְׁמְעוּן֙ לְקֹלֶ֔ךָ וְלָקַחְתָּ֙ מִמֵּימֵ֣י
הַיְאֹ֔ר וְשָׁפַכְתָּ֖ הַיַּבָּשָׁ֑ה וְהָי֤וּ הַמַּ֙יִם֙ אֲשֶׁ֣ר תִּקַּ֣ח מִן־הַיְאֹ֔ר וְהָי֥וּ לְדָ֖ם בַּיַּבָּֽשֶׁת׃
י) וַיֹּ֨אמֶר מֹשֶׁ֣ה אֶל־יְהוָה֮ בִּ֣י אֲדֹנָי֒ לֹא֩ אִ֨ישׁ דְּבָרִ֜ים אָנֹ֗כִי גַּ֤ם מִתְּמוֹל֙ גַּ֣ם מִשִּׁלְשֹׁ֔ם גַּ֛ם
מֵאָ֥ז דַּבֶּרְךָ֖ אֶל־עַבְדֶּ֑ךָ כִּ֧י כְבַד־פֶּ֛ה וּכְבַ֥ד לָשׁ֖וֹן אָנֹֽכִי׃
יא) וַיֹּ֨אמֶר יְהוָ֜ה אֵלָ֗יו מִ֣י שָׂ֣ם פֶּה֮ לָֽאָדָם֒ א֚וֹ מִֽי־יָשׂ֣וּם אִלֵּ֔ם א֣וֹ חֵרֵ֔שׁ א֥וֹ פִקֵּ֖חַ א֣וֹ עִוֵּ֑ר
הֲלֹ֥א אָנֹכִ֖י יְהוָֽה׃
יב) וְעַתָּ֖ה לֵ֑ךְ וְאָנֹכִי֙ אֶֽהְיֶ֣ה עִם־פִּ֔יךָ וְהוֹרֵיתִ֖יךָ אֲשֶׁ֥ר תְּדַבֵּֽר׃
יג) וַיֹּ֖אמֶר בִּ֣י אֲדֹנָ֑י שְֽׁלַֽח־נָ֖א בְּיַד־תִּשְׁלָֽח׃
יד) וַיִּֽחַר־אַ֨ף יְהוָ֜ה בְּמֹשֶׁ֗ה וַיֹּ֙אמֶר֙ הֲלֹ֨א אַהֲרֹ֤ן אָחִ֙יךָ֙ הַלֵּוִ֔י יָדַ֕עְתִּי כִּֽי־דַבֵּ֥ר יְדַבֵּ֖ר ה֑וּא
וְגַ֤ם הִנֵּה־הוּא֙ יֹצֵ֣א לִקְרָאתֶ֔ךָ וְרָאֲךָ֖ וְשָׂמַ֥ח בְּלִבּֽוֹ׃
טו) וְדִבַּרְתָּ֣ אֵלָ֔יו וְשַׂמְתָּ֥ אֶת־הַדְּבָרִ֖ים בְּפִ֑יו וְאָנֹכִ֗י אֶֽהְיֶ֤ה עִם־פִּ֙יךָ֙ וְעִם־פִּ֔יהוּ וְהוֹרֵיתִ֣י
אֶתְכֶ֔ם אֵ֖ת אֲשֶׁ֥ר תַּעֲשֽׂוּן׃
טז) וְדִבֶּר־ה֥וּא לְךָ֖ אֶל־הָעָ֑ם וְהָ֤יָה הוּא֙ יִֽהְיֶה־לְּךָ֣ לְפֶ֔ה וְאַתָּ֖ה תִּֽהְיֶה־לּ֥וֹ לֵאלֹהִֽים׃
יז) וְאֶת־הַמַּטֶּ֥ה הַזֶּ֖ה תִּקַּ֣ח בְּיָדֶ֑ךָ אֲשֶׁ֥ר תַּעֲשֶׂה־בּ֖וֹ אֶת־הָאֹתֹֽת׃
{פ}
יח) וַיֵּ֨לֶךְ מֹשֶׁ֜ה וַיָּ֣שָׁב ׀ אֶל־יֶ֣תֶר חֹתְנ֗וֹ וַיֹּ֤אמֶר לוֹ֙ אֵ֣לְכָה נָּ֗א וְאָשׁ֙וּבָה֙ אֶל־אַחַ֣י
אֲשֶׁר־בְּמִצְרַ֔יִם וְאֶרְאֶ֖ה הַעוֹדָ֣ם חַיִּ֑ים וַיֹּ֧אמֶר יִתְר֛וֹ לְמֹשֶׁ֖ה לֵ֥ךְ לְשָׁלֽוֹם׃
יט) וַיֹּ֨אמֶר יְהוָ֤ה אֶל־מֹשֶׁה֙ בְּמִדְיָ֔ן לֵ֖ךְ שֻׁ֣ב מִצְרָ֑יִם כִּי־מֵ֙תוּ֙ כָּל־הָ֣אֲנָשִׁ֔ים הַֽמְבַקְשִׁ֖ים
אֶת־נַפְשֶֽׁךָ׃
כ) וַיִּקַּ֨ח מֹשֶׁ֜ה אֶת־אִשְׁתּ֣וֹ וְאֶת־בָּנָ֗יו וַיַּרְכִּבֵם֙ עַל־הַחֲמֹ֔ר וַיָּ֖שָׁב אַ֣רְצָה מִצְרָ֑יִם וַיִּקַּ֥ח מֹשֶׁ֛ה

אֶת־מַטֵּה הָאֱלֹהִים בְּיָדוֹ׃
כא) וַיֹּאמֶר יְהוָה אֶל־מֹשֶׁה בְּלֶכְתְּךָ לָשׁוּב מִצְרַיְמָה רְאֵה כָּל־הַמֹּפְתִים אֲשֶׁר־שַׂמְתִּי בְיָדֶךָ
וַעֲשִׂיתָם לִפְנֵי פַרְעֹה וַאֲנִי אֲחַזֵּק אֶת־לִבּוֹ וְלֹא יְשַׁלַּח אֶת־הָעָם׃
כב) וְאָמַרְתָּ אֶל־פַּרְעֹה כֹּה אָמַר יְהוָה בְּנִי בְכֹרִי יִשְׂרָאֵל׃
כג) וָאֹמַר אֵלֶיךָ שַׁלַּח אֶת־בְּנִי וְיַעַבְדֵנִי וַתְּמָאֵן לְשַׁלְּחוֹ הִנֵּה אָנֹכִי הֹרֵג אֶת־בִּנְךָ בְּכֹרֶךָ׃
כד) וַיְהִי בַדֶּרֶךְ בַּמָּלוֹן וַיִּפְגְּשֵׁהוּ יְהוָה וַיְבַקֵּשׁ הֲמִיתוֹ׃
כה) וַתִּקַּח צִפֹּרָה צֹר וַתִּכְרֹת אֶת־עָרְלַת בְּנָהּ וַתַּגַּע לְרַגְלָיו וַתֹּאמֶר כִּי חֲתַן־דָּמִים אַתָּה
לִי׃
כו) וַיִּרֶף מִמֶּנּוּ אָז אָמְרָה חֲתַן דָּמִים לַמּוּלֹת׃
{פ}
כז) וַיֹּאמֶר יְהוָה אֶל־אַהֲרֹן לֵךְ לִקְרַאת מֹשֶׁה הַמִּדְבָּרָה וַיֵּלֶךְ וַיִּפְגְּשֵׁהוּ בְּהַר הָאֱלֹהִים
וַיִּשַּׁק־לוֹ׃
כח) וַיַּגֵּד מֹשֶׁה לְאַהֲרֹן אֵת כָּל־דִּבְרֵי יְהוָה אֲשֶׁר שְׁלָחוֹ וְאֵת כָּל־הָאֹתֹת אֲשֶׁר צִוָּהוּ׃
כט) וַיֵּלֶךְ מֹשֶׁה וְאַהֲרֹן וַיַּאַסְפוּ אֶת־כָּל־זִקְנֵי בְּנֵי יִשְׂרָאֵל׃
ל) וַיְדַבֵּר אַהֲרֹן אֵת כָּל־הַדְּבָרִים אֲשֶׁר־דִּבֶּר יְהוָה אֶל־מֹשֶׁה וַיַּעַשׂ הָאֹתֹת לְעֵינֵי הָעָם׃
לא) וַיַּאֲמֵן הָעָם וַיִּשְׁמְעוּ כִּי־פָקַד יְהוָה אֶת־בְּנֵי יִשְׂרָאֵל וְכִי רָאָה אֶת־עָנְיָם וַיִּקְּדוּ
וַיִּשְׁתַּחֲווּ׃

פרק ה

א) וְאַחַר בָּאוּ מֹשֶׁה וְאַהֲרֹן וַיֹּאמְרוּ אֶל־פַּרְעֹה כֹּה־אָמַר יְהוָה אֱלֹהֵי יִשְׂרָאֵל שַׁלַּח
אֶת־עַמִּי וְיָחֹגּוּ לִי בַּמִּדְבָּר׃
ב) וַיֹּאמֶר פַּרְעֹה מִי יְהוָה אֲשֶׁר אֶשְׁמַע בְּקֹלוֹ לְשַׁלַּח אֶת־יִשְׂרָאֵל לֹא יָדַעְתִּי אֶת־יְהוָה
וְגַם אֶת־יִשְׂרָאֵל לֹא אֲשַׁלֵּחַ׃
ג) וַיֹּאמְרוּ אֱלֹהֵי הָעִבְרִים נִקְרָא עָלֵינוּ נֵלֲכָה נָּא דֶּרֶךְ שְׁלֹשֶׁת יָמִים בַּמִּדְבָּר וְנִזְבְּחָה
לַיהוָה אֱלֹהֵינוּ פֶּן־יִפְגָּעֵנוּ בַּדֶּבֶר אוֹ בֶחָרֶב׃
ד) וַיֹּאמֶר אֲלֵהֶם מֶלֶךְ מִצְרַיִם לָמָּה מֹשֶׁה וְאַהֲרֹן תַּפְרִיעוּ אֶת־הָעָם מִמַּעֲשָׂיו לְכוּ
לְסִבְלֹתֵיכֶם׃
ה) וַיֹּאמֶר פַּרְעֹה הֵן־רַבִּים עַתָּה עַם הָאָרֶץ וְהִשְׁבַּתֶּם אֹתָם מִסִּבְלֹתָם׃
ו) וַיְצַו פַּרְעֹה בַּיּוֹם הַהוּא אֶת־הַנֹּגְשִׂים בָּעָם וְאֶת־שֹׁטְרָיו לֵאמֹר׃
ז) לֹא תֹאסִפוּן לָתֵת תֶּבֶן לָעָם לִלְבֹּן הַלְּבֵנִים כִּתְמוֹל שִׁלְשֹׁם הֵם יֵלְכוּ וְקֹשְׁשׁוּ לָהֶם
תֶּבֶן׃

ח) וְאֶת־מַתְכֹּנֶת הַלְּבֵנִים אֲשֶׁר הֵם עֹשִׂים תְּמוֹל שִׁלְשֹׁם תָּשִׂימוּ עֲלֵיהֶם לֹא תִגְרְעוּ מִמֶּנּוּ כִּי־נִרְפִּים הֵם עַל־כֵּן הֵם צֹעֲקִים לֵאמֹר נֵלְכָה נִזְבְּחָה לֵאלֹהֵינוּ:

ט) תִּכְבַּד הָעֲבֹדָה עַל־הָאֲנָשִׁים וְיַעֲשׂוּ־בָהּ וְאַל־יִשְׁעוּ בְּדִבְרֵי־שָׁקֶר:

י) וַיֵּצְאוּ נֹגְשֵׂי הָעָם וְשֹׁטְרָיו וַיֹּאמְרוּ אֶל־הָעָם לֵאמֹר כֹּה אָמַר פַּרְעֹה אֵינֶנִּי נֹתֵן לָכֶם תֶּבֶן:

יא) אַתֶּם לְכוּ קְחוּ לָכֶם תֶּבֶן מֵאֲשֶׁר תִּמְצָאוּ כִּי אֵין נִגְרָע מֵעֲבֹדַתְכֶם דָּבָר:

יב) וַיָּפֶץ הָעָם בְּכָל־אֶרֶץ מִצְרָיִם לְקֹשֵׁשׁ קַשׁ לַתֶּבֶן:

יג) וְהַנֹּגְשִׂים אָצִים לֵאמֹר כַּלּוּ מַעֲשֵׂיכֶם דְּבַר־יוֹם בְּיוֹמוֹ כַּאֲשֶׁר בִּהְיוֹת הַתֶּבֶן:

יד) וַיֻּכּוּ שֹׁטְרֵי בְּנֵי יִשְׂרָאֵל אֲשֶׁר־שָׂמוּ עֲלֵהֶם נֹגְשֵׂי פַרְעֹה לֵאמֹר מַדּוּעַ לֹא כִלִּיתֶם חָקְכֶם לִלְבֹּן כִּתְמוֹל שִׁלְשֹׁם גַּם־תְּמוֹל גַּם־הַיּוֹם:

טו) וַיָּבֹאוּ שֹׁטְרֵי בְּנֵי יִשְׂרָאֵל וַיִּצְעֲקוּ אֶל־פַּרְעֹה לֵאמֹר לָמָּה תַעֲשֶׂה כֹה לַעֲבָדֶיךָ:

טז) תֶּבֶן אֵין נִתָּן לַעֲבָדֶיךָ וּלְבֵנִים אֹמְרִים לָנוּ עֲשׂוּ וְהִנֵּה עֲבָדֶיךָ מֻכִּים וְחָטָאת עַמֶּךָ:

יז) וַיֹּאמֶר נִרְפִּים אַתֶּם נִרְפִּים עַל־כֵּן אַתֶּם אֹמְרִים נֵלְכָה נִזְבְּחָה לַיהוָה:

יח) וְעַתָּה לְכוּ עִבְדוּ וְתֶבֶן לֹא־יִנָּתֵן לָכֶם וְתֹכֶן לְבֵנִים תִּתֵּנוּ:

יט) וַיִּרְאוּ שֹׁטְרֵי בְנֵי־יִשְׂרָאֵל אֹתָם בְּרָע לֵאמֹר לֹא־תִגְרְעוּ מִלִּבְנֵיכֶם דְּבַר־יוֹם בְּיוֹמוֹ:

כ) וַיִּפְגְּעוּ אֶת־מֹשֶׁה וְאֶת־אַהֲרֹן נִצָּבִים לִקְרָאתָם בְּצֵאתָם מֵאֵת פַּרְעֹה:

כא) וַיֹּאמְרוּ אֲלֵהֶם יֵרֶא יְהוָה עֲלֵיכֶם וְיִשְׁפֹּט אֲשֶׁר הִבְאַשְׁתֶּם אֶת־רֵיחֵנוּ בְּעֵינֵי פַרְעֹה וּבְעֵינֵי עֲבָדָיו לָתֶת־חֶרֶב בְּיָדָם לְהָרְגֵנוּ:

כב) וַיָּשָׁב מֹשֶׁה אֶל־יְהוָה וַיֹּאמַר אֲדֹנָי לָמָה הֲרֵעֹתָה לָעָם הַזֶּה לָמָּה זֶּה שְׁלַחְתָּנִי:

כג) וּמֵאָז בָּאתִי אֶל־פַּרְעֹה לְדַבֵּר בִּשְׁמֶךָ הֵרַע לָעָם הַזֶּה וְהַצֵּל לֹא־הִצַּלְתָּ אֶת־עַמֶּךָ:

פרק ו

א) וַיֹּאמֶר יְהוָה אֶל־מֹשֶׁה עַתָּה תִרְאֶה אֲשֶׁר אֶעֱשֶׂה לְפַרְעֹה כִּי בְיָד חֲזָקָה יְשַׁלְּחֵם וּבְיָד חֲזָקָה יְגָרְשֵׁם מֵאַרְצוֹ:
{ס}

ב) וַיְדַבֵּר אֱלֹהִים אֶל־מֹשֶׁה וַיֹּאמֶר אֵלָיו אֲנִי יְהוָה:

וארא

ג) וָאֵרָ֗א אֶל־אַבְרָהָ֛ם אֶל־יִצְחָ֥ק וְאֶֽל־יַעֲקֹ֖ב בְּאֵ֣ל שַׁדָּ֑י וּשְׁמִ֣י יְהוָ֔ה לֹ֥א נוֹדַ֖עְתִּי לָהֶֽם׃
ד) וְגַ֨ם הֲקִמֹ֤תִי אֶת־בְּרִיתִי֙ אִתָּ֔ם לָתֵ֥ת לָהֶ֖ם אֶת־אֶ֣רֶץ כְּנָ֑עַן אֵ֛ת אֶ֥רֶץ מְגֻרֵיהֶ֖ם אֲשֶׁר־גָּ֥רוּ
בָֽהּ׃
ה) וְגַ֣ם ׀ אֲנִ֣י שָׁמַ֗עְתִּי אֶֽת־נַאֲקַת֙ בְּנֵ֣י יִשְׂרָאֵ֔ל אֲשֶׁ֥ר מִצְרַ֖יִם מַעֲבִדִ֣ים אֹתָ֑ם וָאֶזְכֹּ֖ר
אֶת־בְּרִיתִֽי׃
ו) לָכֵ֞ן אֱמֹ֥ר לִבְנֵֽי־יִשְׂרָאֵל֮ אֲנִ֣י יְהוָה֒ וְהוֹצֵאתִ֣י אֶתְכֶ֗ם מִתַּ֙חַת֙ סִבְלֹ֣ת מִצְרַ֔יִם וְהִצַּלְתִּ֥י
אֶתְכֶ֖ם מֵעֲבֹדָתָ֑ם וְגָאַלְתִּ֤י אֶתְכֶם֙ בִּזְר֣וֹעַ נְטוּיָ֔ה וּבִשְׁפָטִ֖ים גְּדֹלִֽים׃
ז) וְלָקַחְתִּ֨י אֶתְכֶ֥ם לִי֙ לְעָ֔ם וְהָיִ֥יתִי לָכֶ֖ם לֵֽאלֹהִ֑ים וִֽידַעְתֶּ֗ם כִּ֣י אֲנִ֤י יְהוָה֙ אֱלֹ֣הֵיכֶ֔ם
הַמּוֹצִ֣יא אֶתְכֶ֔ם מִתַּ֖חַת סִבְל֥וֹת מִצְרָֽיִם׃
ח) וְהֵבֵאתִ֤י אֶתְכֶם֙ אֶל־הָאָ֔רֶץ אֲשֶׁ֤ר נָשָׂ֙אתִי֙ אֶת־יָדִ֔י לָתֵ֣ת אֹתָ֔הּ לְאַבְרָהָ֥ם לְיִצְחָ֖ק וּֽלְיַעֲקֹ֑ב
וְנָתַתִּ֨י אֹתָ֥הּ לָכֶ֛ם מוֹרָשָׁ֖ה אֲנִ֥י יְהוָֽה׃
ט) וַיְדַבֵּ֥ר מֹשֶׁ֛ה כֵּ֖ן אֶל־בְּנֵ֣י יִשְׂרָאֵ֑ל וְלֹ֤א שָֽׁמְעוּ֙ אֶל־מֹשֶׁ֔ה מִקֹּ֣צֶר ר֔וּחַ וּמֵעֲבֹדָ֖ה קָשָֽׁה׃
{פ}
י) וַיְדַבֵּ֥ר יְהוָ֖ה אֶל־מֹשֶׁ֥ה לֵּאמֹֽר׃
יא) בֹּ֣א דַבֵּ֔ר אֶל־פַּרְעֹ֖ה מֶ֣לֶךְ מִצְרָ֑יִם וִישַׁלַּ֥ח אֶת־בְּנֵֽי־יִשְׂרָאֵ֖ל מֵאַרְצֽוֹ׃
יב) וַיְדַבֵּ֣ר מֹשֶׁ֔ה לִפְנֵ֥י יְהוָ֖ה לֵאמֹ֑ר הֵ֤ן בְּנֵֽי־יִשְׂרָאֵל֙ לֹא־שָׁמְע֣וּ אֵלַ֔י וְאֵיךְ֙ יִשְׁמָעֵ֣נִי פַרְעֹ֔ה
וַאֲנִ֖י עֲרַ֥ל שְׂפָתָֽיִם׃
{פ}
יג) וַיְדַבֵּ֣ר יְהוָה֮ אֶל־מֹשֶׁ֣ה וְאֶֽל־אַהֲרֹן֒ וַיְצַוֵּם֙ אֶל־בְּנֵ֣י יִשְׂרָאֵ֔ל וְאֶל־פַּרְעֹ֖ה מֶ֣לֶךְ מִצְרָ֑יִם
לְהוֹצִ֥יא אֶת־בְּנֵֽי־יִשְׂרָאֵ֖ל מֵאֶ֥רֶץ מִצְרָֽיִם׃
{ס}
יד) אֵ֖לֶּה רָאשֵׁ֣י בֵית־אֲבֹתָ֑ם בְּנֵ֨י רְאוּבֵ֜ן בְּכֹ֣ר יִשְׂרָאֵ֗ל חֲנ֤וֹךְ וּפַלּוּא֙ חֶצְרֹ֣ן וְכַרְמִ֔י אֵ֖לֶּה
מִשְׁפְּחֹ֥ת רְאוּבֵֽן׃
טו) וּבְנֵ֣י שִׁמְע֗וֹן יְמוּאֵ֤ל וְיָמִין֙ וְאֹ֔הַד וְיָכִ֖ין וְצֹ֑חַר וְשָׁא֙וּל בֶּן־הַֽכְּנַעֲנִ֔ית אֵ֖לֶּה מִשְׁפְּחֹ֥ת
שִׁמְעֽוֹן׃
טז) וְאֵ֨לֶּה שְׁמ֤וֹת בְּנֵֽי־לֵוִי֙ לְתֹ֣לְדֹתָ֔ם גֵּרְשׁ֕וֹן וּקְהָ֖ת וּמְרָרִ֑י וּשְׁנֵי֙ חַיֵּ֣י לֵוִ֔י שֶׁ֧בַע וּשְׁלֹשִׁ֛ים
וּמְאַ֖ת שָׁנָֽה׃
יז) בְּנֵ֥י גֵרְשׁ֛וֹן לִבְנִ֥י וְשִׁמְעִ֖י לְמִשְׁפְּחֹתָֽם׃
יח) וּבְנֵ֣י קְהָ֔ת עַמְרָ֣ם וְיִצְהָ֔ר וְחֶבְר֖וֹן וְעֻזִּיאֵ֑ל וּשְׁנֵי֙ חַיֵּ֣י קְהָ֔ת שָׁלֹ֧שׁ וּשְׁלֹשִׁ֛ים וּמְאַ֖ת שָׁנָֽה׃

יט) וּבְנֵי מְרָרִי מַחְלִי וּמוּשִׁי אֵלֶּה מִשְׁפְּחֹת הַלֵּוִי לְתֹלְדֹתָם:

כ) וַיִּקַּח עַמְרָם אֶת־יוֹכֶבֶד דֹּדָתוֹ לוֹ לְאִשָּׁה וַתֵּלֶד לוֹ אֶת־אַהֲרֹן וְאֶת־מֹשֶׁה וּשְׁנֵי חַיֵּי עַמְרָם שֶׁבַע וּשְׁלֹשִׁים וּמְאַת שָׁנָה:

כא) וּבְנֵי יִצְהָר קֹרַח וָנֶפֶג וְזִכְרִי:

כב) וּבְנֵי עֻזִּיאֵל מִישָׁאֵל וְאֶלְצָפָן וְסִתְרִי:

כג) וַיִּקַּח אַהֲרֹן אֶת־אֱלִישֶׁבַע בַּת־עַמִּינָדָב אֲחוֹת נַחְשׁוֹן לוֹ לְאִשָּׁה וַתֵּלֶד לוֹ אֶת־נָדָב וְאֶת־אֲבִיהוּא אֶת־אֶלְעָזָר וְאֶת־אִיתָמָר:

כד) וּבְנֵי קֹרַח אַסִּיר וְאֶלְקָנָה וַאֲבִיאָסָף אֵלֶּה מִשְׁפְּחֹת הַקָּרְחִי:

כה) וְאֶלְעָזָר בֶּן־אַהֲרֹן לָקַח־לוֹ מִבְּנוֹת פּוּטִיאֵל לוֹ לְאִשָּׁה וַתֵּלֶד לוֹ אֶת־פִּינְחָס אֵלֶּה רָאשֵׁי אֲבוֹת הַלְוִיִּם לְמִשְׁפְּחֹתָם:

כו) הוּא אַהֲרֹן וּמֹשֶׁה אֲשֶׁר אָמַר יְהוָה לָהֶם הוֹצִיאוּ אֶת־בְּנֵי יִשְׂרָאֵל מֵאֶרֶץ מִצְרַיִם עַל־צִבְאֹתָם:

כז) הֵם הַמְדַבְּרִים אֶל־פַּרְעֹה מֶלֶךְ־מִצְרַיִם לְהוֹצִיא אֶת־בְּנֵי־יִשְׂרָאֵל מִמִּצְרָיִם הוּא מֹשֶׁה וְאַהֲרֹן:

כח) וַיְהִי בְּיוֹם דִּבֶּר יְהוָה אֶל־מֹשֶׁה בְּאֶרֶץ מִצְרָיִם:
{ס}

כט) וַיְדַבֵּר יְהוָה אֶל־מֹשֶׁה לֵּאמֹר אֲנִי יְהוָה דַּבֵּר אֶל־פַּרְעֹה מֶלֶךְ מִצְרַיִם אֵת כָּל־אֲשֶׁר אֲנִי דֹּבֵר אֵלֶיךָ:

ל) וַיֹּאמֶר מֹשֶׁה לִפְנֵי יְהוָה הֵן אֲנִי עֲרַל שְׂפָתַיִם וְאֵיךְ יִשְׁמַע אֵלַי פַּרְעֹה:
{פ}

פרק ז

א) וַיֹּאמֶר יְהוָה אֶל־מֹשֶׁה רְאֵה נְתַתִּיךָ אֱלֹהִים לְפַרְעֹה וְאַהֲרֹן אָחִיךָ יִהְיֶה נְבִיאֶךָ:

ב) אַתָּה תְדַבֵּר אֵת כָּל־אֲשֶׁר אֲצַוֶּךָּ וְאַהֲרֹן אָחִיךָ יְדַבֵּר אֶל־פַּרְעֹה וְשִׁלַּח אֶת־בְּנֵי־יִשְׂרָאֵל מֵאַרְצוֹ:

ג) וַאֲנִי אַקְשֶׁה אֶת־לֵב פַּרְעֹה וְהִרְבֵּיתִי אֶת־אֹתֹתַי וְאֶת־מוֹפְתַי בְּאֶרֶץ מִצְרָיִם:

ד) וְלֹא־יִשְׁמַע אֲלֵכֶם פַּרְעֹה וְנָתַתִּי אֶת־יָדִי בְּמִצְרָיִם וְהוֹצֵאתִי אֶת־צִבְאֹתַי אֶת־עַמִּי בְנֵי־יִשְׂרָאֵל מֵאֶרֶץ מִצְרַיִם בִּשְׁפָטִים גְּדֹלִים:

ה) וְיָדְעוּ מִצְרַיִם כִּי־אֲנִי יְהוָה בִּנְטֹתִי אֶת־יָדִי עַל־מִצְרָיִם וְהוֹצֵאתִי אֶת־בְּנֵי־יִשְׂרָאֵל מִתּוֹכָם:

ו) וַיַּעַשׂ מֹשֶׁה וְאַהֲרֹן כַּאֲשֶׁר צִוָּה יְהוָה אֹתָם כֵּן עָשׂוּ:

ז) וּמֹשֶׁה֙ בֶּן־שְׁמֹנִ֣ים שָׁנָ֔ה וְאַהֲרֹ֕ן בֶּן־שָׁלֹ֥שׁ וּשְׁמֹנִ֖ים שָׁנָ֑ה בְּדַבְּרָ֖ם אֶל־פַּרְעֹֽה׃
{פ}
ח) וַיֹּ֣אמֶר יְהוָ֔ה אֶל־מֹשֶׁ֥ה וְאֶֽל־אַהֲרֹ֖ן לֵאמֹֽר׃
ט) כִּי֩ יְדַבֵּ֨ר אֲלֵכֶ֤ם פַּרְעֹה֙ לֵאמֹ֔ר תְּנ֥וּ לָכֶ֖ם מוֹפֵ֑ת וְאָמַרְתָּ֣ אֶֽל־אַהֲרֹ֗ן קַ֧ח אֶֽת־מַטְּךָ֛
וְהַשְׁלֵ֥ךְ לִפְנֵֽי־פַרְעֹ֖ה יְהִ֥י לְתַנִּֽין׃
י) וַיָּבֹ֨א מֹשֶׁ֤ה וְאַהֲרֹן֙ אֶל־פַּרְעֹ֔ה וַיַּ֣עֲשׂוּ כֵ֔ן כַּאֲשֶׁ֖ר צִוָּ֣ה יְהוָ֑ה וַיַּשְׁלֵ֨ךְ אַהֲרֹ֜ן אֶת־מַטֵּ֗הוּ
לִפְנֵ֥י פַרְעֹ֛ה וְלִפְנֵ֥י עֲבָדָ֖יו וַיְהִ֥י לְתַנִּֽין׃
יא) וַיִּקְרָא֙ גַּם־פַּרְעֹ֔ה לַֽחֲכָמִ֖ים וְלַֽמְכַשְּׁפִ֑ים וַיַּעֲשׂ֨וּ גַם־הֵ֜ם חַרְטֻמֵּ֥י מִצְרַ֛יִם בְּלַהֲטֵיהֶ֖ם כֵּֽן׃
יב) וַיַּשְׁלִ֙יכוּ֙ אִ֣ישׁ מַטֵּ֔הוּ וַיִּהְי֖וּ לְתַנִּינִ֑ם וַיִּבְלַ֥ע מַטֵּֽה־אַהֲרֹ֖ן אֶת־מַטֹּתָֽם׃
יג) וַיֶּחֱזַק֙ לֵ֣ב פַּרְעֹ֔ה וְלֹ֥א שָׁמַ֖ע אֲלֵהֶ֑ם כַּאֲשֶׁ֖ר דִּבֶּ֥ר יְהוָֽה׃
{ס}
יד) וַיֹּ֤אמֶר יְהוָה֙ אֶל־מֹשֶׁ֔ה כָּבֵ֖ד לֵ֣ב פַּרְעֹ֑ה מֵאֵ֖ן לְשַׁלַּ֥ח הָעָֽם׃
טו) לֵ֣ךְ אֶל־פַּרְעֹ֞ה בַּבֹּ֗קֶר הִנֵּה֙ יֹצֵ֣א הַמַּ֔יְמָה וְנִצַּבְתָּ֥ לִקְרָאת֖וֹ עַל־שְׂפַ֣ת הַיְאֹ֑ר וְהַמַּטֶּ֛ה
אֲשֶׁר־נֶהְפַּ֥ךְ לְנָחָ֖שׁ תִּקַּ֥ח בְּיָדֶֽךָ׃
טז) וְאָמַרְתָּ֣ אֵלָ֗יו יְהוָ֞ה אֱלֹהֵ֤י הָֽעִבְרִים֙ שְׁלָחַ֤נִי אֵלֶ֙יךָ֙ לֵאמֹ֔ר שַׁלַּח֙ אֶת־עַמִּ֔י וְיַֽעַבְדֻ֖נִי
בַּמִּדְבָּ֑ר וְהִנֵּ֥ה לֹא־שָׁמַ֖עְתָּ עַד־כֹּֽה׃
יז) כֹּ֚ה אָמַ֣ר יְהוָ֔ה בְּזֹ֣את תֵּדַ֔ע כִּ֖י אֲנִ֣י יְהוָ֑ה הִנֵּ֣ה אָנֹכִ֣י מַכֶּ֣ה ׀ בַּמַּטֶּ֣ה אֲשֶׁר־בְּיָדִ֗י
עַל־הַמַּ֛יִם אֲשֶׁ֥ר בַּיְאֹ֖ר וְנֶהֶפְכ֥וּ לְדָֽם׃
יח) וְהַדָּגָ֛ה אֲשֶׁר־בַּיְאֹ֥ר תָּמ֖וּת וּבָאַ֣שׁ הַיְאֹ֑ר וְנִלְא֣וּ מִצְרַ֔יִם לִשְׁתּ֥וֹת מַ֖יִם מִן־הַיְאֹֽר׃
{ס}
יט) וַיֹּ֨אמֶר יְהוָ֜ה אֶל־מֹשֶׁ֗ה אֱמֹ֣ר אֶֽל־אַהֲרֹ֡ן קַ֣ח מַטְּךָ֣ וּנְטֵֽה־יָדְךָ֩ עַל־מֵימֵ֨י מִצְרַ֜יִם
עַֽל־נַהֲרֹתָ֣ם ׀ עַל־יְאֹרֵיהֶ֣ם וְעַל־אַגְמֵיהֶ֗ם וְעַ֛ל כָּל־מִקְוֵ֥ה מֵימֵיהֶ֖ם וְיִֽהְיוּ־דָ֑ם וְהָ֤יָה דָם֙
בְּכָל־אֶ֣רֶץ מִצְרַ֔יִם וּבָעֵצִ֖ים וּבָאֲבָנִֽים׃
כ) וַיַּעֲשׂוּ־כֵן֩ מֹשֶׁ֨ה וְאַהֲרֹ֜ן כַּאֲשֶׁ֣ר ׀ צִוָּ֣ה יְהוָ֗ה וַיָּ֤רֶם בַּמַּטֶּה֙ וַיַּ֤ךְ אֶת־הַמַּ֙יִם֙ אֲשֶׁ֣ר בַּיְאֹ֔ר
לְעֵינֵ֣י פַרְעֹ֔ה וּלְעֵינֵ֖י עֲבָדָ֑יו וַיֵּהָפְכ֛וּ כָּל־הַמַּ֥יִם אֲשֶׁר־בַּיְאֹ֖ר לְדָֽם׃
כא) וְהַדָּגָ֨ה אֲשֶׁר־בַּיְאֹ֥ר מֵ֙תָה֙ וַיִּבְאַ֣שׁ הַיְאֹ֔ר וְלֹא־יָכְל֣וּ מִצְרַ֔יִם לִשְׁתּ֥וֹת מַ֖יִם מִן־הַיְאֹ֑ר
וַיְהִ֥י הַדָּ֖ם בְּכָל־אֶ֥רֶץ מִצְרָֽיִם׃
כב) וַיַּעֲשׂוּ־כֵ֛ן חַרְטֻמֵּ֥י מִצְרַ֖יִם בְּלָטֵיהֶ֑ם וַיֶּחֱזַ֤ק לֵב־פַּרְעֹה֙ וְלֹא־שָׁמַ֣ע אֲלֵהֶ֔ם כַּאֲשֶׁ֖ר דִּבֶּ֥ר
יְהוָֽה׃
כג) וַיִּ֣פֶן פַּרְעֹ֔ה וַיָּבֹ֖א אֶל־בֵּית֑וֹ וְלֹא־שָׁ֥ת לִבּ֖וֹ גַּם־לָזֹֽאת׃
כד) וַיַּחְפְּר֧וּ כָל־מִצְרַ֛יִם סְבִיבֹ֥ת הַיְאֹ֖ר מַ֣יִם לִשְׁתּ֑וֹת כִּ֣י לֹ֤א יָֽכְלוּ֙ לִשְׁתֹּ֔ת מִמֵּימֵ֖י הַיְאֹֽר׃

כה) וַיִּמָּלֵ֖א שִׁבְעַ֣ת יָמִ֑ים אַחֲרֵ֥י הַכּוֹת־יְהוָ֖ה אֶת־הַיְאֹֽר׃
{פ}

כו) וַיֹּ֤אמֶר יְהוָה֙ אֶל־מֹשֶׁ֔ה בֹּ֖א אֶל־פַּרְעֹ֑ה וְאָמַרְתָּ֣ אֵלָ֗יו כֹּ֚ה אָמַ֣ר יְהוָ֔ה שַׁלַּ֥ח אֶת־עַמִּ֖י
וְיַֽעַבְדֻֽנִי׃
כז) וְאִם־מָאֵ֥ן אַתָּ֖ה לְשַׁלֵּ֑חַ הִנֵּ֣ה אָנֹכִ֗י נֹגֵ֛ף אֶת־כָּל־גְּבוּלְךָ֖ בַּֽצְפַרְדְּעִֽים׃
כח) וְשָׁרַ֣ץ הַיְאֹר֮ צְפַרְדְּעִים֒ וְעָלוּ֙ וּבָ֣אוּ בְּבֵיתֶ֔ךָ וּבַחֲדַ֥ר מִשְׁכָּבְךָ֖ וְעַל־מִטָּתֶ֑ךָ וּבְבֵ֤ית
עֲבָדֶ֙יךָ֙ וּבְעַמֶּ֔ךָ וּבְתַנּוּרֶ֖יךָ וּבְמִשְׁאֲרוֹתֶֽיךָ׃
כט) וּבְכָ֥ה וּֽבְעַמְּךָ֖ וּבְכָל־עֲבָדֶ֑יךָ יַעֲל֖וּ הַֽצְפַרְדְּעִֽים׃

פרק ח

א) וַיֹּ֣אמֶר יְהוָה֮ אֶל־מֹשֶׁה֒ אֱמֹ֣ר אֶֽל־אַהֲרֹ֗ן נְטֵ֤ה אֶת־יָֽדְךָ֙ בְּמַטֶּ֔ךָ עַל־הַנְּהָרֹ֔ת עַל־הַיְאֹרִ֖ים
וְעַל־הָאֲגַמִּ֑ים וְהַ֥עַל אֶת־הַֽצְפַרְדְּעִ֖ים עַל־אֶ֥רֶץ מִצְרָֽיִם׃
ב) וַיֵּ֤ט אַהֲרֹן֙ אֶת־יָד֔וֹ עַ֖ל מֵימֵ֣י מִצְרָ֑יִם וַתַּ֙עַל֙ הַצְּפַרְדֵּ֔עַ וַתְּכַ֖ס אֶת־אֶ֥רֶץ מִצְרָֽיִם׃
ג) וַיַּעֲשׂוּ־כֵ֥ן הַחַרְטֻמִּ֖ים בְּלָטֵיהֶ֑ם וַיַּעֲל֥וּ אֶת־הַֽצְפַרְדְּעִ֖ים עַל־אֶ֥רֶץ מִצְרָֽיִם׃
ד) וַיִּקְרָ֨א פַרְעֹ֜ה לְמֹשֶׁ֣ה וּֽלְאַהֲרֹ֗ן וַיֹּ֙אמֶר֙ הַעְתִּ֣ירוּ אֶל־יְהוָ֔ה וְיָסֵר֙ הַֽצְפַרְדְּעִ֔ים מִמֶּ֖נִּי
וּמֵֽעַמִּ֑י וַאֲשַׁלְּחָה֙ אֶת־הָעָ֔ם וְיִזְבְּח֖וּ לַֽיהוָֽה׃
ה) וַיֹּ֨אמֶר מֹשֶׁ֣ה לְפַרְעֹה֮ הִתְפָּאֵ֣ר עָלַי֒ לְמָתַ֣י ׀ אַעְתִּ֣יר לְךָ֗ וְלַעֲבָדֶ֙יךָ֙ וּֽלְעַמְּךָ֔ לְהַכְרִית֙
הַֽצְפַרְדְּעִ֔ים מִמְּךָ֖ וּמִבָּתֶּ֑יךָ רַ֥ק בַּיְאֹ֖ר תִּשָּׁאַֽרְנָה׃
ו) וַיֹּ֖אמֶר לְמָחָ֑ר וַיֹּ֙אמֶר֙ כִּדְבָ֣רְךָ֔ לְמַ֣עַן תֵּדַ֔ע כִּי־אֵ֖ין כַּיהוָ֥ה אֱלֹהֵֽינוּ׃
ז) וְסָר֣וּ הַֽצְפַרְדְּעִ֗ים מִמְּךָ֙ וּמִבָּ֣תֶּ֔יךָ וּמֵעֲבָדֶ֖יךָ וּמֵעַמֶּ֑ךָ רַ֥ק בַּיְאֹ֖ר תִּשָּׁאַֽרְנָה׃
ח) וַיֵּצֵ֥א מֹשֶׁ֛ה וְאַהֲרֹ֖ן מֵעִ֣ם פַּרְעֹ֑ה וַיִּצְעַ֤ק מֹשֶׁה֙ אֶל־יְהוָ֔ה עַל־דְּבַ֥ר הַֽצְפַרְדְּעִ֖ים אֲשֶׁר־שָׂ֥ם
לְפַרְעֹֽה׃
ט) וַיַּ֥עַשׂ יְהוָ֖ה כִּדְבַ֣ר מֹשֶׁ֑ה וַיָּמֻ֙תוּ֙ הַֽצְפַרְדְּעִ֔ים מִן־הַבָּתִּ֥ים מִן־הַחֲצֵרֹ֖ת וּמִן־הַשָּׂדֹֽת׃
י) וַיִּצְבְּר֥וּ אֹתָ֖ם חֳמָרִ֣ם חֳמָרִ֑ם וַתִּבְאַ֖שׁ הָאָֽרֶץ׃
יא) וַיַּ֣רְא פַּרְעֹ֗ה כִּ֤י הָֽיְתָה֙ הָֽרְוָחָ֔ה וְהַכְבֵּד֙ אֶת־לִבּ֔וֹ וְלֹ֥א שָׁמַ֖ע אֲלֵהֶ֑ם כַּאֲשֶׁ֖ר דִּבֶּ֥ר יְהוָֽה׃
{ס}
יב) וַיֹּ֣אמֶר יְהוָה֮ אֶל־מֹשֶׁה֒ אֱמֹר֙ אֶֽל־אַהֲרֹ֔ן נְטֵ֣ה אֶת־מַטְּךָ֔ וְהַ֖ךְ אֶת־עֲפַ֣ר הָאָ֑רֶץ וְהָיָ֥ה
לְכִנִּ֖ם בְּכָל־אֶ֥רֶץ מִצְרָֽיִם׃
יג) וַיַּעֲשׂוּ־כֵ֗ן וַיֵּ֨ט אַהֲרֹ֤ן אֶת־יָד֙וֹ בְמַטֵּ֔הוּ וַיַּךְ֙ אֶת־עֲפַ֣ר הָאָ֔רֶץ וַתְּהִי֙ הַכִּנָּ֔ם בָּאָדָ֖ם
וּבַבְּהֵמָ֑ה כָּל־עֲפַ֥ר הָאָ֛רֶץ הָיָ֥ה כִנִּ֖ים בְּכָל־אֶ֥רֶץ מִצְרָֽיִם׃

יד) וַיַּעֲשׂוּ־כֵן הַחַרְטֻמִּים בְּלָטֵיהֶם לְהוֹצִיא אֶת־הַכִּנִּים וְלֹא יָכֹלוּ וַתְּהִי הַכִּנָּם בָּאָדָם וּבַבְּהֵמָה:

טו) וַיֹּאמְרוּ הַחַרְטֻמִּם אֶל־פַּרְעֹה אֶצְבַּע אֱלֹהִים הִוא וַיֶּחֱזַק לֵב־פַּרְעֹה וְלֹא־שָׁמַע אֲלֵהֶם כַּאֲשֶׁר דִּבֶּר יְהוָה:
{ס}

טז) וַיֹּאמֶר יְהוָה אֶל־מֹשֶׁה הַשְׁכֵּם בַּבֹּקֶר וְהִתְיַצֵּב לִפְנֵי פַרְעֹה הִנֵּה יוֹצֵא הַמָּיְמָה וְאָמַרְתָּ אֵלָיו כֹּה אָמַר יְהוָה שַׁלַּח עַמִּי וְיַעַבְדֻנִי:

יז) כִּי אִם־אֵינְךָ מְשַׁלֵּחַ אֶת־עַמִּי הִנְנִי מַשְׁלִיחַ בְּךָ וּבַעֲבָדֶיךָ וּבְעַמְּךָ וּבְבָתֶּיךָ אֶת־הֶעָרֹב וּמָלְאוּ בָּתֵּי מִצְרַיִם אֶת־הֶעָרֹב וְגַם הָאֲדָמָה אֲשֶׁר־הֵם עָלֶיהָ:

יח) וְהִפְלֵיתִי בַיּוֹם הַהוּא אֶת־אֶרֶץ גֹּשֶׁן אֲשֶׁר עַמִּי עֹמֵד עָלֶיהָ לְבִלְתִּי הֱיוֹת־שָׁם עָרֹב לְמַעַן תֵּדַע כִּי אֲנִי יְהוָה בְּקֶרֶב הָאָרֶץ:

יט) וְשַׂמְתִּי פְדֻת בֵּין עַמִּי וּבֵין עַמֶּךָ לְמָחָר יִהְיֶה הָאֹת הַזֶּה:

כ) וַיַּעַשׂ יְהוָה כֵּן וַיָּבֹא עָרֹב כָּבֵד בֵּיתָה פַרְעֹה וּבֵית עֲבָדָיו וּבְכָל־אֶרֶץ מִצְרַיִם תִּשָּׁחֵת הָאָרֶץ מִפְּנֵי הֶעָרֹב:

כא) וַיִּקְרָא פַרְעֹה אֶל־מֹשֶׁה וּלְאַהֲרֹן וַיֹּאמֶר לְכוּ זִבְחוּ לֵאלֹהֵיכֶם בָּאָרֶץ:

כב) וַיֹּאמֶר מֹשֶׁה לֹא נָכוֹן לַעֲשׂוֹת כֵּן כִּי תּוֹעֲבַת מִצְרַיִם נִזְבַּח לַיהוָה אֱלֹהֵינוּ הֵן נִזְבַּח אֶת־תּוֹעֲבַת מִצְרַיִם לְעֵינֵיהֶם וְלֹא יִסְקְלֻנוּ:

כג) דֶּרֶךְ שְׁלֹשֶׁת יָמִים נֵלֵךְ בַּמִּדְבָּר וְזָבַחְנוּ לַיהוָה אֱלֹהֵינוּ כַּאֲשֶׁר יֹאמַר אֵלֵינוּ:

כד) וַיֹּאמֶר פַּרְעֹה אָנֹכִי אֲשַׁלַּח אֶתְכֶם וּזְבַחְתֶּם לַיהוָה אֱלֹהֵיכֶם בַּמִּדְבָּר רַק הַרְחֵק לֹא־תַרְחִיקוּ לָלֶכֶת הַעְתִּירוּ בַּעֲדִי:

כה) וַיֹּאמֶר מֹשֶׁה הִנֵּה אָנֹכִי יוֹצֵא מֵעִמָּךְ וְהַעְתַּרְתִּי אֶל־יְהוָה וְסָר הֶעָרֹב מִפַּרְעֹה מֵעֲבָדָיו וּמֵעַמּוֹ מָחָר רַק אַל־יֹסֵף פַּרְעֹה הָתֵל לְבִלְתִּי שַׁלַּח אֶת־הָעָם לִזְבֹּחַ לַיהוָה:

כו) וַיֵּצֵא מֹשֶׁה מֵעִם פַּרְעֹה וַיֶּעְתַּר אֶל־יְהוָה:

כז) וַיַּעַשׂ יְהוָה כִּדְבַר מֹשֶׁה וַיָּסַר הֶעָרֹב מִפַּרְעֹה מֵעֲבָדָיו וּמֵעַמּוֹ לֹא נִשְׁאַר אֶחָד:

כח) וַיַּכְבֵּד פַּרְעֹה אֶת־לִבּוֹ גַּם בַּפַּעַם הַזֹּאת וְלֹא שִׁלַּח אֶת־הָעָם:
{פ}

פרק ט

א) וַיֹּאמֶר יְהוָה אֶל־מֹשֶׁה בֹּא אֶל־פַּרְעֹה וְדִבַּרְתָּ אֵלָיו כֹּה־אָמַר יְהוָה אֱלֹהֵי הָעִבְרִים שַׁלַּח אֶת־עַמִּי וְיַעַבְדֻנִי:

ב) כִּי אִם־מָאֵן אַתָּה לְשַׁלֵּחַ וְעוֹדְךָ מַחֲזִיק בָּם:

ג) הִנֵּ֨ה יַד־יְהוָ֜ה הוֹיָ֗ה בְּמִקְנְךָ֙ אֲשֶׁ֣ר בַּשָּׂדֶ֔ה בַּסּוּסִ֤ים בַּחֲמֹרִים֙ בַּגְּמַלִּ֔ים בַּבָּקָ֖ר וּבַצֹּ֑אן דֶּ֖בֶר כָּבֵ֥ד מְאֹֽד׃

ד) וְהִפְלָ֣ה יְהוָ֔ה בֵּ֚ין מִקְנֵ֣ה יִשְׂרָאֵ֔ל וּבֵ֖ין מִקְנֵ֣ה מִצְרָ֑יִם וְלֹ֥א יָמ֛וּת מִכָּל־לִבְנֵ֥י יִשְׂרָאֵ֖ל דָּבָֽר׃

ה) וַיָּ֥שֶׂם יְהוָ֖ה מוֹעֵ֣ד לֵאמֹ֑ר מָחָ֗ר יַעֲשֶׂ֧ה יְהוָ֛ה הַדָּבָ֥ר הַזֶּ֖ה בָּאָֽרֶץ׃

ו) וַיַּ֨עַשׂ יְהוָ֜ה אֶת־הַדָּבָ֤ר הַזֶּה֙ מִֽמָּחֳרָ֔ת וַיָּ֕מָת כֹּ֖ל מִקְנֵ֣ה מִצְרָ֑יִם וּמִמִּקְנֵ֥ה בְנֵֽי־יִשְׂרָאֵ֖ל לֹא־מֵ֥ת אֶחָֽד׃

ז) וַיִּשְׁלַ֣ח פַּרְעֹ֔ה וְהִנֵּ֗ה לֹא־מֵ֛ת מִמִּקְנֵ֥ה יִשְׂרָאֵ֖ל עַד־אֶחָ֑ד וַיִּכְבַּד֙ לֵ֣ב פַּרְעֹ֔ה וְלֹ֥א שִׁלַּ֖ח אֶת־הָעָֽם׃

{פ}

ח) וַיֹּ֣אמֶר יְהוָה֮ אֶל־מֹשֶׁ֣ה וְאֶֽל־אַהֲרֹן֒ קְח֤וּ לָכֶם֙ מְלֹ֣א חָפְנֵיכֶ֔ם פִּ֖יחַ כִּבְשָׁ֑ן וּזְרָק֥וֹ מֹשֶׁ֛ה הַשָּׁמַ֖יְמָה לְעֵינֵ֥י פַרְעֹֽה׃

ט) וְהָיָ֣ה לְאָבָ֔ק עַ֖ל כָּל־אֶ֣רֶץ מִצְרָ֑יִם וְהָיָה֩ עַל־הָאָדָ֨ם וְעַל־הַבְּהֵמָ֜ה לִשְׁחִ֥ין פֹּרֵ֛חַ אֲבַעְבֻּעֹ֖ת בְּכָל־אֶ֥רֶץ מִצְרָֽיִם׃

י) וַיִּקְח֞וּ אֶת־פִּ֣יחַ הַכִּבְשָׁ֗ן וַיַּֽעַמְדוּ֙ לִפְנֵ֣י פַרְעֹ֔ה וַיִּזְרֹ֥ק אֹת֛וֹ מֹשֶׁ֖ה הַשָּׁמָ֑יְמָה וַיְהִ֗י שְׁחִין֙ אֲבַעְבֻּעֹ֔ת פֹּרֵ֕חַ בָּאָדָ֖ם וּבַבְּהֵמָֽה׃

יא) וְלֹא־יָֽכְל֣וּ הַֽחַרְטֻמִּ֗ים לַעֲמֹ֛ד לִפְנֵ֥י מֹשֶׁ֖ה מִפְּנֵ֣י הַשְּׁחִ֑ין כִּֽי־הָיָ֣ה הַשְּׁחִ֔ין בַּֽחַרְטֻמִּ֖ם וּבְכָל־מִצְרָֽיִם׃

יב) וַיְחַזֵּ֤ק יְהוָה֙ אֶת־לֵ֣ב פַּרְעֹ֔ה וְלֹ֥א שָׁמַ֖ע אֲלֵהֶ֑ם כַּאֲשֶׁ֛ר דִּבֶּ֥ר יְהוָ֖ה אֶל־מֹשֶֽׁה׃

{ס}

יג) וַיֹּ֤אמֶר יְהוָה֙ אֶל־מֹשֶׁ֔ה הַשְׁכֵּ֣ם בַּבֹּ֔קֶר וְהִתְיַצֵּ֖ב לִפְנֵ֣י פַרְעֹ֑ה וְאָמַרְתָּ֣ אֵלָ֗יו כֹּֽה־אָמַ֤ר יְהוָה֙ אֱלֹהֵ֣י הָֽעִבְרִ֔ים שַׁלַּ֥ח אֶת־עַמִּ֖י וְיַֽעַבְדֻֽנִי׃

יד) כִּ֣י ׀ בַּפַּ֣עַם הַזֹּ֗את אֲנִ֨י שֹׁלֵ֜חַ אֶת־כָּל־מַגֵּפֹתַי֙ אֶֽל־לִבְּךָ֔ וּבַעֲבָדֶ֖יךָ וּבְעַמֶּ֑ךָ בַּעֲב֣וּר תֵּדַ֔ע כִּ֛י אֵ֥ין כָּמֹ֖נִי בְּכָל־הָאָֽרֶץ׃

טו) כִּ֤י עַתָּה֙ שָׁלַ֣חְתִּי אֶת־יָדִ֔י וָאַ֥ךְ אוֹתְךָ֛ וְאֶֽת־עַמְּךָ֖ בַּדָּ֑בֶר וַתִּכָּחֵ֖ד מִן־הָאָֽרֶץ׃

טז) וְאוּלָ֗ם בַּעֲב֥וּר זֹאת֙ הֶעֱמַדְתִּ֔יךָ בַּעֲב֖וּר הַרְאֹתְךָ֣ אֶת־כֹּחִ֑י וּלְמַ֛עַן סַפֵּ֥ר שְׁמִ֖י בְּכָל־הָאָֽרֶץ׃

יז) עוֹדְךָ֖ מִסְתּוֹלֵ֣ל בְּעַמִּ֑י לְבִלְתִּ֖י שַׁלְּחָֽם׃

יח) הִנְנִ֤י מַמְטִיר֙ כָּעֵ֣ת מָחָ֔ר בָּרָ֖ד כָּבֵ֣ד מְאֹ֑ד אֲשֶׁ֨ר לֹא־הָיָ֤ה כָמֹ֙הוּ֙ בְּמִצְרַ֔יִם לְמִן־הַיּ֥וֹם הִוָּסְדָ֖ה וְעַד־עָֽתָּה׃

יט) וְעַתָּ֗ה שְׁלַח֙ הָעֵ֣ז אֶת־מִקְנְךָ֔ וְאֵ֛ת כָּל־אֲשֶׁ֥ר לְךָ֖ בַּשָּׂדֶ֑ה כָּל־הָאָדָ֨ם וְהַבְּהֵמָ֜ה

אֲשֶׁר־יִמָּצֵא בַשָּׂדֶה וְלֹא יֵאָסֵף הַבַּיְתָה וְיָרַד עֲלֵהֶם הַבָּרָד וָמֵתוּ:

כ) הַיָּרֵא אֶת־דְּבַר יְהוָה מֵעַבְדֵי פַּרְעֹה הֵנִיס אֶת־עֲבָדָיו וְאֶת־מִקְנֵהוּ אֶל־הַבָּתִּים:

כא) וַאֲשֶׁר לֹא־שָׂם לִבּוֹ אֶל־דְּבַר יְהוָה וַיַּעֲזֹב אֶת־עֲבָדָיו וְאֶת־מִקְנֵהוּ בַּשָּׂדֶה: {פ}

כב) וַיֹּאמֶר יְהוָה אֶל־מֹשֶׁה נְטֵה אֶת־יָדְךָ עַל־הַשָּׁמַיִם וִיהִי בָרָד בְּכָל־אֶרֶץ מִצְרָיִם עַל־הָאָדָם וְעַל־הַבְּהֵמָה וְעַל כָּל־עֵשֶׂב הַשָּׂדֶה בְּאֶרֶץ מִצְרָיִם:

כג) וַיֵּט מֹשֶׁה אֶת־מַטֵּהוּ עַל־הַשָּׁמַיִם וַיהוָה נָתַן קֹלֹת וּבָרָד וַתִּהֲלַךְ אֵשׁ אָרְצָה וַיַּמְטֵר יְהוָה בָּרָד עַל־אֶרֶץ מִצְרָיִם:

כד) וַיְהִי בָרָד וְאֵשׁ מִתְלַקַּחַת בְּתוֹךְ הַבָּרָד כָּבֵד מְאֹד אֲשֶׁר לֹא־הָיָה כָמֹהוּ בְּכָל־אֶרֶץ מִצְרַיִם מֵאָז הָיְתָה לְגוֹי:

כה) וַיַּךְ הַבָּרָד בְּכָל־אֶרֶץ מִצְרַיִם אֵת כָּל־אֲשֶׁר בַּשָּׂדֶה מֵאָדָם וְעַד־בְּהֵמָה וְאֵת כָּל־עֵשֶׂב הַשָּׂדֶה הִכָּה הַבָּרָד וְאֶת־כָּל־עֵץ הַשָּׂדֶה שִׁבֵּר:

כו) רַק בְּאֶרֶץ גֹּשֶׁן אֲשֶׁר־שָׁם בְּנֵי יִשְׂרָאֵל לֹא הָיָה בָּרָד:

כז) וַיִּשְׁלַח פַּרְעֹה וַיִּקְרָא לְמֹשֶׁה וּלְאַהֲרֹן וַיֹּאמֶר אֲלֵהֶם חָטָאתִי הַפָּעַם יְהוָה הַצַּדִּיק וַאֲנִי וְעַמִּי הָרְשָׁעִים:

כח) הַעְתִּירוּ אֶל־יְהוָה וְרַב מִהְיֹת קֹלֹת אֱלֹהִים וּבָרָד וַאֲשַׁלְּחָה אֶתְכֶם וְלֹא תֹסִפוּן לַעֲמֹד:

כט) וַיֹּאמֶר אֵלָיו מֹשֶׁה כְּצֵאתִי אֶת־הָעִיר אֶפְרֹשׂ אֶת־כַּפַּי אֶל־יְהוָה הַקֹּלוֹת יֶחְדָּלוּן וְהַבָּרָד לֹא יִהְיֶה־עוֹד לְמַעַן תֵּדַע כִּי לַיהוָה הָאָרֶץ:

ל) וְאַתָּה וַעֲבָדֶיךָ יָדַעְתִּי כִּי טֶרֶם תִּירְאוּן מִפְּנֵי יְהוָה אֱלֹהִים:

לא) וְהַפִּשְׁתָּה וְהַשְּׂעֹרָה נֻכָּתָה כִּי הַשְּׂעֹרָה אָבִיב וְהַפִּשְׁתָּה גִּבְעֹל:

לב) וְהַחִטָּה וְהַכֻּסֶּמֶת לֹא נֻכּוּ כִּי אֲפִילֹת הֵנָּה:

לג) וַיֵּצֵא מֹשֶׁה מֵעִם פַּרְעֹה אֶת־הָעִיר וַיִּפְרֹשׂ כַּפָּיו אֶל־יְהוָה וַיַּחְדְּלוּ הַקֹּלוֹת וְהַבָּרָד וּמָטָר לֹא־נִתַּךְ אָרְצָה:

לד) וַיַּרְא פַּרְעֹה כִּי־חָדַל הַמָּטָר וְהַבָּרָד וְהַקֹּלֹת וַיֹּסֶף לַחֲטֹא וַיַּכְבֵּד לִבּוֹ הוּא וַעֲבָדָיו:

לה) וַיֶּחֱזַק לֵב פַּרְעֹה וְלֹא שִׁלַּח אֶת־בְּנֵי יִשְׂרָאֵל כַּאֲשֶׁר דִּבֶּר יְהוָה בְּיַד־מֹשֶׁה: {פ}

בא

פרק י

א) וַיֹּ֤אמֶר יְהוָה֙ אֶל־מֹשֶׁ֔ה בֹּ֖א אֶל־פַּרְעֹ֑ה כִּֽי־אֲנִ֞י הִכְבַּ֤דְתִּי אֶת־לִבּוֹ֙ וְאֶת־לֵ֣ב עֲבָדָ֔יו
לְמַ֗עַן שִׁתִ֛י אֹתֹתַ֥י אֵ֖לֶּה בְּקִרְבּֽוֹ׃
ב) וּלְמַ֡עַן תְּסַפֵּר֩ בְּאָזְנֵ֨י בִנְךָ֜ וּבֶן־בִּנְךָ֗ אֵ֣ת אֲשֶׁ֤ר הִתְעַלַּ֙לְתִּי֙ בְּמִצְרַ֔יִם וְאֶת־אֹתֹתַ֖י
אֲשֶׁר־שַׂ֣מְתִּי בָ֑ם וִֽידַעְתֶּ֖ם כִּֽי־אֲנִ֥י יְהוָֽה׃
ג) וַיָּבֹ֨א מֹשֶׁ֣ה וְאַהֲרֹן֮ אֶל־פַּרְעֹה֒ וַיֹּאמְר֣וּ אֵלָ֗יו כֹּֽה־אָמַ֤ר יְהוָה֙ אֱלֹהֵ֣י הָעִבְרִ֔ים עַד־מָתַ֣י
מֵאַ֔נְתָּ לֵעָנֹ֖ת מִפָּנָ֑י שַׁלַּ֥ח עַמִּ֖י וְיַֽעַבְדֻֽנִי׃
ד) כִּ֛י אִם־מָאֵ֥ן אַתָּ֖ה לְשַׁלֵּ֣חַ אֶת־עַמִּ֑י הִנְנִ֨י מֵבִ֥יא מָחָ֛ר אַרְבֶּ֖ה בִּגְבֻלֶֽךָ׃
ה) וְכִסָּה֙ אֶת־עֵ֣ין הָאָ֔רֶץ וְלֹ֥א יוּכַ֖ל לִרְאֹ֣ת אֶת־הָאָ֑רֶץ וְאָכַ֣ל ׀ אֶת־יֶ֣תֶר הַפְּלֵטָ֗ה הַנִּשְׁאֶ֤רֶת
לָכֶם֙ מִן־הַבָּרָ֔ד וְאָכַל֙ אֶת־כָּל־הָעֵ֔ץ הַצֹּמֵ֥חַ לָכֶ֖ם מִן־הַשָּׂדֶֽה׃
ו) וּמָלְא֨וּ בָתֶּ֜יךָ וּבָתֵּ֣י כָל־עֲבָדֶ֗יךָ וּבָתֵּ֣י כָל־מִצְרַ֔יִם אֲשֶׁ֨ר לֹֽא־רָא֤וּ אֲבֹתֶ֙יךָ֙ וַאֲב֣וֹת
אֲבֹתֶ֔יךָ מִיּ֗וֹם הֱיוֹתָם֙ עַל־הָ֣אֲדָמָ֔ה עַ֖ד הַיּ֣וֹם הַזֶּ֑ה וַיִּ֖פֶן וַיֵּצֵ֥א מֵעִ֥ם פַּרְעֹֽה׃
ז) וַיֹּאמְר֜וּ עַבְדֵ֣י פַרְעֹ֗ה אֵלָ֘יו עַד־מָתַי֙ יִהְיֶ֨ה זֶ֤ה לָ֙נוּ֙ לְמוֹקֵ֔שׁ שַׁלַּח֙ אֶת־הָ֣אֲנָשִׁ֔ים וְיַֽעַבְד֖וּ
אֶת־יְהוָ֣ה אֱלֹהֵיהֶ֑ם הֲטֶ֣רֶם תֵּדַ֔ע כִּ֥י אָבְדָ֖ה מִצְרָֽיִם׃
ח) וַיּוּשַׁ֞ב אֶת־מֹשֶׁ֤ה וְאֶֽת־אַהֲרֹן֙ אֶל־פַּרְעֹ֔ה וַיֹּ֣אמֶר אֲלֵהֶ֔ם לְכ֖וּ עִבְד֣וּ אֶת־יְהוָ֣ה אֱלֹהֵיכֶ֑ם
מִ֥י וָמִ֖י הַהֹלְכִֽים׃
ט) וַיֹּ֣אמֶר מֹשֶׁ֔ה בִּנְעָרֵ֥ינוּ וּבִזְקֵנֵ֖ינוּ נֵלֵ֑ךְ בְּבָנֵ֨ינוּ וּבִבְנוֹתֵ֜נוּ בְּצֹאנֵ֤נוּ וּבִבְקָרֵ֙נוּ֙ נֵלֵ֔ךְ כִּ֥י
חַג־יְהוָ֖ה לָֽנוּ׃
י) וַיֹּ֣אמֶר אֲלֵהֶ֗ם יְהִ֨י כֵ֤ן יְהוָה֙ עִמָּכֶ֔ם כַּאֲשֶׁ֛ר אֲשַׁלַּ֥ח אֶתְכֶ֖ם וְאֶֽת־טַפְּכֶ֑ם רְא֕וּ כִּ֥י רָעָ֖ה נֶ֥גֶד
פְּנֵיכֶֽם׃
יא) לֹ֣א כֵ֗ן לְכוּ־נָ֤א הַגְּבָרִים֙ וְעִבְד֣וּ אֶת־יְהוָ֔ה כִּ֥י אֹתָ֖הּ אַתֶּ֣ם מְבַקְשִׁ֑ים וַיְגָ֣רֶשׁ אֹתָ֔ם מֵאֵ֖ת
פְּנֵ֥י פַרְעֹֽה׃
{ס}
יב) וַיֹּ֨אמֶר יְהוָ֜ה אֶל־מֹשֶׁ֗ה נְטֵ֨ה יָדְךָ֜ עַל־אֶ֤רֶץ מִצְרַ֙יִם֙ בָּֽאַרְבֶּ֔ה וְיַ֖עַל עַל־אֶ֣רֶץ מִצְרָ֑יִם
וְיֹאכַל֙ אֶת־כָּל־עֵ֣שֶׂב הָאָ֔רֶץ אֵ֛ת כָּל־אֲשֶׁ֥ר הִשְׁאִ֖יר הַבָּרָֽד׃
יג) וַיֵּ֨ט מֹשֶׁ֣ה אֶת־מַטֵּהוּ֮ עַל־אֶ֣רֶץ מִצְרַיִם֒ וַֽיהוָ֗ה נִהַ֤ג רֽוּחַ־קָדִים֙ בָּאָ֔רֶץ כָּל־הַיּ֥וֹם הַה֖וּא
וְכָל־הַלָּ֑יְלָה הַבֹּ֣קֶר הָיָ֔ה וְר֙וּחַ֙ הַקָּדִ֔ים נָשָׂ֖א אֶת־הָאַרְבֶּֽה׃
יד) וַיַּ֣עַל הָֽאַרְבֶּ֗ה עַ֚ל כָּל־אֶ֣רֶץ מִצְרַ֔יִם וַיָּ֕נַח בְּכֹ֖ל גְּב֣וּל מִצְרָ֑יִם כָּבֵ֣ד מְאֹ֔ד לְ֠פָנָיו

לֹֽא־הָ֨יָה כֵ֥ן אַרְבֶּה֙ כָּמֹ֔הוּ וְאַחֲרָ֖יו לֹ֥א יִֽהְיֶה־כֵּֽן׃
טו) וַיְכַ֞ס אֶת־עֵ֣ין כׇּל־הָאָ֘רֶץ֮ וַתֶּחְשַׁ֣ךְ הָאָ֒רֶץ֒ וַיֹּ֜אכַל אֶת־כׇּל־עֵ֣שֶׂב הָאָ֗רֶץ וְאֵת֙ כׇּל־פְּרִ֣י
הָעֵ֔ץ אֲשֶׁ֥ר הוֹתִ֖יר הַבָּרָ֑ד וְלֹא־נוֹתַ֨ר כׇּל־יֶ֧רֶק בָּעֵ֛ץ וּבְעֵ֥שֶׂב הַשָּׂדֶ֖ה בְּכׇל־אֶ֥רֶץ מִצְרָֽיִם׃
טז) וַיְמַהֵ֣ר פַּרְעֹ֔ה לִקְרֹ֖א לְמֹשֶׁ֣ה וּֽלְאַהֲרֹ֑ן וַיֹּ֗אמֶר חָטָ֛אתִי לַיהוָ֥ה אֱלֹהֵיכֶ֖ם וְלָכֶֽם׃
יז) וְעַתָּ֗ה שָׂ֣א נָ֤א חַטָּאתִי֙ אַ֣ךְ הַפַּ֔עַם וְהַעְתִּ֖ירוּ לַיהוָ֣ה אֱלֹהֵיכֶ֑ם וְיָסֵר֙ מֵֽעָלַ֔י רַ֖ק
אֶת־הַמָּ֥וֶת הַזֶּֽה׃
יח) וַיֵּצֵ֖א מֵעִ֣ם פַּרְעֹ֑ה וַיֶּעְתַּ֖ר אֶל־יְהוָֽה׃
יט) וַיַּהֲפֹ֨ךְ יְהוָ֤ה רֽוּחַ־יָם֙ חָזָ֣ק מְאֹ֔ד וַיִּשָּׂא֙ אֶת־הָ֣אַרְבֶּ֔ה וַיִּתְקָעֵ֖הוּ יָ֣מָּה סּ֑וּף לֹ֤א נִשְׁאַר֙
אַרְבֶּ֣ה אֶחָ֔ד בְּכֹ֖ל גְּב֥וּל מִצְרָֽיִם׃
כ) וַיְחַזֵּ֥ק יְהוָ֖ה אֶת־לֵ֣ב פַּרְעֹ֑ה וְלֹ֥א שִׁלַּ֖ח אֶת־בְּנֵ֥י יִשְׂרָאֵֽל׃
{פ}
כא) וַיֹּ֨אמֶר יְהוָ֜ה אֶל־מֹשֶׁ֗ה נְטֵ֤ה יָֽדְךָ֙ עַל־הַשָּׁמַ֔יִם וִ֥יהִי חֹ֖שֶׁךְ עַל־אֶ֣רֶץ מִצְרָ֑יִם וְיָמֵ֖שׁ
חֹֽשֶׁךְ׃
כב) וַיֵּ֥ט מֹשֶׁ֛ה אֶת־יָד֖וֹ עַל־הַשָּׁמָ֑יִם וַיְהִ֧י חֹֽשֶׁךְ־אֲפֵלָ֛ה בְּכׇל־אֶ֥רֶץ מִצְרַ֖יִם שְׁלֹ֥שֶׁת יָמִֽים׃
כג) לֹֽא־רָא֞וּ אִ֣ישׁ אֶת־אָחִ֗יו וְלֹא־קָ֛מוּ אִ֥ישׁ מִתַּחְתָּ֖יו שְׁלֹ֣שֶׁת יָמִ֑ים וּֽלְכׇל־בְּנֵ֧י יִשְׂרָאֵ֛ל הָ֥יָה
א֖וֹר בְּמוֹשְׁבֹתָֽם׃
כד) וַיִּקְרָ֨א פַּרְעֹ֜ה אֶל־מֹשֶׁ֗ה וַיֹּ֙אמֶר֙ לְכוּ֙ עִבְד֣וּ אֶת־יְהוָ֔ה רַ֛ק צֹאנְכֶ֥ם וּבְקַרְכֶ֖ם יֻצָּ֑ג
גַּֽם־טַפְּכֶ֖ם יֵלֵ֥ךְ עִמָּכֶֽם׃
כה) וַיֹּ֣אמֶר מֹשֶׁ֔ה גַּם־אַתָּ֛ה תִּתֵּ֥ן בְּיָדֵ֖נוּ זְבָחִ֣ים וְעֹלֹ֑ת וְעָשִׂ֖ינוּ לַיהוָ֥ה אֱלֹהֵֽינוּ׃
כו) וְגַם־מִקְנֵ֜נוּ יֵלֵ֣ךְ עִמָּ֗נוּ לֹ֤א תִשָּׁאֵר֙ פַּרְסָ֔ה כִּ֚י מִמֶּ֣נּוּ נִקַּ֔ח לַעֲבֹ֖ד אֶת־יְהוָ֣ה אֱלֹהֵ֑ינוּ
וַאֲנַ֣חְנוּ לֹֽא־נֵדַ֗ע מַֽה־נַּעֲבֹד֙ אֶת־יְהוָ֔ה עַד־בֹּאֵ֖נוּ שָֽׁמָּה׃
כז) וַיְחַזֵּ֥ק יְהוָ֖ה אֶת־לֵ֣ב פַּרְעֹ֑ה וְלֹ֥א אָבָ֖ה לְשַׁלְּחָֽם׃
כח) וַיֹּֽאמֶר־ל֥וֹ פַרְעֹ֖ה לֵ֣ךְ מֵעָלָ֑י הִשָּׁ֣מֶר לְךָ֗ אַל־תֹּ֙סֶף֙ רְא֣וֹת פָּנַ֔י כִּ֛י בְּי֥וֹם רְאֹתְךָ֥ פָנַ֖י
תָּמֽוּת׃
כט) וַיֹּ֥אמֶר מֹשֶׁ֖ה כֵּ֣ן דִּבַּ֑רְתָּ לֹא־אֹסִ֥ף ע֖וֹד רְא֥וֹת פָּנֶֽיךָ׃
{פ}

פרק יא

א) וַיֹּ֨אמֶר יְהוָ֜ה אֶל־מֹשֶׁ֗ה ע֣וֹד נֶ֤גַע אֶחָד֙ אָבִ֤יא עַל־פַּרְעֹה֙ וְעַל־מִצְרַ֔יִם אַחֲרֵי־כֵ֕ן יְשַׁלַּ֥ח
אֶתְכֶ֖ם מִזֶּ֑ה כְּשַׁ֨לְּח֔וֹ כָּלָ֕ה גָּרֵ֛שׁ יְגָרֵ֥שׁ אֶתְכֶ֖ם מִזֶּֽה׃
ב) דַּבֶּר־נָ֖א בְּאׇזְנֵ֣י הָעָ֑ם וְיִשְׁאֲל֞וּ אִ֣ישׁ ׀ מֵאֵ֣ת רֵעֵ֗הוּ וְאִשָּׁה֙ מֵאֵ֣ת רְעוּתָ֔הּ כְּלֵי־כֶ֖סֶף וּכְלֵ֥י

זָהָֽב׃
ג) וַיִּתֵּ֧ן יְהוָ֛ה אֶת־חֵ֥ן הָעָ֖ם בְּעֵינֵ֣י מִצְרָ֑יִם גַּ֣ם ׀ הָאִ֣ישׁ מֹשֶׁ֗ה גָּד֤וֹל מְאֹד֙ בְּאֶ֣רֶץ מִצְרַ֔יִם
בְּעֵינֵ֥י עַבְדֵֽי־פַרְעֹ֖ה וּבְעֵינֵ֥י הָעָֽם׃
{ס}
ד) וַיֹּ֖אמֶר מֹשֶׁ֑ה כֹּ֖ה אָמַ֣ר יְהוָ֑ה כַּחֲצֹ֣ת הַלַּ֔יְלָה אֲנִ֥י יוֹצֵ֖א בְּת֥וֹךְ מִצְרָֽיִם׃
ה) וּמֵ֣ת כָּל־בְּכוֹר֮ בְּאֶ֣רֶץ מִצְרַיִם֒ מִבְּכ֤וֹר פַּרְעֹה֙ הַיֹּשֵׁ֣ב עַל־כִּסְא֔וֹ עַ֚ד בְּכ֣וֹר הַשִּׁפְחָ֔ה
אֲשֶׁ֖ר אַחַ֣ר הָרֵחָ֑יִם וְכֹ֖ל בְּכ֥וֹר בְּהֵמָֽה׃
ו) וְהָֽיְתָ֛ה צְעָקָ֥ה גְדֹלָ֖ה בְּכָל־אֶ֣רֶץ מִצְרָ֑יִם אֲשֶׁ֤ר כָּמֹ֙הוּ֙ לֹ֣א נִהְיָ֔תָה וְכָמֹ֖הוּ לֹ֥א תֹסִֽף׃
ז) וּלְכֹ֣ל ׀ בְּנֵ֣י יִשְׂרָאֵ֗ל לֹ֤א יֶֽחֱרַץ־כֶּ֙לֶב֙ לְשֹׁנ֔וֹ לְמֵאִ֖ישׁ וְעַד־בְּהֵמָ֑ה לְמַ֙עַן֙ תֵּֽדְע֔וּן אֲשֶׁר֙
יַפְלֶ֣ה יְהוָ֔ה בֵּ֥ין מִצְרַ֖יִם וּבֵ֥ין יִשְׂרָאֵֽל׃
ח) וְיָרְד֣וּ כָל־עֲבָדֶיךָ֩ אֵ֨לֶּה אֵלַ֜י וְהִשְׁתַּחֲווּ־לִ֣י לֵאמֹ֗ר צֵ֤א אַתָּה֙ וְכָל־הָעָ֣ם אֲשֶׁר־בְּרַגְלֶ֔יךָ
וְאַחֲרֵי־כֵ֖ן אֵצֵ֑א וַיֵּצֵ֥א מֵֽעִם־פַּרְעֹ֖ה בָּחֳרִי־אָֽף׃
{ס}
ט) וַיֹּ֤אמֶר יְהוָה֙ אֶל־מֹשֶׁ֔ה לֹא־יִשְׁמַ֥ע אֲלֵיכֶ֖ם פַּרְעֹ֑ה לְמַ֛עַן רְב֥וֹת מוֹפְתַ֖י בְּאֶ֥רֶץ מִצְרָֽיִם׃
י) וּמֹשֶׁ֣ה וְאַהֲרֹ֗ן עָשׂ֛וּ אֶת־כָּל־הַמֹּפְתִ֥ים הָאֵ֖לֶּה לִפְנֵ֣י פַרְעֹ֑ה וַיְחַזֵּ֤ק יְהוָה֙ אֶת־לֵ֣ב פַּרְעֹ֔ה
וְלֹֽא־שִׁלַּ֥ח אֶת־בְּנֵֽי־יִשְׂרָאֵ֖ל מֵאַרְצֽוֹ׃
{ס}

פרק יב

א) וַיֹּ֤אמֶר יְהוָה֙ אֶל־מֹשֶׁ֣ה וְאֶֽל־אַהֲרֹ֔ן בְּאֶ֥רֶץ מִצְרַ֖יִם לֵאמֹֽר׃
ב) הַחֹ֧דֶשׁ הַזֶּ֛ה לָכֶ֖ם רֹ֣אשׁ חֳדָשִׁ֑ים רִאשׁ֥וֹן הוּא֙ לָכֶ֔ם לְחָדְשֵׁ֖י הַשָּׁנָֽה׃
ג) דַּבְּר֗וּ אֶֽל־כָּל־עֲדַ֤ת יִשְׂרָאֵל֙ לֵאמֹ֔ר בֶּעָשֹׂ֖ר לַחֹ֣דֶשׁ הַזֶּ֑ה וְיִקְח֣וּ לָהֶ֗ם אִ֛ישׁ שֶׂ֥ה
לְבֵית־אָבֹ֖ת שֶׂ֥ה לַבָּֽיִת׃
ד) וְאִם־יִמְעַ֣ט הַבַּ֘יִת֮ מִהְי֣וֹת מִשֶּׂה֒ וְלָקַ֣ח ה֗וּא וּשְׁכֵנ֛וֹ הַקָּרֹ֥ב אֶל־בֵּית֖וֹ בְּמִכְסַ֣ת נְפָשֹׁ֑ת אִ֚ישׁ
לְפִ֣י אָכְל֔וֹ תָּכֹ֖סּוּ עַל־הַשֶּֽׂה׃
ה) שֶׂ֥ה תָמִ֛ים זָכָ֥ר בֶּן־שָׁנָ֖ה יִהְיֶ֣ה לָכֶ֑ם מִן־הַכְּבָשִׂ֥ים וּמִן־הָעִזִּ֖ים תִּקָּֽחוּ׃
ו) וְהָיָ֤ה לָכֶם֙ לְמִשְׁמֶ֔רֶת עַ֣ד אַרְבָּעָ֥ה עָשָׂ֛ר י֖וֹם לַחֹ֣דֶשׁ הַזֶּ֑ה וְשָׁחֲט֣וּ אֹת֗וֹ כֹּ֛ל קְהַ֥ל
עֲדַֽת־יִשְׂרָאֵ֖ל בֵּ֥ין הָעַרְבָּֽיִם׃
ז) וְלָֽקְחוּ֙ מִן־הַדָּ֔ם וְנָ֥תְנ֛וּ עַל־שְׁתֵּ֥י הַמְּזוּזֹ֖ת וְעַל־הַמַּשְׁק֑וֹף עַ֚ל הַבָּ֣תִּ֔ים אֲשֶׁר־יֹאכְל֥וּ אֹת֖וֹ
בָּהֶֽם׃
ח) וְאָכְל֥וּ אֶת־הַבָּשָׂ֖ר בַּלַּ֣יְלָה הַזֶּ֑ה צְלִי־אֵ֣שׁ וּמַצּ֔וֹת עַל־מְרֹרִ֖ים יֹאכְלֻֽהוּ׃

ט) אַל־תֹּאכְל֤וּ מִמֶּ֙נּוּ֙ נָ֔א וּבָשֵׁ֖ל מְבֻשָּׁ֣ל בַּמָּ֑יִם כִּ֣י אִם־צְלִי־אֵ֔שׁ רֹאשׁ֥וֹ עַל־כְּרָעָ֖יו
וְעַל־קִרְבּֽוֹ׃
י) וְלֹֽא־תוֹתִ֥ירוּ מִמֶּ֖נּוּ עַד־בֹּ֑קֶר וְהַנֹּתָ֥ר מִמֶּ֛נּוּ עַד־בֹּ֖קֶר בָּאֵ֥שׁ תִּשְׂרֹֽפוּ׃
יא) וְכָכָה֮ תֹּאכְל֣וּ אֹתוֹ֒ מָתְנֵיכֶ֣ם חֲגֻרִ֔ים נַעֲלֵיכֶם֙ בְּרַגְלֵיכֶ֔ם וּמַקֶּלְכֶ֖ם בְּיֶדְכֶ֑ם וַאֲכַלְתֶּ֤ם
אֹתוֹ֙ בְּחִפָּז֔וֹן פֶּ֥סַח ה֖וּא לַיהוָֽה׃
יב) וְעָבַרְתִּ֣י בְאֶֽרֶץ־מִצְרַיִם֮ בַּלַּ֣יְלָה הַזֶּה֒ וְהִכֵּיתִ֤י כָל־בְּכוֹר֙ בְּאֶ֣רֶץ מִצְרַ֔יִם מֵאָדָ֖ם
וְעַד־בְּהֵמָ֑ה וּבְכָל־אֱלֹהֵ֥י מִצְרַ֛יִם אֶעֱשֶׂ֥ה שְׁפָטִ֖ים אֲנִ֥י יְהוָֽה׃
יג) וְהָיָה֩ הַדָּ֨ם לָכֶ֜ם לְאֹ֗ת עַ֤ל הַבָּתִּים֙ אֲשֶׁ֣ר אַתֶּ֣ם שָׁ֔ם וְרָאִ֙יתִי֙ אֶת־הַדָּ֔ם וּפָסַחְתִּ֖י עֲלֵכֶ֑ם
וְלֹא־יִהְיֶ֨ה בָכֶ֥ם נֶ֙גֶף֙ לְמַשְׁחִ֔ית בְּהַכֹּתִ֖י בְּאֶ֥רֶץ מִצְרָֽיִם׃
יד) וְהָיָה֩ הַיּ֨וֹם הַזֶּ֤ה לָכֶם֙ לְזִכָּר֔וֹן וְחַגֹּתֶ֥ם אֹת֖וֹ חַ֣ג לַיהוָ֑ה לְדֹרֹ֣תֵיכֶ֔ם חֻקַּ֥ת עוֹלָ֖ם
תְּחָגֻּֽהוּ׃
טו) שִׁבְעַ֤ת יָמִים֙ מַצּ֣וֹת תֹּאכֵ֔לוּ אַ֚ךְ בַּיּ֣וֹם הָרִאשׁ֔וֹן תַּשְׁבִּ֥יתוּ שְּׂאֹ֖ר מִבָּתֵּיכֶ֑ם כִּ֣י ׀ כָּל־אֹכֵ֣ל
חָמֵ֗ץ וְנִכְרְתָ֞ה הַנֶּ֤פֶשׁ הַהִוא֙ מִיִּשְׂרָאֵ֔ל מִיּ֥וֹם הָרִאשֹׁ֖ן עַד־י֥וֹם הַשְּׁבִעִֽי׃
טז) וּבַיּ֣וֹם הָרִאשׁוֹן֙ מִקְרָא־קֹ֔דֶשׁ וּבַיּוֹם֙ הַשְּׁבִיעִ֔י מִקְרָא־קֹ֖דֶשׁ יִהְיֶ֣ה לָכֶ֑ם כָּל־מְלָאכָה֙
לֹא־יֵעָשֶׂ֣ה בָהֶ֔ם אַ֚ךְ אֲשֶׁ֣ר יֵאָכֵ֣ל לְכָל־נֶ֔פֶשׁ ה֥וּא לְבַדּ֖וֹ יֵעָשֶׂ֥ה לָכֶֽם׃
יז) וּשְׁמַרְתֶּם֮ אֶת־הַמַּצּוֹת֒ כִּ֗י בְּעֶ֙צֶם֙ הַיּ֣וֹם הַזֶּ֔ה הוֹצֵ֥אתִי אֶת־צִבְאוֹתֵיכֶ֖ם מֵאֶ֣רֶץ מִצְרָ֑יִם
וּשְׁמַרְתֶּ֞ם אֶת־הַיּ֥וֹם הַזֶּ֛ה לְדֹרֹתֵיכֶ֖ם חֻקַּ֥ת עוֹלָֽם׃
יח) בָּרִאשֹׁ֡ן בְּאַרְבָּעָה֩ עָשָׂ֨ר י֤וֹם לַחֹ֙דֶשׁ֙ בָּעֶ֔רֶב תֹּאכְל֖וּ מַצֹּ֑ת עַ֠ד י֣וֹם הָאֶחָ֧ד וְעֶשְׂרִ֛ים
לַחֹ֖דֶשׁ בָּעָֽרֶב׃
יט) שִׁבְעַ֣ת יָמִ֔ים שְׂאֹ֕ר לֹ֥א יִמָּצֵ֖א בְּבָתֵּיכֶ֑ם כִּ֣י ׀ כָּל־אֹכֵ֣ל מַחְמֶ֗צֶת וְנִכְרְתָ֞ה הַנֶּ֤פֶשׁ הַהִוא֙
מֵעֲדַ֣ת יִשְׂרָאֵ֔ל בַּגֵּ֖ר וּבְאֶזְרַ֥ח הָאָֽרֶץ׃
כ) כָּל־מַחְמֶ֖צֶת לֹ֣א תֹאכֵ֑לוּ בְּכֹל֙ מוֹשְׁבֹ֣תֵיכֶ֔ם תֹּאכְל֖וּ מַצּֽוֹת׃
{פ}
כא) וַיִּקְרָ֥א מֹשֶׁ֛ה לְכָל־זִקְנֵ֥י יִשְׂרָאֵ֖ל וַיֹּ֣אמֶר אֲלֵהֶ֑ם מִֽשְׁכ֗וּ וּקְח֨וּ לָכֶ֥ם צֹ֛אן לְמִשְׁפְּחֹתֵיכֶ֖ם
וְשַׁחֲט֥וּ הַפָּֽסַח׃
כב) וּלְקַחְתֶּ֞ם אֲגֻדַּ֣ת אֵז֗וֹב וּטְבַלְתֶּם֮ בַּדָּ֣ם אֲשֶׁר־בַּסַּף֒ וְהִגַּעְתֶּ֤ם אֶל־הַמַּשְׁקוֹף֙ וְאֶל־שְׁתֵּ֣י
הַמְּזוּזֹ֔ת מִן־הַדָּ֖ם אֲשֶׁ֣ר בַּסָּ֑ף וְאַתֶּ֗ם לֹ֥א תֵצְא֛וּ אִ֥ישׁ מִפֶּֽתַח־בֵּית֖וֹ עַד־בֹּֽקֶר׃
כג) וְעָבַ֣ר יְהוָה֮ לִנְגֹּ֣ף אֶת־מִצְרַיִם֒ וְרָאָ֤ה אֶת־הַדָּם֙ עַל־הַמַּשְׁק֔וֹף וְעַ֖ל שְׁתֵּ֣י הַמְּזוּזֹ֑ת וּפָסַ֤ח
יְהוָה֙ עַל־הַפֶּ֔תַח וְלֹ֤א יִתֵּן֙ הַמַּשְׁחִ֔ית לָבֹ֥א אֶל־בָּתֵּיכֶ֖ם לִנְגֹּֽף׃
כד) וּשְׁמַרְתֶּ֖ם אֶת־הַדָּבָ֣ר הַזֶּ֑ה לְחָק־לְךָ֥ וּלְבָנֶ֖יךָ עַד־עוֹלָֽם׃
כה) וְהָיָ֞ה כִּֽי־תָבֹ֣אוּ אֶל־הָאָ֗רֶץ אֲשֶׁ֨ר יִתֵּ֧ן יְהוָ֛ה לָכֶ֖ם כַּאֲשֶׁ֣ר דִּבֵּ֑ר וּשְׁמַרְתֶּ֖ם אֶת־הָעֲבֹדָ֥ה

הַזֹּֽאת׃
כו) וְהָיָ֕ה כִּֽי־יֹאמְר֥וּ אֲלֵיכֶ֖ם בְּנֵיכֶ֑ם מָ֛ה הָעֲבֹדָ֥ה הַזֹּ֖את לָכֶֽם׃
כז) וַאֲמַרְתֶּ֡ם זֶֽבַח־פֶּ֨סַח ה֜וּא לַֽיהוָ֗ה אֲשֶׁ֣ר פָּ֠סַח עַל־בָּתֵּ֤י בְנֵֽי־יִשְׂרָאֵל֙ בְּמִצְרַ֔יִם בְּנָגְפּ֥וֹ
אֶת־מִצְרַ֖יִם וְאֶת־בָּתֵּ֣ינוּ הִצִּ֑יל וַיִּקֹּ֥ד הָעָ֖ם וַיִּֽשְׁתַּחֲוּֽוּ׃
כח) וַיֵּלְכ֥וּ וַֽיַּעֲשׂ֖וּ בְּנֵ֣י יִשְׂרָאֵ֑ל כַּאֲשֶׁ֨ר צִוָּ֧ה יְהוָ֛ה אֶת־מֹשֶׁ֥ה וְאַהֲרֹ֖ן כֵּ֥ן עָשֽׂוּ׃
{ס}
כט) וַיְהִ֣י ׀ בַּחֲצִ֣י הַלַּ֗יְלָה וַֽיהוָה֮ הִכָּ֣ה כָל־בְּכוֹר֮ בְּאֶ֣רֶץ מִצְרַ֒יִם֒ מִבְּכֹ֤ר פַּרְעֹה֙ הַיֹּשֵׁ֣ב
עַל־כִּסְא֔וֹ עַ֚ד בְּכ֣וֹר הַשְּׁבִ֔י אֲשֶׁ֖ר בְּבֵ֣ית הַבּ֑וֹר וְכֹ֖ל בְּכ֥וֹר בְּהֵמָֽה׃
ל) וַיָּ֨קָם פַּרְעֹ֜ה לַ֗יְלָה ה֤וּא וְכָל־עֲבָדָיו֙ וְכָל־מִצְרַ֔יִם וַתְּהִ֛י צְעָקָ֥ה גְדֹלָ֖ה בְּמִצְרָ֑יִם
כִּֽי־אֵ֣ין בַּ֔יִת אֲשֶׁ֥ר אֵֽין־שָׁ֖ם מֵֽת׃
לא) וַיִּקְרָא֩ לְמֹשֶׁ֨ה וּֽלְאַהֲרֹ֜ן לַ֗יְלָה וַיֹּ֙אמֶר֙ ק֤וּמוּ צְּאוּ֙ מִתּ֣וֹךְ עַמִּ֔י גַּם־אַתֶּ֖ם גַּם־בְּנֵ֣י יִשְׂרָאֵ֑ל
וּלְכ֛וּ עִבְד֥וּ אֶת־יְהוָ֖ה כְּדַבֶּרְכֶֽם׃
לב) גַּם־צֹאנְכֶ֨ם גַּם־בְּקַרְכֶ֥ם קְח֛וּ כַּאֲשֶׁ֥ר דִּבַּרְתֶּ֖ם וָלֵ֑כוּ וּבֵֽרַכְתֶּ֖ם גַּם־אֹתִֽי׃
לג) וַתֶּחֱזַ֤ק מִצְרַ֙יִם֙ עַל־הָעָ֔ם לְמַהֵ֖ר לְשַׁלְּחָ֣ם מִן־הָאָ֑רֶץ כִּ֥י אָמְר֖וּ כֻּלָּ֥נוּ מֵתִֽים׃
לד) וַיִּשָּׂ֥א הָעָ֛ם אֶת־בְּצֵק֖וֹ טֶ֣רֶם יֶחְמָ֑ץ מִשְׁאֲרֹתָ֛ם צְרֻרֹ֥ת בְּשִׂמְלֹתָ֖ם עַל־שִׁכְמָֽם׃
לה) וּבְנֵֽי־יִשְׂרָאֵ֥ל עָשׂ֖וּ כִּדְבַ֣ר מֹשֶׁ֑ה וַֽיִּשְׁאֲלוּ֙ מִמִּצְרַ֔יִם כְּלֵי־כֶ֛סֶף וּכְלֵ֥י זָהָ֖ב וּשְׂמָלֹֽת׃
לו) וַֽיהוָ֞ה נָתַ֨ן אֶת־חֵ֥ן הָעָ֛ם בְּעֵינֵ֥י מִצְרַ֖יִם וַיַּשְׁאִל֑וּם וַיְנַצְּל֖וּ אֶת־מִצְרָֽיִם׃
{פ}
לז) וַיִּסְע֧וּ בְנֵֽי־יִשְׂרָאֵ֛ל מֵרַעְמְסֵ֖ס סֻכֹּ֑תָה כְּשֵׁשׁ־מֵא֨וֹת אֶ֧לֶף רַגְלִ֛י הַגְּבָרִ֖ים לְבַ֥ד מִטָּֽף׃
לח) וְגַם־עֵ֥רֶב רַ֖ב עָלָ֣ה אִתָּ֑ם וְצֹ֣אן וּבָקָ֔ר מִקְנֶ֖ה כָּבֵ֥ד מְאֹֽד׃
לט) וַיֹּאפ֨וּ אֶת־הַבָּצֵ֜ק אֲשֶׁ֨ר הוֹצִ֧יאוּ מִמִּצְרַ֛יִם עֻגֹ֥ת מַצּ֖וֹת כִּ֣י לֹ֣א חָמֵ֑ץ כִּֽי־גֹרְשׁ֣וּ מִמִּצְרַ֗יִם
וְלֹ֤א יָֽכְלוּ֙ לְהִתְמַהְמֵ֔הַּ וְגַם־צֵדָ֖ה לֹא־עָשׂ֥וּ לָהֶֽם׃
מ) וּמוֹשַׁב֙ בְּנֵ֣י יִשְׂרָאֵ֔ל אֲשֶׁ֥ר יָשְׁב֖וּ בְּמִצְרָ֑יִם שְׁלֹשִׁ֣ים שָׁנָ֔ה וְאַרְבַּ֥ע מֵא֖וֹת שָׁנָֽה׃
מא) וַיְהִ֗י מִקֵּץ֙ שְׁלֹשִׁ֣ים שָׁנָ֔ה וְאַרְבַּ֥ע מֵא֖וֹת שָׁנָ֑ה וַיְהִ֗י בְּעֶ֙צֶם֙ הַיּ֣וֹם הַזֶּ֔ה יָֽצְא֛וּ כָּל־צִבְא֥וֹת
יְהוָ֖ה מֵאֶ֥רֶץ מִצְרָֽיִם׃
מב) לֵ֣יל שִׁמֻּרִ֥ים הוּא֙ לַֽיהוָ֔ה לְהוֹצִיאָ֖ם מֵאֶ֣רֶץ מִצְרָ֑יִם הֽוּא־הַלַּ֤יְלָה הַזֶּה֙ לַֽיהוָ֔ה שִׁמֻּרִ֛ים
לְכָל־בְּנֵ֥י יִשְׂרָאֵ֖ל לְדֹרֹתָֽם׃
{פ}
מג) וַיֹּ֤אמֶר יְהוָה֙ אֶל־מֹשֶׁ֣ה וְאַהֲרֹ֔ן זֹ֖את חֻקַּ֣ת הַפָּ֑סַח כָּל־בֶּן־נֵכָ֖ר לֹא־יֹ֥אכַל בּֽוֹ׃
מד) וְכָל־עֶ֥בֶד אִ֖ישׁ מִקְנַת־כָּ֑סֶף וּמַלְתָּ֣ה אֹת֔וֹ אָ֖ז יֹ֥אכַל בּֽוֹ׃
מה) תּוֹשָׁ֥ב וְשָׂכִ֖יר לֹא־יֹ֥אכַל בּֽוֹ׃

מו) בְּבַ֤יִת אֶחָד֙ יֵֽאָכֵ֔ל לֹא־תוֹצִ֧יא מִן־הַבַּ֛יִת מִן־הַבָּשָׂ֖ר ח֑וּצָה וְעֶ֖צֶם לֹ֥א תִשְׁבְּרוּ־בֽוֹ:

מז) כָּל־עֲדַ֥ת יִשְׂרָאֵ֖ל יַֽעֲשׂ֥וּ אֹתֽוֹ:

מח) וְכִֽי־יָג֨וּר אִתְּךָ֜ גֵּ֗ר וְעָ֣שָׂה פֶ֘סַח֮ לַֽיהוָה֒ הִמּ֧וֹל ל֣וֹ כָל־זָכָ֗ר וְאָז֙ יִקְרַ֣ב לַֽעֲשֹׂת֔וֹ וְהָיָ֖ה כְּאֶזְרַ֣ח הָאָ֑רֶץ וְכָל־עָרֵ֖ל לֹֽא־יֹ֥אכַל בּֽוֹ:

מט) תּוֹרָ֣ה אַחַ֔ת יִֽהְיֶ֖ה לָֽאֶזְרָ֑ח וְלַגֵּ֖ר הַגָּ֥ר בְּתֽוֹכְכֶֽם:

נ) וַיַּֽעֲשׂ֖וּ כָּל־בְּנֵ֣י יִשְׂרָאֵ֑ל כַּֽאֲשֶׁ֨ר צִוָּ֧ה יְהוָ֛ה אֶת־מֹשֶׁ֥ה וְאֶֽת־אַֽהֲרֹ֖ן כֵּ֥ן עָשֽׂוּ:
{ס}

נא) וַֽיְהִ֕י בְּעֶ֖צֶם הַיּ֣וֹם הַזֶּ֑ה הוֹצִ֨יא יְהוָ֜ה אֶת־בְּנֵ֧י יִשְׂרָאֵ֛ל מֵאֶ֥רֶץ מִצְרַ֖יִם עַל־צִבְאֹתָֽם:
{פ}

פרק יג

א) וַיְדַבֵּ֥ר יְהוָ֖ה אֶל־מֹשֶׁ֥ה לֵּאמֹֽר:

ב) קַדֶּשׁ־לִ֨י כָל־בְּכ֜וֹר פֶּ֤טֶר כָּל־רֶ֨חֶם֙ בִּבְנֵ֣י יִשְׂרָאֵ֔ל בָּֽאָדָ֖ם וּבַבְּהֵמָ֑ה לִ֖י הֽוּא:

ג) וַיֹּ֨אמֶר מֹשֶׁ֜ה אֶל־הָעָ֗ם זָכ֞וֹר אֶת־הַיּ֤וֹם הַזֶּה֙ אֲשֶׁ֨ר יְצָאתֶ֤ם מִמִּצְרַ֨יִם֙ מִבֵּ֣ית עֲבָדִ֔ים כִּ֚י בְּחֹ֣זֶק יָ֔ד הוֹצִ֧יא יְהוָ֛ה אֶתְכֶ֖ם מִזֶּ֑ה וְלֹ֥א יֵֽאָכֵ֖ל חָמֵֽץ:

ד) הַיּ֖וֹם אַתֶּ֣ם יֹֽצְאִ֑ים בְּחֹ֖דֶשׁ הָֽאָבִֽיב:

ה) וְהָיָ֣ה כִֽי־יְבִֽיאֲךָ֣ יְהוָ֡ה אֶל־אֶ֣רֶץ הַֽ֠כְּנַֽעֲנִ֠י וְהַֽחִתִּ֨י וְהָֽאֱמֹרִ֜י וְהַֽחִוִּ֣י וְהַיְבוּסִ֗י אֲשֶׁ֨ר נִשְׁבַּ֤ע לַֽאֲבֹתֶ֨יךָ֙ לָ֣תֶת לָ֔ךְ אֶ֛רֶץ זָבַ֥ת חָלָ֖ב וּדְבָ֑שׁ וְעָֽבַדְתָּ֛ אֶת־הָֽעֲבֹדָ֥ה הַזֹּ֖את בַּחֹ֥דֶשׁ הַזֶּֽה:

ו) שִׁבְעַ֥ת יָמִ֖ים תֹּאכַ֣ל מַצֹּ֑ת וּבַיּוֹם֙ הַשְּׁבִיעִ֔י חַ֖ג לַֽיהוָֽה:

ז) מַצּוֹת֙ יֵֽאָכֵ֔ל אֵ֖ת שִׁבְעַ֣ת הַיָּמִ֑ים וְלֹֽא־יֵֽרָאֶ֨ה לְךָ֜ חָמֵ֗ץ וְלֹֽא־יֵֽרָאֶ֥ה לְךָ֛ שְׂאֹ֖ר בְּכָל־גְּבֻלֶֽךָ:

ח) וְהִגַּדְתָּ֣ לְבִנְךָ֔ בַּיּ֥וֹם הַה֖וּא לֵאמֹ֑ר בַּֽעֲב֣וּר זֶ֗ה עָשָׂ֤ה יְהוָה֙ לִ֔י בְּצֵאתִ֖י מִמִּצְרָֽיִם:

ט) וְהָיָה֩ לְךָ֨ לְא֜וֹת עַל־יָֽדְךָ֗ וּלְזִכָּרוֹן֙ בֵּ֣ין עֵינֶ֔יךָ לְמַ֗עַן תִּֽהְיֶ֛ה תּוֹרַ֥ת יְהוָ֖ה בְּפִ֑יךָ כִּ֚י בְּיָ֣ד חֲזָקָ֔ה הֽוֹצִֽאֲךָ֥ יְהוָ֖ה מִמִּצְרָֽיִם:

י) וְשָֽׁמַרְתָּ֛ אֶת־הַֽחֻקָּ֥ה הַזֹּ֖את לְמֽוֹעֲדָ֑הּ מִיָּמִ֖ים יָמִֽימָה:
{פ}

יא) וְהָיָ֞ה כִּֽי־יְבִֽאֲךָ֤ יְהוָה֙ אֶל־אֶ֣רֶץ הַֽכְּנַֽעֲנִ֔י כַּֽאֲשֶׁ֛ר נִשְׁבַּ֥ע לְךָ֖ וְלַֽאֲבֹתֶ֑יךָ וּנְתָנָ֖הּ לָֽךְ:

יב) וְהַֽעֲבַרְתָּ֥ כָל־פֶּֽטֶר־רֶ֖חֶם לַֽיהוָ֑ה וְכָל־פֶּ֣טֶר ׀ שֶׁ֣גֶר בְּהֵמָ֗ה אֲשֶׁ֨ר יִֽהְיֶ֥ה לְךָ֛ הַזְּכָרִ֖ים לַֽיהוָֽה:

יג) וְכָל־פֶּ֤טֶר חֲמֹר֙ תִּפְדֶּ֣ה בְשֶׂ֔ה וְאִם־לֹ֥א תִפְדֶּ֖ה וַֽעֲרַפְתּ֑וֹ וְכֹ֨ל בְּכ֥וֹר אָדָ֛ם בְּבָנֶ֖יךָ תִּפְדֶּֽה:

יד) וְהָיָ֞ה כִּֽי־יִשְׁאָלְךָ֥ בִנְךָ֛ מָחָ֖ר לֵאמֹ֣ר מַה־זֹּ֑את וְאָמַרְתָּ֣ אֵלָ֔יו בְּחֹ֣זֶק יָ֗ד הוֹצִיאָ֧נוּ יְהוָ֛ה מִמִּצְרַ֖יִם מִבֵּ֥ית עֲבָדִֽים:

טו) וַיְהִ֗י כִּֽי־הִקְשָׁ֣ה פַרְעֹה֮ לְשַׁלְּחֵנוּ֒ וַיַּהֲרֹ֨ג יְהוָֹ֤ה כָּל־בְּכוֹר֙ בְּאֶ֣רֶץ מִצְרַ֔יִם מִבְּכֹ֥ר אָדָ֖ם וְעַד־בְּכ֣וֹר בְּהֵמָ֑ה עַל־כֵּן֩ אֲנִ֨י זֹבֵ֜חַ לַֽיהוָֹ֗ה כָּל־פֶּ֤טֶר רֶ֙חֶם֙ הַזְּכָרִ֔ים וְכָל־בְּכ֥וֹר בָּנַ֖י אֶפְדֶּֽה:

טז) וְהָיָ֤ה לְאוֹת֙ עַל־יָ֣דְכָ֔ה וּלְטוֹטָפֹ֖ת בֵּ֣ין עֵינֶ֑יךָ כִּ֚י בְּחֹ֣זֶק יָ֔ד הוֹצִיאָ֥נוּ יְהוָ֖ה מִמִּצְרָֽיִם: {ס}

29

בשלח

יז) וַיְהִי בְּשַׁלַּח פַּרְעֹה אֶת־הָעָם וְלֹא־נָחָם אֱלֹהִים דֶּרֶךְ אֶרֶץ פְּלִשְׁתִּים כִּי קָרוֹב הוּא כִּי
׀ אָמַר אֱלֹהִים פֶּן־יִנָּחֵם הָעָם בִּרְאֹתָם מִלְחָמָה וְשָׁבוּ מִצְרָיְמָה׃
יח) וַיַּסֵּב אֱלֹהִים ׀ אֶת־הָעָם דֶּרֶךְ הַמִּדְבָּר יַם־סוּף וַחֲמֻשִׁים עָלוּ בְנֵי־יִשְׂרָאֵל מֵאֶרֶץ
מִצְרָיִם׃
יט) וַיִּקַּח מֹשֶׁה אֶת־עַצְמוֹת יוֹסֵף עִמּוֹ כִּי הַשְׁבֵּעַ הִשְׁבִּיעַ אֶת־בְּנֵי יִשְׂרָאֵל לֵאמֹר פָּקֹד
יִפְקֹד אֱלֹהִים אֶתְכֶם וְהַעֲלִיתֶם אֶת־עַצְמֹתַי מִזֶּה אִתְּכֶם׃
כ) וַיִּסְעוּ מִסֻּכֹּת וַיַּחֲנוּ בְאֵתָם בִּקְצֵה הַמִּדְבָּר׃
כא) וַיהוָה הֹלֵךְ לִפְנֵיהֶם יוֹמָם בְּעַמּוּד עָנָן לַנְחֹתָם הַדֶּרֶךְ וְלַיְלָה בְּעַמּוּד אֵשׁ לְהָאִיר
לָהֶם לָלֶכֶת יוֹמָם וָלָיְלָה׃
כב) לֹא־יָמִישׁ עַמּוּד הֶעָנָן יוֹמָם וְעַמּוּד הָאֵשׁ לָיְלָה לִפְנֵי הָעָם׃
{פ}

פרק יד

א) וַיְדַבֵּר יְהוָה אֶל־מֹשֶׁה לֵּאמֹר׃
ב) דַּבֵּר אֶל־בְּנֵי יִשְׂרָאֵל וְיָשֻׁבוּ וְיַחֲנוּ לִפְנֵי פִּי הַחִירֹת בֵּין מִגְדֹּל וּבֵין הַיָּם לִפְנֵי בַּעַל
צְפֹן נִכְחוֹ תַחֲנוּ עַל־הַיָּם׃
ג) וְאָמַר פַּרְעֹה לִבְנֵי יִשְׂרָאֵל נְבֻכִים הֵם בָּאָרֶץ סָגַר עֲלֵיהֶם הַמִּדְבָּר׃
ד) וְחִזַּקְתִּי אֶת־לֵב־פַּרְעֹה וְרָדַף אַחֲרֵיהֶם וְאִכָּבְדָה בְּפַרְעֹה וּבְכָל־חֵילוֹ וְיָדְעוּ מִצְרַיִם
כִּי־אֲנִי יְהוָה וַיַּעֲשׂוּ־כֵן׃
ה) וַיֻּגַּד לְמֶלֶךְ מִצְרַיִם כִּי בָרַח הָעָם וַיֵּהָפֵךְ לְבַב פַּרְעֹה וַעֲבָדָיו אֶל־הָעָם וַיֹּאמְרוּ
מַה־זֹּאת עָשִׂינוּ כִּי־שִׁלַּחְנוּ אֶת־יִשְׂרָאֵל מֵעָבְדֵנוּ׃
ו) וַיֶּאְסֹר אֶת־רִכְבּוֹ וְאֶת־עַמּוֹ לָקַח עִמּוֹ׃
ז) וַיִּקַּח שֵׁשׁ־מֵאוֹת רֶכֶב בָּחוּר וְכֹל רֶכֶב מִצְרָיִם וְשָׁלִשִׁם עַל־כֻּלּוֹ׃
ח) וַיְחַזֵּק יְהוָה אֶת־לֵב פַּרְעֹה מֶלֶךְ מִצְרַיִם וַיִּרְדֹּף אַחֲרֵי בְּנֵי יִשְׂרָאֵל וּבְנֵי יִשְׂרָאֵל
יֹצְאִים בְּיָד רָמָה׃
ט) וַיִּרְדְּפוּ מִצְרַיִם אַחֲרֵיהֶם וַיַּשִּׂיגוּ אוֹתָם חֹנִים עַל־הַיָּם כָּל־סוּס רֶכֶב פַּרְעֹה וּפָרָשָׁיו
וְחֵילוֹ עַל־פִּי הַחִירֹת לִפְנֵי בַּעַל צְפֹן׃
י) וּפַרְעֹה הִקְרִיב וַיִּשְׂאוּ בְנֵי־יִשְׂרָאֵל אֶת־עֵינֵיהֶם וְהִנֵּה מִצְרַיִם ׀ נֹסֵעַ אַחֲרֵיהֶם וַיִּירְאוּ
מְאֹד וַיִּצְעֲקוּ בְנֵי־יִשְׂרָאֵל אֶל־יְהוָה׃

יא) וַיֹּאמְרוּ֮ אֶל־מֹשֶׁה֒ הֲֽמִבְּלִ֤י אֵין־קְבָרִים֙ בְּמִצְרַ֔יִם לְקַחְתָּ֖נוּ לָמ֣וּת בַּמִּדְבָּ֑ר מַה־זֹּאת֙
עָשִׂ֣יתָ לָּ֔נוּ לְהוֹצִיאָ֖נוּ מִמִּצְרָֽיִם׃
יב) הֲלֹא־זֶ֣ה הַדָּבָ֗ר אֲשֶׁר֩ דִּבַּ֨רְנוּ אֵלֶ֤יךָ בְמִצְרַ֙יִם֙ לֵאמֹ֔ר חֲדַ֥ל מִמֶּ֖נּוּ וְנַֽעַבְדָ֣ה אֶת־מִצְרָ֑יִם
כִּ֣י ט֥וֹב לָ֙נוּ֙ עֲבֹ֣ד אֶת־מִצְרַ֔יִם מִמֻּתֵ֖נוּ בַּמִּדְבָּֽר׃
יג) וַיֹּ֨אמֶר מֹשֶׁ֣ה אֶל־הָעָם֮ אַל־תִּירָאוּ֒ הִֽתְיַצְּב֗וּ וּרְאוּ֙ אֶת־יְשׁוּעַ֣ת יְהוָ֔ה אֲשֶׁר־יַעֲשֶׂ֥ה לָכֶ֖ם
הַיּ֑וֹם כִּ֗י אֲשֶׁ֨ר רְאִיתֶ֤ם אֶת־מִצְרַ֙יִם֙ הַיּ֔וֹם לֹ֥א תֹסִ֛פוּ לִרְאֹתָ֥ם ע֖וֹד עַד־עוֹלָֽם׃
יד) יְהוָ֖ה יִלָּחֵ֣ם לָכֶ֑ם וְאַתֶּ֖ם תַּחֲרִשֽׁוּן׃
{פ}
טו) וַיֹּ֤אמֶר יְהוָה֙ אֶל־מֹשֶׁ֔ה מַה־תִּצְעַ֖ק אֵלָ֑י דַּבֵּ֛ר אֶל־בְּנֵֽי־יִשְׂרָאֵ֖ל וְיִסָּֽעוּ׃
טז) וְאַתָּ֞ה הָרֵ֣ם אֶֽת־מַטְּךָ֗ וּנְטֵ֧ה אֶת־יָדְךָ֛ עַל־הַיָּ֖ם וּבְקָעֵ֑הוּ וְיָבֹ֧אוּ בְנֵֽי־יִשְׂרָאֵ֛ל בְּת֥וֹךְ הַיָּ֖ם
בַּיַּבָּשָֽׁה׃
יז) וַאֲנִ֗י הִנְנִ֤י מְחַזֵּק֙ אֶת־לֵ֣ב מִצְרַ֔יִם וְיָבֹ֖אוּ אַחֲרֵיהֶ֑ם וְאִכָּבְדָ֤ה בְּפַרְעֹה֙ וּבְכָל־חֵיל֔וֹ
בְּרִכְבּ֖וֹ וּבְפָרָשָֽׁיו׃
יח) וְיָדְע֥וּ מִצְרַ֖יִם כִּֽי־אֲנִ֣י יְהוָ֑ה בְּהִכָּבְדִ֣י בְּפַרְעֹ֔ה בְּרִכְבּ֖וֹ וּבְפָרָשָֽׁיו׃
יט) וַיִּסַּ֞ע מַלְאַ֣ךְ הָאֱלֹהִ֗ים הַהֹלֵךְ֙ לִפְנֵי֙ מַחֲנֵ֣ה יִשְׂרָאֵ֔ל וַיֵּ֖לֶךְ מֵאַחֲרֵיהֶ֑ם וַיִּסַּ֞ע עַמּ֤וּד הֶֽעָנָן֙
מִפְּנֵיהֶ֔ם וַיַּעֲמֹ֖ד מֵאַחֲרֵיהֶֽם׃
כ) וַיָּבֹ֞א בֵּ֣ין ׀ מַחֲנֵ֣ה מִצְרַ֗יִם וּבֵין֙ מַחֲנֵ֣ה יִשְׂרָאֵ֔ל וַיְהִ֤י הֶֽעָנָן֙ וְהַחֹ֔שֶׁךְ וַיָּ֖אֶר אֶת־הַלָּ֑יְלָה
וְלֹא־קָרַ֥ב זֶ֛ה אֶל־זֶ֖ה כָּל־הַלָּֽיְלָה׃
כא) וַיֵּ֨ט מֹשֶׁ֣ה אֶת־יָדוֹ֮ עַל־הַיָּם֒ וַיּ֣וֹלֶךְ יְהוָ֣ה ׀ אֶת־הַ֠יָּם בְּר֨וּחַ קָדִ֤ים עַזָּה֙ כָּל־הַלַּ֔יְלָה
וַיָּ֥שֶׂם אֶת־הַיָּ֖ם לֶחָרָבָ֑ה וַיִּבָּקְע֖וּ הַמָּֽיִם׃
כב) וַיָּבֹ֧אוּ בְנֵֽי־יִשְׂרָאֵ֛ל בְּת֥וֹךְ הַיָּ֖ם בַּיַּבָּשָׁ֑ה וְהַמַּ֤יִם לָהֶם֙ חֹמָ֔ה מִימִינָ֖ם וּמִשְּׂמֹאלָֽם׃
כג) וַיִּרְדְּפ֤וּ מִצְרַ֙יִם֙ וַיָּבֹ֣אוּ אַחֲרֵיהֶ֔ם כֹּ֚ל ס֣וּס פַּרְעֹ֔ה רִכְבּ֖וֹ וּפָרָשָׁ֑יו אֶל־תּ֖וֹךְ הַיָּֽם׃
כד) וַיְהִי֙ בְּאַשְׁמֹ֣רֶת הַבֹּ֔קֶר וַיַּשְׁקֵ֤ף יְהוָה֙ אֶל־מַחֲנֵ֣ה מִצְרַ֔יִם בְּעַמּ֥וּד אֵ֖שׁ וְעָנָ֑ן וַיָּ֕הָם אֵ֖ת
מַחֲנֵ֥ה מִצְרָֽיִם׃
כה) וַיָּ֗סַר אֵ֚ת אֹפַ֣ן מַרְכְּבֹתָ֔יו וַיְנַהֲגֵ֖הוּ בִּכְבֵדֻ֑ת וַיֹּ֣אמֶר מִצְרַ֗יִם אָנ֙וּסָה֙ מִפְּנֵ֣י יִשְׂרָאֵ֔ל כִּ֣י
יְהוָ֔ה נִלְחָ֥ם לָהֶ֖ם בְּמִצְרָֽיִם׃
{פ}
כו) וַיֹּ֤אמֶר יְהוָה֙ אֶל־מֹשֶׁ֔ה נְטֵ֥ה אֶת־יָדְךָ֖ עַל־הַיָּ֑ם וְיָשֻׁ֤בוּ הַמַּ֙יִם֙ עַל־מִצְרַ֔יִם עַל־רִכְבּ֖וֹ
וְעַל־פָּרָשָֽׁיו׃
כז) וַיֵּט֩ מֹשֶׁ֨ה אֶת־יָד֜וֹ עַל־הַיָּ֗ם וַיָּ֨שָׁב הַיָּ֜ם לִפְנ֤וֹת בֹּ֙קֶר֙ לְאֵ֣יתָנ֔וֹ וּמִצְרַ֖יִם נָסִ֣ים לִקְרָאת֑וֹ
וַיְנַעֵ֧ר יְהוָ֛ה אֶת־מִצְרַ֖יִם בְּת֥וֹךְ הַיָּֽם׃

כח) וַיָּשֻׁ֣בוּ הַמַּ֗יִם וַיְכַסּ֤וּ אֶת־הָרֶ֙כֶב֙ וְאֶת־הַפָּ֣רָשִׁ֔ים לְכֹל֙ חֵ֣יל פַּרְעֹ֔ה הַבָּאִ֥ים אַחֲרֵיהֶ֖ם
בַּיָּ֑ם לֹֽא־נִשְׁאַ֥ר בָּהֶ֖ם עַד־אֶחָֽד:
כט) וּבְנֵ֧י יִשְׂרָאֵ֛ל הָלְכ֥וּ בַיַּבָּשָׁ֖ה בְּת֣וֹךְ הַיָּ֑ם וְהַמַּ֤יִם לָהֶם֙ חֹמָ֔ה מִימִינָ֖ם וּמִשְּׂמֹאלָֽם:
ל) וַיּ֨וֹשַׁע יְהוָ֜ה בַּיּ֥וֹם הַה֛וּא אֶת־יִשְׂרָאֵ֖ל מִיַּ֣ד מִצְרָ֑יִם וַיַּ֤רְא יִשְׂרָאֵל֙ אֶת־מִצְרַ֔יִם מֵ֖ת
עַל־שְׂפַ֥ת הַיָּֽם:
לא) וַיַּ֨רְא יִשְׂרָאֵ֜ל אֶת־הַיָּ֣ד הַגְּדֹלָ֗ה אֲשֶׁ֨ר עָשָׂ֤ה יְהוָה֙ בְּמִצְרַ֔יִם וַיִּֽירְא֥וּ הָעָ֖ם אֶת־יְהוָ֑ה
וַיַּֽאֲמִ֙ינוּ֙ בַּֽיהוָ֔ה וּבְמֹשֶׁ֖ה עַבְדּֽוֹ:
{ר}
{ש}

פרק טו

א) אָ֣ז יָשִֽׁיר־מֹשֶׁה֩ וּבְנֵ֨י יִשְׂרָאֵ֜ל אֶת־הַשִּׁירָ֤ה הַזֹּאת֙ לַֽיהוָ֔ה וַיֹּאמְר֖וּ {ר}:
לֵאמֹ֑ר {ס} אָשִׁ֤ירָה לַֽיהוָה֙ כִּֽי־גָאֹ֣ה גָּאָ֔ה {ס} ס֥וּס {ר}:
וְרֹכְב֖וֹ רָמָ֥ה בַיָּֽם:
{ס}
ב) עָזִּ֤י וְזִמְרָת֙ יָ֔הּ וַֽיְהִי־לִ֖י {ר}:
לִֽישׁוּעָ֑ה {ס} זֶ֤ה אֵלִי֙ וְאַנְוֵ֔הוּ {ס} אֱלֹהֵ֥י {ר}:
אָבִ֖י וַאֲרֹמְמֶֽנְהוּ:
{ס}
ג) יְהוָ֖ה אִ֣ישׁ מִלְחָמָ֑ה יְהוָ֖ה {ר}:
שְׁמֽוֹ:
{ס}
ד) מַרְכְּבֹ֥ת פַּרְעֹ֛ה וְחֵיל֖וֹ יָרָ֣ה בַיָּ֑ם {ס} וּמִבְחַ֥ר
{ר}
שָֽׁלִשָׁ֖יו טֻבְּע֥וּ בְיַם־סֽוּף:
{ס}
ה) תְּהֹמֹ֖ת יְכַסְיֻ֑מוּ יָרְד֥וּ בִמְצוֹלֹ֖ת כְּמוֹ־ {ר}:
אָֽבֶן:
{ס}
ו) יְמִֽינְךָ֣ יְהוָ֔ה נֶאְדָּרִ֖י בַּכֹּ֑חַ {ס} יְמִֽינְךָ֥ {ר}:
יְהוָ֖ה תִּרְעַ֥ץ אוֹיֵֽב:

{ס}

ז) וּבְרֹ֥ב גְּאוֹנְךָ֖ תַּהֲרֹ֣ס {ר}:

קָמֶ֑יךָ {ס} תְּשַׁלַּח֙ חֲרֹ֣נְךָ֔ יֹאכְלֵ֖מוֹ כַּקַּֽשׁ:

{ס}

ח) וּבְר֤וּחַ {ר}:

אַפֶּ֙יךָ֙ נֶ֣עֶרְמוּ מַ֔יִם {ס} נִצְּב֥וּ כְמוֹ־נֵ֖ד {ר}:

נֹזְלִ֑ים {ס} קָֽפְא֥וּ תְהֹמֹ֖ת בְּלֶב־יָֽם:

{ס}

ט) אָמַ֥ר {ר}:

אוֹיֵ֛ב אֶרְדֹּ֥ף אַשִּׂ֖יג {ס} אֲחַלֵּ֣ק שָׁלָ֑ל תִּמְלָאֵ֣מוֹ {ר}:

נַפְשִׁ֔י {ס} אָרִ֣יק חַרְבִּ֔י תּוֹרִישֵׁ֖מוֹ יָדִֽי:

{ס}

י) נָשַׁ֥פְתָּ {ר}:

בְרוּחֲךָ֖ כִּסָּ֣מוֹ יָ֑ם {ס} צָֽלְלוּ֙ כַּֽעוֹפֶ֔רֶת בְּמַ֖יִם {ר}:

אַדִּירִֽים:

{ס}

יא) מִֽי־כָמֹ֤כָה בָּֽאֵלִם֙ יְהוָ֔ה {ס} מִ֥י {ר}:

כָּמֹ֖כָה נֶאְדָּ֣ר בַּקֹּ֑דֶשׁ {ס} נוֹרָ֥א תְהִלֹּ֖ת עֹ֥שֵׂה {ר}:

פֶֽלֶא:

{ס}

יב) נָטִ֙יתָ֙ יְמִ֣ינְךָ֔ תִּבְלָעֵ֖מוֹ אָֽרֶץ:

{ס}

יג) נָחִ֥יתָ {ר}:

בְחַסְדְּךָ֖ עַם־ז֣וּ גָּאָ֑לְתָּ {ס} נֵהַ֥לְתָּ בְעָזְּךָ֖ אֶל־נְוֵ֥ה {ר}:

קָדְשֶֽׁךָ:

{ס}

יד) שָֽׁמְע֥וּ עַמִּ֖ים יִרְגָּז֑וּן {ס} חִ֣יל {ר}:

אָחַ֔ז יֹשְׁבֵ֖י פְּלָֽשֶׁת:

{ס}

טו) אָ֤ז נִבְהֲלוּ֙ אַלּוּפֵ֣י {ר}:

אֱד֔וֹם {ס} אֵילֵ֣י מוֹאָ֔ב יֹֽאחֲזֵ֖מוֹ רָ֑עַד {ס} נָמֹ֕גוּ {ר}:

כֹּ֖ל יֹשְׁבֵ֥י כְנָֽעַן׃
{ס}
טז) תִּפֹּ֨ל עֲלֵיהֶ֤ם אֵימָ֙תָה֙ {ר}׃
וָפַ֔חַד {ס} בִּגְדֹ֥ל זְרוֹעֲךָ֖ יִדְּמ֣וּ כָּאָ֑בֶן {ס} עַד־ {ר}׃
יַעֲבֹ֤ר עַמְּךָ֙ יְהוָ֔ה {ס} עַד־יַעֲבֹ֖ר עַם־ז֥וּ {ר}׃
קָנִֽיתָ׃
{ס}
יז) תְּבִאֵ֗מוֹ וְתִטָּעֵ֙מוֹ֙ בְּהַ֣ר נַחֲלָֽתְךָ֔ {ס} מָכ֥וֹן {ר}׃
לְשִׁבְתְּךָ֛ פָּעַ֖לְתָּ יְהוָ֑ה {ס} מִקְּדָ֕שׁ אֲדֹנָ֖י כּוֹנְנ֥וּ {ר}׃
יָדֶֽיךָ׃
{ס}
יח) יְהוָ֥ה ׀ יִמְלֹ֖ךְ לְעֹלָ֥ם וָעֶֽד׃
{ס}
יט) כִּ֣י {ר}׃
בָא֩ ס֨וּס פַּרְעֹ֜ה בְּרִכְבּ֤וֹ וּבְפָרָשָׁיו֙ בַּיָּ֔ם {ס} וַיָּ֧שֶׁב יְהוָ֛ה עֲלֵהֶ֖ם {ר}׃
אֶת־מֵ֣י הַיָּ֑ם {ס} וּבְנֵ֧י יִשְׂרָאֵ֛ל הָלְכ֥וּ בַיַּבָּשָׁ֖ה בְּת֥וֹךְ הַיָּֽם׃
{ר}
{ש}
כ) וַתִּקַּ֞ח מִרְיָ֧ם הַנְּבִיאָ֛ה אֲח֥וֹת אַהֲרֹ֖ן אֶת־הַתֹּ֣ף בְּיָדָ֑הּ וַתֵּצֶ֤אןָ כָֽל־הַנָּשִׁים֙ אַחֲרֶ֔יהָ בְּתֻפִּ֖ים
וּבִמְחֹלֹֽת׃
כא) וַתַּ֥עַן לָהֶ֖ם מִרְיָ֑ם שִׁ֤ירוּ לַֽיהוָה֙ כִּֽי־גָאֹ֣ה גָּאָ֔ה ס֥וּס וְרֹכְב֖וֹ רָמָ֥ה בַיָּֽם׃
{ס}
כב) וַיַּסַּ֨ע מֹשֶׁ֤ה אֶת־יִשְׂרָאֵל֙ מִיַּם־ס֔וּף וַיֵּצְא֖וּ אֶל־מִדְבַּר־שׁ֑וּר וַיֵּלְכ֧וּ שְׁלֹֽשֶׁת־יָמִ֛ים בַּמִּדְבָּ֖ר
וְלֹא־מָ֥צְאוּ מָֽיִם׃
כג) וַיָּבֹ֣אוּ מָרָ֔תָה וְלֹ֣א יָֽכְל֗וּ לִשְׁתֹּ֥ת מַ֙יִם֙ מִמָּרָ֔ה כִּ֥י מָרִ֖ים הֵ֑ם עַל־כֵּ֥ן קָרָֽא־שְׁמָ֖הּ מָרָֽה׃
כד) וַיִּלֹּ֧נוּ הָעָ֛ם עַל־מֹשֶׁ֥ה לֵּאמֹ֖ר מַה־נִּשְׁתֶּֽה׃
כה) וַיִּצְעַ֣ק אֶל־יְהוָ֗ה וַיּוֹרֵ֤הוּ יְהוָה֙ עֵ֔ץ וַיַּשְׁלֵךְ֙ אֶל־הַמַּ֔יִם וַיִּמְתְּק֖וּ הַמָּ֑יִם שָׁ֣ם שָׂ֥ם ל֛וֹ חֹ֥ק
וּמִשְׁפָּ֖ט וְשָׁ֥ם נִסָּֽהוּ׃
כו) וַיֹּ֡אמֶר אִם־שָׁמ֨וֹעַ תִּשְׁמַ֜ע לְק֣וֹל ׀ יְהוָ֣ה אֱלֹהֶ֗יךָ וְהַיָּשָׁ֤ר בְּעֵינָיו֙ תַּעֲשֶׂ֔ה וְהַֽאֲזַנְתָּ֙
לְמִצְוֺתָ֔יו וְשָׁמַרְתָּ֖ כָּל־חֻקָּ֑יו כָּֽל־הַמַּחֲלָ֞ה אֲשֶׁר־שַׂ֤מְתִּי בְמִצְרַ֙יִם֙ לֹא־אָשִׂ֣ים עָלֶ֔יךָ כִּ֛י אֲנִ֥י
יְהוָ֖ה רֹפְאֶֽךָ׃

{ס}
כז) וַיָּבֹ֣אוּ אֵילִ֔מָה וְשָׁ֗ם שְׁתֵּ֥ים עֶשְׂרֵ֛ה עֵינֹ֥ת מַ֖יִם וְשִׁבְעִ֣ים תְּמָרִ֑ים וַיַּחֲנוּ־שָׁ֖ם עַל־הַמָּֽיִם׃

פרק טז

א) וַיִּסְעוּ֙ מֵֽאֵילִ֔ם וַיָּבֹ֜אוּ כָּל־עֲדַ֤ת בְּנֵֽי־יִשְׂרָאֵל֙ אֶל־מִדְבַּר־סִ֔ין אֲשֶׁ֥ר בֵּין־אֵילִ֖ם וּבֵ֣ין סִינָ֑י
בַּחֲמִשָּׁ֨ה עָשָׂ֥ר יוֹם֙ לַחֹ֣דֶשׁ הַשֵּׁנִ֔י לְצֵאתָ֖ם מֵאֶ֥רֶץ מִצְרָֽיִם׃
ב) וילינו (וַיִּלֹּ֛ונוּ) כָּל־עֲדַ֧ת בְּנֵֽי־יִשְׂרָאֵ֛ל עַל־מֹשֶׁ֥ה וְעַֽל־אַהֲרֹ֖ן בַּמִּדְבָּֽר׃
ג) וַיֹּאמְר֨וּ אֲלֵהֶ֜ם בְּנֵ֣י יִשְׂרָאֵ֗ל מִֽי־יִתֵּ֨ן מוּתֵ֤נוּ בְיַד־יְהוָה֙ בְּאֶ֣רֶץ מִצְרַ֔יִם בְּשִׁבְתֵּ֙נוּ֙ עַל־סִ֣יר
הַבָּשָׂ֔ר בְּאָכְלֵ֥נוּ לֶ֖חֶם לָשֹׂ֑בַע כִּֽי־הוֹצֵאתֶ֤ם אֹתָ֙נוּ֙ אֶל־הַמִּדְבָּ֣ר הַזֶּ֔ה לְהָמִ֛ית אֶת־כָּל־הַקָּהָ֥ל
הַזֶּ֖ה בָּרָעָֽב׃
{ס}
ד) וַיֹּ֤אמֶר יְהוָה֙ אֶל־מֹשֶׁ֔ה הִנְנִ֨י מַמְטִ֥יר לָכֶ֛ם לֶ֖חֶם מִן־הַשָּׁמָ֑יִם וְיָצָ֨א הָעָ֤ם וְלָֽקְטוּ֙
דְּבַר־י֣וֹם בְּיוֹמ֔וֹ לְמַ֧עַן אֲנַסֶּ֛נּוּ הֲיֵלֵ֥ךְ בְּתוֹרָתִ֖י אִם־לֹֽא׃
ה) וְהָיָה֙ בַּיּ֣וֹם הַשִּׁשִּׁ֔י וְהֵכִ֖ינוּ אֵ֣ת אֲשֶׁר־יָבִ֑יאוּ וְהָיָ֣ה מִשְׁנֶ֔ה עַ֥ל אֲשֶׁר־יִלְקְט֖וּ י֥וֹם ׀ יֽוֹם׃
ו) וַיֹּ֤אמֶר מֹשֶׁה֙ וְאַהֲרֹ֔ן אֶל־כָּל־בְּנֵ֖י יִשְׂרָאֵ֑ל עֶ֕רֶב וִֽידַעְתֶּ֕ם כִּ֧י יְהוָ֛ה הוֹצִ֥יא אֶתְכֶ֖ם מֵאֶ֥רֶץ
מִצְרָֽיִם׃
ז) וּבֹ֗קֶר וּרְאִיתֶם֙ אֶת־כְּב֣וֹד יְהוָ֔ה בְּשָׁמְע֥וֹ אֶת־תְּלֻנֹּתֵיכֶ֖ם עַל־יְהוָ֑ה וְנַ֣חְנוּ מָ֔ה כִּ֥י תלונו
(תַלִּ֖ינוּ) עָלֵֽינוּ׃
ח) וַיֹּ֣אמֶר מֹשֶׁ֗ה בְּתֵ֣ת יְהוָה֩ לָכֶ֨ם בָּעֶ֜רֶב בָּשָׂ֣ר לֶאֱכֹ֗ל וְלֶ֤חֶם בַּבֹּ֙קֶר֙ לִשְׂבֹּ֔עַ בִּשְׁמֹ֤עַ יְהוָה֙
אֶת־תְּלֻנֹּ֣תֵיכֶ֔ם אֲשֶׁר־אַתֶּ֥ם מַלִּינִ֖ם עָלָ֑יו וְנַ֣חְנוּ מָ֔ה לֹא־עָלֵ֥ינוּ תְלֻנֹּתֵיכֶ֖ם כִּ֥י עַל־יְהוָֽה׃
ט) וַיֹּ֤אמֶר מֹשֶׁה֙ אֶֽל־אַהֲרֹ֔ן אֱמֹ֗ר אֶֽל־כָּל־עֲדַת֙ בְּנֵ֣י יִשְׂרָאֵ֔ל קִרְב֖וּ לִפְנֵ֣י יְהוָ֑ה כִּ֣י שָׁמַ֔ע
אֵ֖ת תְּלֻנֹּתֵיכֶֽם׃
י) וַיְהִ֗י כְּדַבֵּ֤ר אַהֲרֹן֙ אֶל־כָּל־עֲדַ֣ת בְּנֵֽי־יִשְׂרָאֵ֔ל וַיִּפְנ֖וּ אֶל־הַמִּדְבָּ֑ר וְהִנֵּה֙ כְּב֣וֹד יְהוָ֔ה
נִרְאָ֖ה בֶּעָנָֽן׃
{פ}
יא) וַיְדַבֵּ֥ר יְהוָ֖ה אֶל־מֹשֶׁ֥ה לֵּאמֹֽר׃
יב) שָׁמַ֗עְתִּי אֶת־תְּלוּנֹּת֮ בְּנֵ֣י יִשְׂרָאֵל֒ דַּבֵּ֨ר אֲלֵהֶ֜ם לֵאמֹ֗ר בֵּ֤ין הָֽעַרְבַּ֙יִם֙ תֹּאכְל֣וּ בָשָׂ֔ר
וּבַבֹּ֖קֶר תִּשְׂבְּעוּ־לָ֑חֶם וִֽידַעְתֶּ֕ם כִּ֛י אֲנִ֥י יְהוָ֖ה אֱלֹהֵיכֶֽם׃
יג) וַיְהִ֣י בָעֶ֔רֶב וַתַּ֣עַל הַשְּׂלָ֔ו וַתְּכַ֖ס אֶת־הַֽמַּחֲנֶ֑ה וּבַבֹּ֗קֶר הָֽיְתָה֙ שִׁכְבַ֣ת הַטַּ֔ל סָבִ֖יב
לַֽמַּחֲנֶֽה׃
יד) וַתַּ֖עַל שִׁכְבַ֣ת הַטָּ֑ל וְהִנֵּ֞ה עַל־פְּנֵ֣י הַמִּדְבָּ֗ר דַּ֚ק מְחֻסְפָּ֔ס דַּ֥ק כַּכְּפֹ֖ר עַל־הָאָֽרֶץ׃

טו) וַיִּרְא֣וּ בְנֵֽי־יִשְׂרָאֵ֗ל וַיֹּ֨אמְר֜וּ אִ֤ישׁ אֶל־אָחִיו֙ מָ֣ן ה֔וּא כִּ֛י לֹ֥א יָדְע֖וּ מַה־ה֑וּא וַיֹּ֤אמֶר
מֹשֶׁה֙ אֲלֵהֶ֔ם ה֣וּא הַלֶּ֔חֶם אֲשֶׁ֨ר נָתַ֧ן יְהוָ֛ה לָכֶ֖ם לְאָכְלָֽה׃
טז) זֶ֤ה הַדָּבָר֙ אֲשֶׁ֣ר צִוָּ֣ה יְהוָ֔ה לִקְט֣וּ מִמֶּ֔נּוּ אִ֖ישׁ לְפִ֣י אָכְל֑וֹ עֹ֚מֶר לַגֻּלְגֹּ֔לֶת מִסְפַּר֙
נַפְשֹׁ֣תֵיכֶ֔ם אִ֛ישׁ לַאֲשֶׁ֥ר בְּאָהֳל֖וֹ תִּקָּֽחוּ׃
יז) וַיַּֽעֲשׂוּ־כֵ֖ן בְּנֵ֣י יִשְׂרָאֵ֑ל וַֽיִּלְקְט֔וּ הַמַּרְבֶּ֖ה וְהַמַּמְעִֽיט׃
יח) וַיָּמֹ֣דּוּ בָעֹ֔מֶר וְלֹ֤א הֶעְדִּיף֙ הַמַּרְבֶּ֔ה וְהַמַּמְעִ֖יט לֹ֣א הֶחְסִ֑יר אִ֥ישׁ לְפִֽי־אָכְל֖וֹ לָקָֽטוּ׃
יט) וַיֹּ֥אמֶר מֹשֶׁ֖ה אֲלֵהֶ֑ם אִ֕ישׁ אַל־יוֹתֵ֥ר מִמֶּ֖נּוּ עַד־בֹּֽקֶר׃
כ) וְלֹא־שָׁמְע֣וּ אֶל־מֹשֶׁ֗ה וַיּוֹתִ֨רוּ אֲנָשִׁ֤ים מִמֶּ֙נּוּ֙ עַד־בֹּ֔קֶר וַיָּ֥רֻם תּוֹלָעִ֖ים וַיִּבְאַ֑שׁ וַיִּקְצֹ֥ף
עֲלֵהֶ֖ם מֹשֶֽׁה׃
כא) וַיִּלְקְט֤וּ אֹתוֹ֙ בַּבֹּ֣קֶר בַּבֹּ֔קֶר אִ֖ישׁ כְּפִ֣י אָכְל֑וֹ וְחַ֥ם הַשֶּׁ֖מֶשׁ וְנָמָֽס׃
כב) וַיְהִ֣י ׀ בַּיּ֣וֹם הַשִּׁשִּׁ֗י לָֽקְט֥וּ לֶ֙חֶם֙ מִשְׁנֶ֔ה שְׁנֵ֥י הָעֹ֖מֶר לָאֶחָ֑ד וַיָּבֹ֙אוּ֙ כָּל־נְשִׂיאֵ֣י הָֽעֵדָ֔ה
וַיַּגִּ֖ידוּ לְמֹשֶֽׁה׃
כג) וַיֹּ֣אמֶר אֲלֵהֶ֗ם ה֚וּא אֲשֶׁ֣ר דִּבֶּ֣ר יְהוָ֔ה שַׁבָּת֧וֹן שַׁבַּת־קֹ֛דֶשׁ לַיהוָ֖ה מָחָ֑ר אֵ֣ת אֲשֶׁר־תֹּאפ֞וּ
אֵפ֗וּ וְאֵ֤ת אֲשֶֽׁר־תְּבַשְּׁלוּ֙ בַּשֵּׁ֔לוּ וְאֵת֙ כָּל־הָ֣עֹדֵ֔ף הַנִּ֧יחוּ לָכֶ֛ם לְמִשְׁמֶ֖רֶת עַד־הַבֹּֽקֶר׃
כד) וַיַּנִּ֤יחוּ אֹתוֹ֙ עַד־הַבֹּ֔קֶר כַּאֲשֶׁ֖ר צִוָּ֣ה מֹשֶׁ֑ה וְלֹ֣א הִבְאִ֔ישׁ וְרִמָּ֖ה לֹא־הָ֥יְתָה בּֽוֹ׃
כה) וַיֹּ֤אמֶר מֹשֶׁה֙ אִכְלֻ֣הוּ הַיּ֔וֹם כִּֽי־שַׁבָּ֥ת הַיּ֖וֹם לַיהוָ֑ה הַיּ֕וֹם לֹ֥א תִמְצָאֻ֖הוּ בַּשָּׂדֶֽה׃
כו) שֵׁ֥שֶׁת יָמִ֖ים תִּלְקְטֻ֑הוּ וּבַיּ֧וֹם הַשְּׁבִיעִ֛י שַׁבָּ֖ת לֹ֥א יִֽהְיֶה־בּֽוֹ׃
כז) וַֽיְהִי֙ בַּיּ֣וֹם הַשְּׁבִיעִ֔י יָצְא֥וּ מִן־הָעָ֖ם לִלְקֹ֑ט וְלֹ֖א מָצָֽאוּ׃
{ס}
כח) וַיֹּ֥אמֶר יְהוָ֖ה אֶל־מֹשֶׁ֑ה עַד־אָ֙נָה֙ מֵֽאַנְתֶּ֔ם לִשְׁמֹ֥ר מִצְוֺתַ֖י וְתוֹרֹתָֽי׃
כט) רְא֗וּ כִּֽי־יְהוָה֮ נָתַ֣ן לָכֶ֣ם הַשַּׁבָּת֒ עַל־כֵּ֠ן ה֣וּא נֹתֵ֥ן לָכֶ֛ם בַּיּ֥וֹם הַשִּׁשִּׁ֖י לֶ֣חֶם יוֹמָ֑יִם שְׁב֣וּ
׀ אִ֣ישׁ תַּחְתָּ֗יו אַל־יֵ֥צֵא אִ֛ישׁ מִמְּקֹמ֖וֹ בַּיּ֥וֹם הַשְּׁבִיעִֽי׃
ל) וַיִּשְׁבְּת֥וּ הָעָ֖ם בַּיּ֥וֹם הַשְּׁבִעִֽי׃
לא) וַיִּקְרְא֧וּ בֵֽית־יִשְׂרָאֵ֛ל אֶת־שְׁמ֖וֹ מָ֑ן וְה֗וּא כְּזֶ֤רַע גַּד֙ לָבָ֔ן וְטַעְמ֖וֹ כְּצַפִּיחִ֥ת בִּדְבָֽשׁ׃
לב) וַיֹּ֣אמֶר מֹשֶׁ֗ה זֶ֤ה הַדָּבָר֙ אֲשֶׁ֣ר צִוָּ֣ה יְהוָ֔ה מְלֹ֤א הָעֹ֙מֶר֙ מִמֶּ֔נּוּ לְמִשְׁמֶ֖רֶת לְדֹרֹתֵיכֶ֑ם
לְמַ֣עַן ׀ יִרְא֣וּ אֶת־הַלֶּ֗חֶם אֲשֶׁ֨ר הֶאֱכַ֤לְתִּי אֶתְכֶם֙ בַּמִּדְבָּ֔ר בְּהוֹצִיאִ֥י אֶתְכֶ֖ם מֵאֶ֥רֶץ מִצְרָֽיִם׃
לג) וַיֹּ֨אמֶר מֹשֶׁ֜ה אֶֽל־אַהֲרֹ֗ן קַ֚ח צִנְצֶ֣נֶת אַחַ֔ת וְתֶן־שָׁ֥מָּה מְלֹֽא־הָעֹ֖מֶר מָ֑ן וְהַנַּ֤ח אֹתוֹ֙ לִפְנֵ֣י
יְהוָ֔ה לְמִשְׁמֶ֖רֶת לְדֹרֹתֵיכֶֽם׃
לד) כַּאֲשֶׁ֛ר צִוָּ֥ה יְהוָ֖ה אֶל־מֹשֶׁ֑ה וַיַּנִּיחֵ֧הוּ אַהֲרֹ֛ן לִפְנֵ֥י הָעֵדֻ֖ת לְמִשְׁמָֽרֶת׃
לה) וּבְנֵ֣י יִשְׂרָאֵ֗ל אָכְל֤וּ אֶת־הַמָּן֙ אַרְבָּעִ֣ים שָׁנָ֔ה עַד־בֹּאָ֖ם אֶל־אֶ֣רֶץ נוֹשָׁ֑בֶת אֶת־הַמָּן֙
אָֽכְל֔וּ עַד־בֹּאָ֕ם אֶל־קְצֵ֖ה אֶ֥רֶץ כְּנָֽעַן׃

לו) וְהָעֹמֶר עֲשִׂרִית הָאֵיפָה הוּא:

{פ}

פרק יז

א) וַיִּסְעוּ כָּל־עֲדַת בְּנֵי־יִשְׂרָאֵל מִמִּדְבַּר־סִין לְמַסְעֵיהֶם עַל־פִּי יְהוָה וַיַּחֲנוּ בִּרְפִידִים וְאֵין מַיִם לִשְׁתֹּת הָעָם:

ב) וַיָּרֶב הָעָם עִם־מֹשֶׁה וַיֹּאמְרוּ תְּנוּ־לָנוּ מַיִם וְנִשְׁתֶּה וַיֹּאמֶר לָהֶם מֹשֶׁה מַה־תְּרִיבוּן עִמָּדִי מַה־תְּנַסּוּן אֶת־יְהוָה:

ג) וַיִּצְמָא שָׁם הָעָם לַמַּיִם וַיָּלֶן הָעָם עַל־מֹשֶׁה וַיֹּאמֶר לָמָּה זֶּה הֶעֱלִיתָנוּ מִמִּצְרַיִם לְהָמִית אֹתִי וְאֶת־בָּנַי וְאֶת־מִקְנַי בַּצָּמָא:

ד) וַיִּצְעַק מֹשֶׁה אֶל־יְהוָה לֵאמֹר מָה אֶעֱשֶׂה לָעָם הַזֶּה עוֹד מְעַט וּסְקָלֻנִי:

ה) וַיֹּאמֶר יְהוָה אֶל־מֹשֶׁה עֲבֹר לִפְנֵי הָעָם וְקַח אִתְּךָ מִזִּקְנֵי יִשְׂרָאֵל וּמַטְּךָ אֲשֶׁר הִכִּיתָ בּוֹ אֶת־הַיְאֹר קַח בְּיָדְךָ וְהָלָכְתָּ:

ו) הִנְנִי עֹמֵד לְפָנֶיךָ שָּׁם ׀ עַל־הַצּוּר בְּחֹרֵב וְהִכִּיתָ בַצּוּר וְיָצְאוּ מִמֶּנּוּ מַיִם וְשָׁתָה הָעָם וַיַּעַשׂ כֵּן מֹשֶׁה לְעֵינֵי זִקְנֵי יִשְׂרָאֵל:

ז) וַיִּקְרָא שֵׁם הַמָּקוֹם מַסָּה וּמְרִיבָה עַל־רִיב ׀ בְּנֵי יִשְׂרָאֵל וְעַל נַסֹּתָם אֶת־יְהוָה לֵאמֹר הֲיֵשׁ יְהוָה בְּקִרְבֵּנוּ אִם־אָיִן:

{פ}

ח) וַיָּבֹא עֲמָלֵק וַיִּלָּחֶם עִם־יִשְׂרָאֵל בִּרְפִידִם:

ט) וַיֹּאמֶר מֹשֶׁה אֶל־יְהוֹשֻׁעַ בְּחַר־לָנוּ אֲנָשִׁים וְצֵא הִלָּחֵם בַּעֲמָלֵק מָחָר אָנֹכִי נִצָּב עַל־רֹאשׁ הַגִּבְעָה וּמַטֵּה הָאֱלֹהִים בְּיָדִי:

י) וַיַּעַשׂ יְהוֹשֻׁעַ כַּאֲשֶׁר אָמַר־לוֹ מֹשֶׁה לְהִלָּחֵם בַּעֲמָלֵק וּמֹשֶׁה אַהֲרֹן וְחוּר עָלוּ רֹאשׁ הַגִּבְעָה:

יא) וְהָיָה כַּאֲשֶׁר יָרִים מֹשֶׁה יָדוֹ וְגָבַר יִשְׂרָאֵל וְכַאֲשֶׁר יָנִיחַ יָדוֹ וְגָבַר עֲמָלֵק:

יב) וִידֵי מֹשֶׁה כְּבֵדִים וַיִּקְחוּ־אֶבֶן וַיָּשִׂימוּ תַחְתָּיו וַיֵּשֶׁב עָלֶיהָ וְאַהֲרֹן וְחוּר תָּמְכוּ בְיָדָיו מִזֶּה אֶחָד וּמִזֶּה אֶחָד וַיְהִי יָדָיו אֱמוּנָה עַד־בֹּא הַשָּׁמֶשׁ:

יג) וַיַּחֲלֹשׁ יְהוֹשֻׁעַ אֶת־עֲמָלֵק וְאֶת־עַמּוֹ לְפִי־חָרֶב:

{פ}

יד) וַיֹּאמֶר יְהוָה אֶל־מֹשֶׁה כְּתֹב זֹאת זִכָּרוֹן בַּסֵּפֶר וְשִׂים בְּאָזְנֵי יְהוֹשֻׁעַ כִּי־מָחֹה אֶמְחֶה אֶת־זֵכֶר עֲמָלֵק מִתַּחַת הַשָּׁמָיִם:

טו) וַיִּבֶן מֹשֶׁה מִזְבֵּחַ וַיִּקְרָא שְׁמוֹ יְהוָה ׀ נִסִּי:

טז) וַיֹּ֗אמֶר כִּֽי־יָד֙ עַל־כֵּ֣ס יָ֔הּ מִלְחָמָ֥ה לַֽיהוָ֖ה בַּעֲמָלֵ֑ק מִדֹּ֖ר דֹּֽר׃
{פ}

יתרו

פרק יח

א) וַיִּשְׁמַ֡ע יִתְרוֹ֩ כֹהֵ֨ן מִדְיָ֜ן חֹתֵ֣ן מֹשֶׁ֗ה אֵת֩ כָּל־אֲשֶׁ֨ר עָשָׂ֤ה אֱלֹהִים֙ לְמֹשֶׁ֔ה וּלְיִשְׂרָאֵ֖ל עַמּ֑וֹ כִּי־הוֹצִ֧יא יְהוָ֛ה אֶת־יִשְׂרָאֵ֖ל מִמִּצְרָֽיִם:

ב) וַיִּקַּ֗ח יִתְרוֹ֙ חֹתֵ֣ן מֹשֶׁ֔ה אֶת־צִפֹּרָ֖ה אֵ֣שֶׁת מֹשֶׁ֑ה אַחַ֖ר שִׁלּוּחֶֽיהָ:

ג) וְאֵ֖ת שְׁנֵ֣י בָנֶ֑יהָ אֲשֶׁ֨ר שֵׁ֤ם הָֽאֶחָד֙ גֵּ֣רְשֹׁ֔ם כִּ֣י אָמַ֔ר גֵּ֣ר הָיִ֔יתִי בְּאֶ֖רֶץ נָכְרִיָּֽה:

ד) וְשֵׁ֥ם הָאֶחָ֖ד אֱלִיעֶ֑זֶר כִּֽי־אֱלֹהֵ֤י אָבִי֙ בְּעֶזְרִ֔י וַיַּצִּלֵ֖נִי מֵחֶ֥רֶב פַּרְעֹֽה:

ה) וַיָּבֹ֞א יִתְר֨וֹ חֹתֵ֥ן מֹשֶׁ֛ה וּבָנָ֥יו וְאִשְׁתּ֖וֹ אֶל־מֹשֶׁ֑ה אֶל־הַמִּדְבָּ֗ר אֲשֶׁר־ה֛וּא חֹנֶ֥ה שָׁ֖ם הַ֥ר הָאֱלֹהִֽים:

ו) וַיֹּ֙אמֶר֙ אֶל־מֹשֶׁ֔ה אֲנִ֛י חֹתֶנְךָ֥ יִתְר֖וֹ בָּ֣א אֵלֶ֑יךָ וְאִ֨שְׁתְּךָ֔ וּשְׁנֵ֥י בָנֶ֖יהָ עִמָּֽהּ:

ז) וַיֵּצֵ֨א מֹשֶׁ֜ה לִקְרַ֣את חֹֽתְנ֗וֹ וַיִּשְׁתַּ֙חוּ֙ וַיִּשַּׁק־ל֔וֹ וַיִּשְׁאֲל֥וּ אִישׁ־לְרֵעֵ֖הוּ לְשָׁל֑וֹם וַיָּבֹ֖אוּ הָאֹֽהֱלָה:

ח) וַיְסַפֵּ֤ר מֹשֶׁה֙ לְחֹ֣תְנ֔וֹ אֵת֩ כָּל־אֲשֶׁ֨ר עָשָׂ֤ה יְהוָה֙ לְפַרְעֹ֣ה וּלְמִצְרַ֔יִם עַ֖ל אוֹדֹ֣ת יִשְׂרָאֵ֑ל אֵ֤ת כָּל־הַתְּלָאָה֙ אֲשֶׁ֣ר מְצָאָ֣תַם בַּדֶּ֔רֶךְ וַיַּצִּלֵ֖ם יְהוָֽה:

ט) וַיִּ֣חַדְּ יִתְר֔וֹ עַ֚ל כָּל־הַטּוֹבָ֔ה אֲשֶׁר־עָשָׂ֥ה יְהוָ֖ה לְיִשְׂרָאֵ֑ל אֲשֶׁ֥ר הִצִּיל֖וֹ מִיַּ֥ד מִצְרָֽיִם:

י) וַיֹּאמֶר֮ יִתְרוֹ֒ בָּר֣וּךְ יְהוָ֔ה אֲשֶׁ֨ר הִצִּ֥יל אֶתְכֶ֛ם מִיַּ֥ד מִצְרַ֖יִם וּמִיַּ֣ד פַּרְעֹ֑ה אֲשֶׁ֤ר הִצִּיל֙ אֶת־הָעָ֔ם מִתַּ֖חַת יַד־מִצְרָֽיִם:

יא) עַתָּ֣ה יָדַ֔עְתִּי כִּֽי־גָד֥וֹל יְהוָ֖ה מִכָּל־הָאֱלֹהִ֑ים כִּ֣י בַדָּבָ֔ר אֲשֶׁ֥ר זָד֖וּ עֲלֵיהֶֽם:

יב) וַיִּקַּ֞ח יִתְר֨וֹ חֹתֵ֥ן מֹשֶׁ֛ה עֹלָ֥ה וּזְבָחִ֖ים לֵֽאלֹהִ֑ים וַיָּבֹ֨א אַהֲרֹ֜ן וְכֹ֣ל ׀ זִקְנֵ֣י יִשְׂרָאֵ֗ל לֶאֱכָל־לֶ֛חֶם עִם־חֹתֵ֥ן מֹשֶׁ֖ה לִפְנֵ֥י הָאֱלֹהִֽים:

יג) וַֽיְהִי֙ מִֽמָּחֳרָ֔ת וַיֵּ֥שֶׁב מֹשֶׁ֖ה לִשְׁפֹּ֣ט אֶת־הָעָ֑ם וַיַּעֲמֹ֤ד הָעָם֙ עַל־מֹשֶׁ֔ה מִן־הַבֹּ֖קֶר עַד־הָעָֽרֶב:

יד) וַיַּרְא֙ חֹתֵ֣ן מֹשֶׁ֔ה אֵ֛ת כָּל־אֲשֶׁר־ה֥וּא עֹשֶׂ֖ה לָעָ֑ם וַיֹּ֗אמֶר מָֽה־הַדָּבָ֤ר הַזֶּה֙ אֲשֶׁ֣ר אַתָּ֣ה עֹשֶׂ֣ה לָעָ֔ם מַדּ֗וּעַ אַתָּ֤ה יוֹשֵׁב֙ לְבַדֶּ֔ךָ וְכָל־הָעָ֛ם נִצָּ֥ב עָלֶ֖יךָ מִן־בֹּ֥קֶר עַד־עָֽרֶב:

טו) וַיֹּ֥אמֶר מֹשֶׁ֖ה לְחֹֽתְנ֑וֹ כִּֽי־יָבֹ֥א אֵלַ֛י הָעָ֖ם לִדְרֹ֥שׁ אֱלֹהִֽים:

טז) כִּֽי־יִהְיֶ֨ה לָהֶ֤ם דָּבָר֙ בָּ֣א אֵלַ֔י וְשָׁ֣פַטְתִּ֔י בֵּ֥ין אִ֖ישׁ וּבֵ֣ין רֵעֵ֑הוּ וְהוֹדַעְתִּ֛י אֶת־חֻקֵּ֥י הָאֱלֹהִ֖ים וְאֶת־תּוֹרֹתָֽיו:

יז) וַיֹּ֛אמֶר חֹתֵ֥ן מֹשֶׁ֖ה אֵלָ֑יו לֹא־טוֹב֙ הַדָּבָ֔ר אֲשֶׁ֥ר אַתָּ֖ה עֹשֶֽׂה:

יח) נָבֹ֣ל תִּבֹּ֔ל גַּם־אַתָּ֕ה גַּם־הָעָ֥ם הַזֶּ֖ה אֲשֶׁ֣ר עִמָּ֑ךְ כִּֽי־כָבֵ֤ד מִמְּךָ֙ הַדָּבָ֔ר לֹא־תוּכַ֖ל עֲשֹׂ֥הוּ

39

לְבַדֶּֽךָ:

יט) עַתָּ֞ה שְׁמַ֤ע בְּקֹלִי֙ אִיעָ֣צְךָ֔ וִיהִ֥י אֱלֹהִ֖ים עִמָּ֑ךְ הֱיֵ֨ה אַתָּ֤ה לָעָם֙ מ֣וּל הָֽאֱלֹהִ֔ים וְהֵבֵאתָ֥ אַתָּ֛ה אֶת־הַדְּבָרִ֖ים אֶל־הָאֱלֹהִֽים:

כ) וְהִזְהַרְתָּ֣ה אֶתְהֶ֔ם אֶת־הַֽחֻקִּ֖ים וְאֶת־הַתּוֹרֹ֑ת וְהוֹדַעְתָּ֣ לָהֶ֗ם אֶת־הַדֶּ֙רֶךְ֙ יֵ֣לְכוּ בָ֔הּ וְאֶת־הַֽמַּעֲשֶׂ֖ה אֲשֶׁ֥ר יַֽעֲשֽׂוּן:

כא) וְאַתָּ֣ה תֶֽחֱזֶ֣ה מִכָּל־הָ֠עָם אַנְשֵׁי־חַ֜יִל יִרְאֵ֧י אֱלֹהִ֛ים אַנְשֵׁ֥י אֱמֶ֖ת שֹׂ֣נְאֵי בָ֑צַע וְשַׂמְתָּ֣ עֲלֵהֶ֗ם שָׂרֵ֤י אֲלָפִים֙ שָׂרֵ֣י מֵא֔וֹת שָׂרֵ֥י חֲמִשִּׁ֖ים וְשָׂרֵ֥י עֲשָׂרֹֽת:

כב) וְשָׁפְט֣וּ אֶת־הָעָם֮ בְּכָל־עֵת֒ וְהָיָ֞ה כָּל־הַדָּבָ֤ר הַגָּדֹל֙ יָבִ֣יאוּ אֵלֶ֔יךָ וְכָל־הַדָּבָ֥ר הַקָּטֹ֖ן יִשְׁפְּטוּ־הֵ֑ם וְהָקֵל֙ מֵֽעָלֶ֔יךָ וְנָשְׂא֖וּ אִתָּֽךְ:

כג) אִ֣ם אֶת־הַדָּבָ֤ר הַזֶּה֙ תַּֽעֲשֶׂ֔ה וְצִוְּךָ֣ אֱלֹהִ֔ים וְיָֽכָלְתָּ֖ עֲמֹ֑ד וְגַם֙ כָּל־הָעָ֣ם הַזֶּ֔ה עַל־מְקֹמ֖וֹ יָבֹ֥א בְשָׁלֽוֹם:

כד) וַיִּשְׁמַ֥ע מֹשֶׁ֖ה לְק֣וֹל חֹֽתְנ֑וֹ וַיַּ֕עַשׂ כֹּ֖ל אֲשֶׁ֥ר אָמָֽר:

כה) וַיִּבְחַ֨ר מֹשֶׁ֤ה אַנְשֵׁי־חַ֙יִל֙ מִכָּל־יִשְׂרָאֵ֔ל וַיִּתֵּ֥ן אֹתָ֛ם רָאשִׁ֖ים עַל־הָעָ֑ם שָׂרֵ֤י אֲלָפִים֙ שָׂרֵ֣י מֵא֔וֹת שָׂרֵ֥י חֲמִשִּׁ֖ים וְשָׂרֵ֥י עֲשָׂרֹֽת:

כו) וְשָׁפְט֥וּ אֶת־הָעָ֖ם בְּכָל־עֵ֑ת אֶת־הַדָּבָ֤ר הַקָּשֶׁה֙ יְבִיא֣וּן אֶל־מֹשֶׁ֔ה וְכָל־הַדָּבָ֥ר הַקָּטֹ֖ן יִשְׁפּוּט֥וּ הֵֽם:

כז) וַיְשַׁלַּ֥ח מֹשֶׁ֖ה אֶת־חֹֽתְנ֑וֹ וַיֵּ֥לֶךְ ל֖וֹ אֶל־אַרְצֽוֹ:
{פ}

פרק יט

א) בַּחֹ֙דֶשׁ֙ הַשְּׁלִישִׁ֔י לְצֵ֥את בְּנֵֽי־יִשְׂרָאֵ֖ל מֵאֶ֣רֶץ מִצְרָ֑יִם בַּיּ֣וֹם הַזֶּ֔ה בָּ֖אוּ מִדְבַּ֥ר סִינָֽי:

ב) וַיִּסְע֣וּ מֵרְפִידִ֗ים וַיָּבֹ֙אוּ֙ מִדְבַּ֣ר סִינַ֔י וַֽיַּחֲנ֖וּ בַּמִּדְבָּ֑ר וַיִּֽחַן־שָׁ֥ם יִשְׂרָאֵ֖ל נֶ֥גֶד הָהָֽר:

ג) וּמֹשֶׁ֥ה עָלָ֖ה אֶל־הָֽאֱלֹהִ֑ים וַיִּקְרָ֨א אֵלָ֤יו יְהוָה֙ מִן־הָהָ֣ר לֵאמֹ֔ר כֹּ֤ה תֹאמַר֙ לְבֵ֣ית יַֽעֲקֹ֔ב וְתַגֵּ֖יד לִבְנֵ֥י יִשְׂרָאֵֽל:

ד) אַתֶּ֣ם רְאִיתֶ֔ם אֲשֶׁ֥ר עָשִׂ֖יתִי לְמִצְרָ֑יִם וָאֶשָּׂ֤א אֶתְכֶם֙ עַל־כַּנְפֵ֣י נְשָׁרִ֔ים וָאָבִ֥א אֶתְכֶ֖ם אֵלָֽי:

ה) וְעַתָּ֗ה אִם־שָׁמ֤וֹעַ תִּשְׁמְעוּ֙ בְּקֹלִ֔י וּשְׁמַרְתֶּ֖ם אֶת־בְּרִיתִ֑י וִהְיִ֨יתֶם לִ֤י סְגֻלָּה֙ מִכָּל־הָ֣עַמִּ֔ים כִּי־לִ֖י כָּל־הָאָֽרֶץ:

ו) וְאַתֶּ֧ם תִּֽהְיוּ־לִ֛י מַמְלֶ֥כֶת כֹּֽהֲנִ֖ים וְג֣וֹי קָד֑וֹשׁ אֵ֚לֶּה הַדְּבָרִ֔ים אֲשֶׁ֥ר תְּדַבֵּ֖ר אֶל־בְּנֵ֥י יִשְׂרָאֵֽל:

ז) וַיָּבֹ֣א מֹשֶׁ֔ה וַיִּקְרָ֖א לְזִקְנֵ֣י הָעָ֑ם וַיָּ֣שֶׂם לִפְנֵיהֶ֗ם אֵ֚ת כָּל־הַדְּבָרִ֣ים הָאֵ֔לֶּה אֲשֶׁ֥ר צִוָּ֖הוּ

יְהוָֽה:

ח) וַיַּעֲנ֨וּ כָל־הָעָ֤ם יַחְדָּו֙ וַיֹּ֣אמְר֔וּ כֹּ֛ל אֲשֶׁר־דִּבֶּ֥ר יְהוָ֖ה נַעֲשֶׂ֑ה וַיָּ֧שֶׁב מֹשֶׁ֛ה אֶת־דִּבְרֵ֥י הָעָ֖ם אֶל־יְהוָֽה:

ט) וַיֹּ֨אמֶר יְהוָ֜ה אֶל־מֹשֶׁ֗ה הִנֵּ֨ה אָנֹכִ֜י בָּ֣א אֵלֶיךָ֮ בְּעַ֣ב הֶֽעָנָן֒ בַּעֲב֞וּר יִשְׁמַ֤ע הָעָם֙ בְּדַבְּרִ֣י עִמָּ֔ךְ וְגַם־בְּךָ֖ יַאֲמִ֣ינוּ לְעוֹלָ֑ם וַיַּגֵּ֥ד מֹשֶׁ֛ה אֶת־דִּבְרֵ֥י הָעָ֖ם אֶל־יְהוָֽה:

י) וַיֹּ֨אמֶר יְהוָ֤ה אֶל־מֹשֶׁה֙ לֵ֣ךְ אֶל־הָעָ֔ם וְקִדַּשְׁתָּ֥ם הַיּ֖וֹם וּמָחָ֑ר וְכִבְּס֖וּ שִׂמְלֹתָֽם:

יא) וְהָי֥וּ נְכֹנִ֖ים לַיּ֣וֹם הַשְּׁלִישִׁ֑י כִּ֣י ׀ בַּיּ֣וֹם הַשְּׁלִשִׁ֗י יֵרֵ֧ד יְהוָ֛ה לְעֵינֵ֥י כָל־הָעָ֖ם עַל־הַ֥ר סִינָֽי:

יב) וְהִגְבַּלְתָּ֤ אֶת־הָעָם֙ סָבִ֣יב לֵאמֹ֔ר הִשָּׁמְר֥וּ לָכֶ֛ם עֲל֥וֹת בָּהָ֖ר וּנְגֹ֣עַ בְּקָצֵ֑הוּ כָּל־הַנֹּגֵ֥עַ בָּהָ֖ר מ֥וֹת יוּמָֽת:

יג) לֹא־תִגַּ֨ע בּ֜וֹ יָ֗ד כִּֽי־סָק֣וֹל יִסָּקֵל֮ אוֹ־יָרֹ֣ה יִיָּרֶה֒ אִם־בְּהֵמָ֥ה אִם־אִ֖ישׁ לֹ֣א יִחְיֶ֑ה בִּמְשֹׁךְ֙ הַיֹּבֵ֔ל הֵ֖מָּה יַעֲל֥וּ בָהָֽר:

יד) וַיֵּ֧רֶד מֹשֶׁ֛ה מִן־הָהָ֖ר אֶל־הָעָ֑ם וַיְקַדֵּשׁ֙ אֶת־הָעָ֔ם וַֽיְכַבְּס֖וּ שִׂמְלֹתָֽם:

טו) וַיֹּ֙אמֶר֙ אֶל־הָעָ֔ם הֱי֥וּ נְכֹנִ֖ים לִשְׁלֹ֣שֶׁת יָמִ֑ים אַֽל־תִּגְּשׁ֖וּ אֶל־אִשָּֽׁה:

טז) וַיְהִי֩ בַיּ֨וֹם הַשְּׁלִישִׁ֜י בִּֽהְיֹ֣ת הַבֹּ֗קֶר וַיְהִי֩ קֹלֹ֨ת וּבְרָקִ֜ים וְעָנָ֤ן כָּבֵד֙ עַל־הָהָ֔ר וְקֹ֥ל שֹׁפָ֖ר חָזָ֣ק מְאֹ֑ד וַיֶּחֱרַ֥ד כָּל־הָעָ֖ם אֲשֶׁ֥ר בַּֽמַּחֲנֶֽה:

יז) וַיּוֹצֵ֨א מֹשֶׁ֧ה אֶת־הָעָ֛ם לִקְרַ֥את הָֽאֱלֹהִ֖ים מִן־הַֽמַּחֲנֶ֑ה וַיִּֽתְיַצְּב֖וּ בְּתַחְתִּ֥ית הָהָֽר:

יח) וְהַ֤ר סִינַי֙ עָשַׁ֣ן כֻּלּ֔וֹ מִ֠פְּנֵי אֲשֶׁ֨ר יָרַ֥ד עָלָ֛יו יְהוָ֖ה בָּאֵ֑שׁ וַיַּ֤עַל עֲשָׁנוֹ֙ כְּעֶ֣שֶׁן הַכִּבְשָׁ֔ן וַיֶּחֱרַ֥ד כָּל־הָהָ֖ר מְאֹֽד:

יט) וַיְהִי֙ ק֣וֹל הַשֹּׁפָ֔ר הוֹלֵ֖ךְ וְחָזֵ֣ק מְאֹ֑ד מֹשֶׁ֣ה יְדַבֵּ֔ר וְהָאֱלֹהִ֖ים יַעֲנֶ֥נּוּ בְקֽוֹל:

כ) וַיֵּ֧רֶד יְהוָ֛ה עַל־הַ֥ר סִינַ֖י אֶל־רֹ֣אשׁ הָהָ֑ר וַיִּקְרָ֨א יְהוָ֧ה לְמֹשֶׁ֛ה אֶל־רֹ֥אשׁ הָהָ֖ר וַיַּ֥עַל מֹשֶֽׁה:

כא) וַיֹּ֤אמֶר יְהוָה֙ אֶל־מֹשֶׁ֔ה רֵ֖ד הָעֵ֣ד בָּעָ֑ם פֶּן־יֶהֶרְס֤וּ אֶל־יְהוָה֙ לִרְא֔וֹת וְנָפַ֥ל מִמֶּ֖נּוּ רָֽב:

כב) וְגַ֧ם הַכֹּהֲנִ֛ים הַנִּגָּשִׁ֥ים אֶל־יְהוָ֖ה יִתְקַדָּ֑שׁוּ פֶּן־יִפְרֹ֥ץ בָּהֶ֖ם יְהוָֽה:

כג) וַיֹּ֤אמֶר מֹשֶׁה֙ אֶל־יְהוָ֔ה לֹא־יוּכַ֣ל הָעָ֔ם לַעֲלֹ֖ת אֶל־הַ֣ר סִינָ֑י כִּֽי־אַתָּ֞ה הַעֵדֹ֤תָה בָּ֙נוּ֙ לֵאמֹ֔ר הַגְבֵּ֥ל אֶת־הָהָ֖ר וְקִדַּשְׁתּֽוֹ:

כד) וַיֹּ֨אמֶר אֵלָ֤יו יְהוָה֙ לֶךְ־רֵ֔ד וְעָלִ֥יתָ אַתָּ֖ה וְאַהֲרֹ֣ן עִמָּ֑ךְ וְהַכֹּהֲנִ֣ים וְהָעָ֗ם אַל־יֶֽהֶרְס֛וּ לַעֲלֹ֥ת אֶל־יְהוָ֖ה פֶּן־יִפְרָץ־בָּֽם:

כה) וַיֵּ֥רֶד מֹשֶׁ֖ה אֶל־הָעָ֑ם וַיֹּ֖אמֶר אֲלֵהֶֽם:
{ס}

41

פרק כ

א) וַיְדַבֵּר אֱלֹהִים אֵת כָּל־הַדְּבָרִים הָאֵלֶּה לֵאמֹר:
{ס}

ב) אָנֹכִי יְהֹוָה אֱלֹהֶיךָ אֲשֶׁר הוֹצֵאתִיךָ מֵאֶרֶץ מִצְרַיִם מִבֵּית עֲבָדִים לֹא־יִהְיֶה לְךָ
אֱלֹהִים אֲחֵרִים עַל־פָּנָי:

ג) לֹא־תַעֲשֶׂה לְךָ פֶסֶל וְכָל־תְּמוּנָה אֲשֶׁר בַּשָּׁמַיִם מִמַּעַל וַאֲשֶׁר בָּאָרֶץ מִתַּחַת וַאֲשֶׁר
בַּמַּיִם מִתַּחַת לָאָרֶץ:

ד) לֹא־תִשְׁתַּחֲוֶה לָהֶם וְלֹא תָעָבְדֵם כִּי אָנֹכִי יְהֹוָה אֱלֹהֶיךָ אֵל קַנָּא פֹּקֵד עֲוֹן אָבֹת
עַל־בָּנִים עַל־שִׁלֵּשִׁים וְעַל־רִבֵּעִים לְשֹׂנְאָי:

ה) וְעֹשֶׂה חֶסֶד לַאֲלָפִים לְאֹהֲבַי וּלְשֹׁמְרֵי מִצְוֹתָי:
{ס}

ו) לֹא תִשָּׂא אֶת־שֵׁם־יְהֹוָה אֱלֹהֶיךָ לַשָּׁוְא כִּי לֹא יְנַקֶּה יְהֹוָה אֵת אֲשֶׁר־יִשָּׂא
אֶת־שְׁמוֹ לַשָּׁוְא:
{פ}

ז) זָכוֹר אֶת־יוֹם הַשַּׁבָּת לְקַדְּשׁוֹ:

ח) שֵׁשֶׁת יָמִים תַּעֲבֹד וְעָשִׂיתָ כָּל־מְלַאכְתֶּךָ:

ט) וְיוֹם הַשְּׁבִיעִי שַׁבָּת לַיהֹוָה אֱלֹהֶיךָ לֹא־תַעֲשֶׂה כָל־מְלָאכָה אַתָּה ׀ וּבִנְךָ וּבִתֶּךָ עַבְדְּךָ
וַאֲמָתְךָ וּבְהֶמְתֶּךָ וְגֵרְךָ אֲשֶׁר בִּשְׁעָרֶיךָ:

י) כִּי שֵׁשֶׁת־יָמִים עָשָׂה יְהֹוָה אֶת־הַשָּׁמַיִם וְאֶת־הָאָרֶץ אֶת־הַיָּם וְאֶת־כָּל־אֲשֶׁר־בָּם וַיָּנַח
בַּיּוֹם הַשְּׁבִיעִי עַל־כֵּן בֵּרַךְ יְהֹוָה אֶת־יוֹם הַשַּׁבָּת וַיְקַדְּשֵׁהוּ:
{ס}

יא) כַּבֵּד אֶת־אָבִיךָ וְאֶת־אִמֶּךָ לְמַעַן יַאֲרִכוּן יָמֶיךָ עַל הָאֲדָמָה אֲשֶׁר־יְהֹוָה אֱלֹהֶיךָ נֹתֵן
לָךְ:
{ס}

יב) לֹא תִּרְצָח {ס} לֹא תִּנְאָף {ס} לֹא תִּגְנֹב {ס} לֹא־תַעֲנֶה בְרֵעֲךָ עֵד שָׁקֶר:
{ס}

יג) לֹא תַחְמֹד בֵּית רֵעֶךָ {ס} לֹא־תַחְמֹד אֵשֶׁת רֵעֶךָ וְעַבְדּוֹ וַאֲמָתוֹ וְשׁוֹרוֹ וַחֲמֹרוֹ וְכֹל
אֲשֶׁר לְרֵעֶךָ:
{פ}

יד) וְכָל־הָעָם רֹאִים אֶת־הַקּוֹלֹת וְאֶת־הַלַּפִּידִם וְאֵת קוֹל הַשֹּׁפָר וְאֶת־הָהָר עָשֵׁן וַיַּרְא

42

הָעָם וַיָּנֻעוּ וַיַּעַמְדוּ מֵרָחֹק׃
טו) וַיֹּאמְרוּ אֶל־מֹשֶׁה דַּבֵּר־אַתָּה עִמָּנוּ וְנִשְׁמָעָה וְאַל־יְדַבֵּר עִמָּנוּ אֱלֹהִים פֶּן־נָמוּת׃
טז) וַיֹּאמֶר מֹשֶׁה אֶל־הָעָם אַל־תִּירָאוּ כִּי לְבַעֲבוּר נַסּוֹת אֶתְכֶם בָּא הָאֱלֹהִים וּבַעֲבוּר
תִּהְיֶה יִרְאָתוֹ עַל־פְּנֵיכֶם לְבִלְתִּי תֶחֱטָאוּ׃
יז) וַיַּעֲמֹד הָעָם מֵרָחֹק וּמֹשֶׁה נִגַּשׁ אֶל־הָעֲרָפֶל אֲשֶׁר־שָׁם הָאֱלֹהִים׃
{ס}
יח) וַיֹּאמֶר יְהוָה אֶל־מֹשֶׁה כֹּה תֹאמַר אֶל־בְּנֵי יִשְׂרָאֵל אַתֶּם רְאִיתֶם כִּי מִן־הַשָּׁמַיִם
דִּבַּרְתִּי עִמָּכֶם׃
יט) לֹא תַעֲשׂוּן אִתִּי אֱלֹהֵי כֶסֶף וֵאלֹהֵי זָהָב לֹא תַעֲשׂוּ לָכֶם׃
כ) מִזְבַּח אֲדָמָה תַּעֲשֶׂה־לִּי וְזָבַחְתָּ עָלָיו אֶת־עֹלֹתֶיךָ וְאֶת־שְׁלָמֶיךָ אֶת־צֹאנְךָ וְאֶת־בְּקָרֶךָ
בְּכָל־הַמָּקוֹם אֲשֶׁר אַזְכִּיר אֶת־שְׁמִי אָבוֹא אֵלֶיךָ וּבֵרַכְתִּיךָ׃
כא) וְאִם־מִזְבַּח אֲבָנִים תַּעֲשֶׂה־לִּי לֹא־תִבְנֶה אֶתְהֶן גָּזִית כִּי חַרְבְּךָ הֵנַפְתָּ עָלֶיהָ
וַתְּחַלְלֶהָ׃
כב) וְלֹא־תַעֲלֶה בְמַעֲלֹת עַל־מִזְבְּחִי אֲשֶׁר לֹא־תִגָּלֶה עֶרְוָתְךָ עָלָיו׃
{פ}

הַמִּשְׁפָּטִים

פֶּרֶק כא

א) וְאֵ֙לֶּה֙ הַמִּשְׁפָּטִ֔ים אֲשֶׁ֥ר תָּשִׂ֖ים לִפְנֵיהֶֽם׃

ב) כִּ֤י תִקְנֶה֙ עֶ֣בֶד עִבְרִ֔י שֵׁ֥שׁ שָׁנִ֖ים יַעֲבֹ֑ד וּבַ֨שְּׁבִעִ֔ת יֵצֵ֥א לַֽחָפְשִׁ֖י חִנָּֽם׃

ג) אִם־בְּגַפּ֥וֹ יָבֹ֖א בְּגַפּ֣וֹ יֵצֵ֑א אִם־בַּ֤עַל אִשָּׁה֙ ה֔וּא וְיָצְאָ֥ה אִשְׁתּ֖וֹ עִמּֽוֹ׃

ד) אִם־אֲדֹנָיו֙ יִתֶּן־ל֣וֹ אִשָּׁ֔ה וְיָלְדָה־ל֥וֹ בָנִ֖ים א֣וֹ בָנ֑וֹת הָאִשָּׁ֣ה וִילָדֶ֗יהָ תִּהְיֶה֙ לַֽאדֹנֶ֔יהָ וְה֖וּא יֵצֵ֥א בְגַפּֽוֹ׃

ה) וְאִם־אָמֹ֤ר יֹאמַר֙ הָעֶ֔בֶד אָהַ֙בְתִּי֙ אֶת־אֲדֹנִ֔י אֶת־אִשְׁתִּ֖י וְאֶת־בָּנָ֑י לֹ֥א אֵצֵ֖א חָפְשִֽׁי׃

ו) וְהִגִּישׁ֤וֹ אֲדֹנָיו֙ אֶל־הָ֣אֱלֹהִ֔ים וְהִגִּישׁוֹ֙ אֶל־הַדֶּ֔לֶת א֖וֹ אֶל־הַמְּזוּזָ֑ה וְרָצַ֨ע אֲדֹנָ֤יו אֶת־אָזְנוֹ֙ בַּמַּרְצֵ֔עַ וַעֲבָד֖וֹ לְעֹלָֽם׃ {ס}

ז) וְכִֽי־יִמְכֹּ֥ר אִ֛ישׁ אֶת־בִּתּ֖וֹ לְאָמָ֑ה לֹ֥א תֵצֵ֖א כְּצֵ֥את הָעֲבָדִֽים׃

ח) אִם־רָעָ֞ה בְּעֵינֵ֧י אֲדֹנֶ֛יהָ אֲשֶׁר־לא (ל֥וֹ) יְעָדָ֖הּ וְהֶפְדָּ֑הּ לְעַ֥ם נָכְרִ֛י לֹא־יִמְשֹׁ֥ל לְמָכְרָ֖הּ בְּבִגְדוֹ־בָֽהּ׃

ט) וְאִם־לִבְנ֖וֹ יִֽיעָדֶ֑נָּה כְּמִשְׁפַּ֥ט הַבָּנ֖וֹת יַעֲשֶׂה־לָּֽהּ׃

י) אִם־אַחֶ֖רֶת יִֽקַּח־ל֑וֹ שְׁאֵרָ֛הּ כְּסוּתָ֥הּ וְעֹנָתָ֖הּ לֹ֥א יִגְרָֽע׃

יא) וְאִ֨ם־שְׁלָשׁ־אֵ֔לֶּה לֹ֥א יַעֲשֶׂ֖ה לָ֑הּ וְיָצְאָ֥ה חִנָּ֖ם אֵ֥ין כָּֽסֶף׃ {ס}

יב) מַכֵּ֥ה אִ֛ישׁ וָמֵ֖ת מ֥וֹת יוּמָֽת׃

יג) וַאֲשֶׁר֙ לֹ֣א צָדָ֔ה וְהָאֱלֹהִ֖ים אִנָּ֣ה לְיָד֑וֹ וְשַׂמְתִּ֤י לְךָ֙ מָק֔וֹם אֲשֶׁ֥ר יָנ֖וּס שָֽׁמָּה׃ {ס}

יד) וְכִֽי־יָזִ֥ד אִ֛ישׁ עַל־רֵעֵ֖הוּ לְהָרְג֣וֹ בְעָרְמָ֑ה מֵעִ֣ם מִזְבְּחִ֔י תִּקָּחֶ֖נּוּ לָמֽוּת׃ {ס}

טו) וּמַכֵּ֥ה אָבִ֛יו וְאִמּ֖וֹ מ֥וֹת יוּמָֽת׃ {ס}

טז) וְגֹנֵ֨ב אִ֧ישׁ וּמְכָר֛וֹ וְנִמְצָ֥א בְיָד֖וֹ מ֥וֹת יוּמָֽת׃ {ס}

יז) וּמְקַלֵּ֥ל אָבִ֛יו וְאִמּ֖וֹ מ֥וֹת יוּמָֽת׃ {ס}

המשפטים

יח) וְכִֽי־יְרִיבֻ֣ן אֲנָשִׁ֔ים וְהִכָּה־אִישׁ֙ אֶת־רֵעֵ֔הוּ בְּאֶ֖בֶן א֣וֹ בְאֶגְרֹ֑ף וְלֹ֥א יָמ֖וּת וְנָפַ֥ל לְמִשְׁכָּֽב׃
יט) אִם־יָק֞וּם וְהִתְהַלֵּ֥ךְ בַּח֛וּץ עַל־מִשְׁעַנְתּ֖וֹ וְנִקָּ֣ה הַמַּכֶּ֑ה רַ֥ק שִׁבְתּ֛וֹ יִתֵּ֖ן וְרַפֹּ֥א יְרַפֵּֽא׃
{ס}
כ) וְכִֽי־יַכֶּה֩ אִ֨ישׁ אֶת־עַבְדּ֜וֹ א֤וֹ אֶת־אֲמָתוֹ֙ בַּשֵּׁ֔בֶט וּמֵ֖ת תַּ֣חַת יָד֑וֹ נָקֹ֖ם יִנָּקֵֽם׃
כא) אַ֥ךְ אִם־י֛וֹם א֥וֹ יוֹמַ֖יִם יַעֲמֹ֑ד לֹ֣א יֻקַּ֔ם כִּ֥י כַסְפּ֖וֹ הֽוּא׃
{ס}
כב) וְכִֽי־יִנָּצ֣וּ אֲנָשִׁ֗ים וְנָ֠גְפוּ אִשָּׁ֤ה הָרָה֙ וְיָצְא֣וּ יְלָדֶ֔יהָ וְלֹ֥א יִהְיֶ֖ה אָס֑וֹן עָנ֣וֹשׁ יֵעָנֵ֗שׁ כַּֽאֲשֶׁ֨ר
יָשִׁ֤ית עָלָיו֙ בַּ֣עַל הָֽאִשָּׁ֔ה וְנָתַ֖ן בִּפְלִלִֽים׃
כג) וְאִם־אָס֖וֹן יִהְיֶ֑ה וְנָתַתָּ֥ה נֶ֖פֶשׁ תַּ֥חַת נָֽפֶשׁ׃
כד) עַ֚יִן תַּ֣חַת עַ֔יִן שֵׁ֖ן תַּ֣חַת שֵׁ֑ן יָ֚ד תַּ֣חַת יָ֔ד רֶ֖גֶל תַּ֥חַת רָֽגֶל׃
כה) כְּוִיָּה֙ תַּ֣חַת כְּוִיָּ֔ה פֶּ֖צַע תַּ֣חַת פָּ֑צַע חַבּוּרָ֕ה תַּ֖חַת חַבּוּרָֽה׃
{ס}
כו) וְכִֽי־יַכֶּ֨ה אִ֜ישׁ אֶת־עֵ֥ין עַבְדּ֛וֹ אֽוֹ־אֶת־עֵ֥ין אֲמָת֖וֹ וְשִֽׁחֲתָ֑הּ לַֽחָפְשִׁ֥י יְשַׁלְּחֶ֖נּוּ תַּ֥חַת עֵינֽוֹ׃
כז) וְאִם־שֵׁ֥ן עַבְדּ֛וֹ אֽוֹ־שֵׁ֥ן אֲמָת֖וֹ יַפִּ֑יל לַֽחָפְשִׁ֥י יְשַׁלְּחֶ֖נּוּ תַּ֥חַת שִׁנּֽוֹ׃
{פ}
כח) וְכִֽי־יִגַּ֨ח שׁ֥וֹר אֶת־אִ֛ישׁ א֥וֹ אֶת־אִשָּׁ֖ה וָמֵ֑ת סָק֨וֹל יִסָּקֵ֜ל הַשּׁ֗וֹר וְלֹ֤א יֵאָכֵל֙ אֶת־בְּשָׂר֔וֹ
וּבַ֥עַל הַשּׁ֖וֹר נָקִֽי׃
כט) וְאִ֡ם שׁוֹר֩ נַגָּ֨ח ה֜וּא מִתְּמֹ֣ל שִׁלְשֹׁ֗ם וְהוּעַ֤ד בִּבְעָלָיו֙ וְלֹ֣א יִשְׁמְרֶ֔נּוּ וְהֵמִ֥ית אִ֖ישׁ א֣וֹ אִשָּׁ֑ה
הַשּׁוֹר֙ יִסָּקֵ֔ל וְגַם־בְּעָלָ֖יו יוּמָֽת׃
ל) אִם־כֹּ֖פֶר יוּשַׁ֣ת עָלָ֑יו וְנָתַן֙ פִּדְיֹ֣ן נַפְשׁ֔וֹ כְּכֹ֥ל אֲשֶׁר־יוּשַׁ֖ת עָלָֽיו׃
לא) אוֹ־בֵ֥ן יִגָּ֖ח אוֹ־בַ֣ת יִגָּ֑ח כַּמִּשְׁפָּ֥ט הַזֶּ֖ה יֵעָ֥שֶׂה לּֽוֹ׃
לב) אִם־עֶ֛בֶד יִגַּ֥ח הַשּׁ֖וֹר א֣וֹ אָמָ֑ה כֶּ֣סֶף ׀ שְׁלֹשִׁ֣ים שְׁקָלִ֗ים יִתֵּן֙ לַֽאדֹנָ֔יו וְהַשּׁ֖וֹר יִסָּקֵֽל׃
{ס}
לג) וְכִֽי־יִפְתַּ֨ח אִ֜ישׁ בּ֗וֹר א֠וֹ כִּֽי־יִכְרֶ֥ה אִ֛ישׁ בֹּ֖ר וְלֹ֣א יְכַסֶּ֑נּוּ וְנָֽפַל־שָׁ֥מָּה שּׁ֖וֹר א֥וֹ חֲמֽוֹר׃
לד) בַּ֤עַל הַבּוֹר֙ יְשַׁלֵּ֔ם כֶּ֖סֶף יָשִׁ֣יב לִבְעָלָ֑יו וְהַמֵּ֖ת יִֽהְיֶה־לּֽוֹ׃
{ס}
לה) וְכִֽי־יִגֹּ֧ף שֽׁוֹר־אִ֛ישׁ אֶת־שׁ֥וֹר רֵעֵ֖הוּ וָמֵ֑ת וּמָ֨כְר֜וּ אֶת־הַשּׁ֤וֹר הַחַי֙ וְחָצ֣וּ אֶת־כַּסְפּ֔וֹ וְגַ֥ם
אֶת־הַמֵּ֖ת יֶחֱצֽוּן׃
לו) א֣וֹ נוֹדַ֗ע כִּ֠י שׁ֣וֹר נַגָּ֥ח הוּא֙ מִתְּמ֣וֹל שִׁלְשֹׁ֔ם וְלֹ֥א יִשְׁמְרֶ֖נּוּ בְּעָלָ֑יו שַׁלֵּ֨ם יְשַׁלֵּ֥ם
שׁוֹר֙ תַּ֣חַת הַשּׁ֔וֹר וְהַמֵּ֖ת יִֽהְיֶה־לּֽוֹ׃
{ס}

לז) כִּי יִגְנֹב־אִישׁ שׁוֹר אוֹ־שֶׂה וּטְבָחוֹ אוֹ מְכָרוֹ חֲמִשָּׁה בָקָר יְשַׁלֵּם תַּחַת הַשּׁוֹר וְאַרְבַּע־צֹאן תַּחַת הַשֶּׂה׃

פרק כב

א) אִם־בַּמַּחְתֶּרֶת יִמָּצֵא הַגַּנָּב וְהֻכָּה וָמֵת אֵין לוֹ דָּמִים׃

ב) אִם־זָרְחָה הַשֶּׁמֶשׁ עָלָיו דָּמִים לוֹ שַׁלֵּם יְשַׁלֵּם אִם־אֵין לוֹ וְנִמְכַּר בִּגְנֵבָתוֹ׃

ג) אִם־הִמָּצֵא תִמָּצֵא בְיָדוֹ הַגְּנֵבָה מִשּׁוֹר עַד־חֲמוֹר עַד־שֶׂה חַיִּים שְׁנַיִם יְשַׁלֵּם׃

{ס}

ד) כִּי יַבְעֶר־אִישׁ שָׂדֶה אוֹ־כֶרֶם וְשִׁלַּח אֶת־בְּעִירֹה וּבִעֵר בִּשְׂדֵה אַחֵר מֵיטַב שָׂדֵהוּ וּמֵיטַב כַּרְמוֹ יְשַׁלֵּם׃

{ס}

ה) כִּי־תֵצֵא אֵשׁ וּמָצְאָה קֹצִים וְנֶאֱכַל גָּדִישׁ אוֹ הַקָּמָה אוֹ הַשָּׂדֶה שַׁלֵּם יְשַׁלֵּם הַמַּבְעִר אֶת־הַבְּעֵרָה׃

{ס}

ו) כִּי־יִתֵּן אִישׁ אֶל־רֵעֵהוּ כֶּסֶף אוֹ־כֵלִים לִשְׁמֹר וְגֻנַּב מִבֵּית הָאִישׁ אִם־יִמָּצֵא הַגַּנָּב יְשַׁלֵּם שְׁנָיִם׃

ז) אִם־לֹא יִמָּצֵא הַגַּנָּב וְנִקְרַב בַּעַל־הַבַּיִת אֶל־הָאֱלֹהִים אִם־לֹא שָׁלַח יָדוֹ בִּמְלֶאכֶת רֵעֵהוּ׃

ח) עַל־כָּל־דְּבַר־פֶּשַׁע עַל־שׁוֹר עַל־חֲמוֹר עַל־שֶׂה עַל־שַׂלְמָה עַל־כָּל־אֲבֵדָה אֲשֶׁר יֹאמַר כִּי־הוּא זֶה עַד הָאֱלֹהִים יָבֹא דְּבַר־שְׁנֵיהֶם אֲשֶׁר יַרְשִׁיעֻן אֱלֹהִים יְשַׁלֵּם שְׁנַיִם לְרֵעֵהוּ׃

{ס}

ט) כִּי־יִתֵּן אִישׁ אֶל־רֵעֵהוּ חֲמוֹר אוֹ־שׁוֹר אוֹ־שֶׂה וְכָל־בְּהֵמָה לִשְׁמֹר וּמֵת אוֹ־נִשְׁבַּר אוֹ־נִשְׁבָּה אֵין רֹאֶה׃

י) שְׁבֻעַת יְהוָה תִּהְיֶה בֵּין שְׁנֵיהֶם אִם־לֹא שָׁלַח יָדוֹ בִּמְלֶאכֶת רֵעֵהוּ וְלָקַח בְּעָלָיו וְלֹא יְשַׁלֵּם׃

יא) וְאִם־גָּנֹב יִגָּנֵב מֵעִמּוֹ יְשַׁלֵּם לִבְעָלָיו׃

יב) אִם־טָרֹף יִטָּרֵף יְבִאֵהוּ עֵד הַטְּרֵפָה לֹא יְשַׁלֵּם׃

{פ}

יג) וְכִי־יִשְׁאַל אִישׁ מֵעִם רֵעֵהוּ וְנִשְׁבַּר אוֹ־מֵת בְּעָלָיו אֵין־עִמּוֹ שַׁלֵּם יְשַׁלֵּם׃

יד) אִם־בְּעָלָיו עִמּוֹ לֹא יְשַׁלֵּם אִם־שָׂכִיר הוּא בָּא בִּשְׂכָרוֹ׃

{ס}

טו) וְכִֽי־יְפַתֶּ֣ה אִ֗ישׁ בְּתוּלָ֛ה אֲשֶׁ֥ר לֹא־אֹרָ֖שָׂה וְשָׁכַ֣ב עִמָּ֑הּ מָהֹ֛ר יִמְהָרֶ֥נָּה לּ֖וֹ לְאִשָּֽׁה׃

טז) אִם־מָאֵ֧ן יְמָאֵ֛ן אָבִ֖יהָ לְתִתָּ֣הּ ל֑וֹ כֶּ֣סֶף יִשְׁקֹ֔ל כְּמֹ֖הַר הַבְּתוּלֹֽת׃

{ס}

יז) מְכַשֵּׁפָ֖ה לֹ֥א תְחַיֶּֽה׃

יח) כָּל־שֹׁכֵ֥ב עִם־בְּהֵמָ֖ה מ֥וֹת יוּמָֽת׃

{ס}

יט) זֹבֵ֥חַ לָאֱלֹהִ֖ים יָחֳרָ֑ם בִּלְתִּ֥י לַיהוָ֖ה לְבַדּֽוֹ׃

כ) וְגֵ֥ר לֹא־תוֹנֶ֖ה וְלֹ֣א תִלְחָצֶ֑נּוּ כִּֽי־גֵרִ֥ים הֱיִיתֶ֖ם בְּאֶ֥רֶץ מִצְרָֽיִם׃

כא) כָּל־אַלְמָנָ֥ה וְיָת֖וֹם לֹ֥א תְעַנּֽוּן׃

כב) אִם־עַנֵּ֥ה תְעַנֶּ֖ה אֹת֑וֹ כִּ֣י אִם־צָעֹ֤ק יִצְעַק֙ אֵלַ֔י שָׁמֹ֥עַ אֶשְׁמַ֖ע צַעֲקָתֽוֹ׃

כג) וְחָרָ֣ה אַפִּ֔י וְהָרַגְתִּ֥י אֶתְכֶ֖ם בֶּחָ֑רֶב וְהָי֤וּ נְשֵׁיכֶם֙ אַלְמָנ֔וֹת וּבְנֵיכֶ֖ם יְתֹמִֽים׃

{פ}

כד) אִם־כֶּ֣סֶף ׀ תַּלְוֶ֣ה אֶת־עַמִּ֗י אֶת־הֶֽעָנִי֙ עִמָּ֔ךְ לֹא־תִהְיֶ֥ה ל֖וֹ כְּנֹשֶׁ֑ה לֹֽא־תְשִׂימ֥וּן עָלָ֖יו נֶֽשֶׁךְ׃

כה) אִם־חָבֹ֥ל תַּחְבֹּ֖ל שַׂלְמַ֣ת רֵעֶ֑ךָ עַד־בֹּ֥א הַשֶּׁ֖מֶשׁ תְּשִׁיבֶ֥נּוּ לֽוֹ׃

כו) כִּ֣י הִ֤וא כְסוּתֹה֙ לְבַדָּ֔הּ הִ֥וא שִׂמְלָת֖וֹ לְעֹר֑וֹ בַּמֶּ֣ה יִשְׁכָּ֔ב וְהָיָה֙ כִּֽי־יִצְעַ֣ק אֵלַ֔י וְשָׁמַעְתִּ֖י כִּֽי־חַנּ֥וּן אָֽנִי׃

{ס}

כז) אֱלֹהִ֖ים לֹ֣א תְקַלֵּ֑ל וְנָשִׂ֥יא בְעַמְּךָ֖ לֹ֥א תָאֹֽר׃

כח) מְלֵאָתְךָ֥ וְדִמְעֲךָ֖ לֹ֣א תְאַחֵ֑ר בְּכ֥וֹר בָּנֶ֖יךָ תִּתֶּן־לִּֽי׃

כט) כֵּן־תַּעֲשֶׂ֥ה לְשֹׁרְךָ֖ לְצֹאנֶ֑ךָ שִׁבְעַ֤ת יָמִים֙ יִהְיֶ֣ה עִם־אִמּ֔וֹ בַּיּ֥וֹם הַשְּׁמִינִ֖י תִּתְּנוֹ־לִֽי׃

ל) וְאַנְשֵׁי־קֹ֖דֶשׁ תִּהְי֣וּן לִ֑י וּבָשָׂ֨ר בַּשָּׂדֶ֤ה טְרֵפָה֙ לֹ֣א תֹאכֵ֔לוּ לַכֶּ֖לֶב תַּשְׁלִכ֥וּן אֹתֽוֹ׃

{ס}

פרק כג

א) לֹ֥א תִשָּׂ֖א שֵׁ֣מַע שָׁ֑וְא אַל־תָּ֤שֶׁת יָֽדְךָ֙ עִם־רָשָׁ֔ע לִהְיֹ֖ת עֵ֥ד חָמָֽס׃

ב) לֹא־תִהְיֶ֥ה אַחֲרֵֽי־רַבִּ֖ים לְרָעֹ֑ת וְלֹא־תַעֲנֶ֣ה עַל־רִ֗ב לִנְטֹ֛ת אַחֲרֵ֥י רַבִּ֖ים לְהַטֹּֽת׃

ג) וְדָ֕ל לֹ֥א תֶהְדַּ֖ר בְּרִיבֽוֹ׃

{ס}

ד) כִּ֣י תִפְגַּ֞ע שׁ֧וֹר אֹֽיִבְךָ֛ א֥וֹ חֲמֹר֖וֹ תֹּעֶ֑ה הָשֵׁ֥ב תְּשִׁיבֶ֖נּוּ לֽוֹ׃

{ס}

ה) כִּי־תִרְאֶ֞ה חֲמ֣וֹר שֹׂנַאֲךָ֗ רֹבֵץ֙ תַּ֣חַת מַשָּׂא֔וֹ וְחָדַלְתָּ֖ מֵעֲזֹ֣ב ל֑וֹ עָזֹ֥ב תַּעֲזֹ֖ב עִמּֽוֹ:
{ס}

ו) לֹ֥א תַטֶּ֛ה מִשְׁפַּ֥ט אֶבְיֹנְךָ֖ בְּרִיבֽוֹ:

ז) מִדְּבַר־שֶׁ֖קֶר תִּרְחָ֑ק וְנָקִ֤י וְצַדִּיק֙ אַֽל־תַּהֲרֹ֔ג כִּ֥י לֹא־אַצְדִּ֖יק רָשָֽׁע:

ח) וְשֹׁ֖חַד לֹ֣א תִקָּ֑ח כִּ֤י הַשֹּׁ֙חַד֙ יְעַוֵּ֣ר פִּקְחִ֔ים וִֽיסַלֵּ֖ף דִּבְרֵ֥י צַדִּיקִֽים:

ט) וְגֵ֖ר לֹ֣א תִלְחָ֑ץ וְאַתֶּ֗ם יְדַעְתֶּם֙ אֶת־נֶ֣פֶשׁ הַגֵּ֔ר כִּֽי־גֵרִ֥ים הֱיִיתֶ֖ם בְּאֶ֥רֶץ מִצְרָֽיִם:

י) וְשֵׁ֥שׁ שָׁנִ֖ים תִּזְרַ֣ע אֶת־אַרְצֶ֑ךָ וְאָסַפְתָּ֖ אֶת־תְּבוּאָתָֽהּ:

יא) וְהַשְּׁבִיעִ֞ת תִּשְׁמְטֶ֣נָּה וּנְטַשְׁתָּ֗הּ וְאָֽכְלוּ֙ אֶבְיֹנֵ֣י עַמֶּ֔ךָ וְיִתְרָ֕ם תֹּאכַ֖ל חַיַּ֣ת הַשָּׂדֶ֑ה כֵּֽן־תַּעֲשֶׂ֥ה לְכַרְמְךָ֖ לְזֵיתֶֽךָ:

יב) שֵׁ֤שֶׁת יָמִים֙ תַּעֲשֶׂ֣ה מַעֲשֶׂ֔יךָ וּבַיּ֥וֹם הַשְּׁבִיעִ֖י תִּשְׁבֹּ֑ת לְמַ֣עַן יָנ֗וּחַ שֽׁוֹרְךָ֙ וַחֲמֹרֶ֔ךָ וְיִנָּפֵ֥שׁ בֶּן־אֲמָתְךָ֖ וְהַגֵּֽר:

יג) וּבְכֹ֛ל אֲשֶׁר־אָמַ֥רְתִּי אֲלֵיכֶ֖ם תִּשָּׁמֵ֑רוּ וְשֵׁ֨ם אֱלֹהִ֤ים אֲחֵרִים֙ לֹ֣א תַזְכִּ֔ירוּ לֹ֥א יִשָּׁמַ֖ע עַל־פִּֽיךָ:

יד) שָׁלֹ֣שׁ רְגָלִ֔ים תָּחֹ֥ג לִ֖י בַּשָּׁנָֽה:

טו) אֶת־חַ֣ג הַמַּצּוֹת֮ תִּשְׁמֹר֒ שִׁבְעַ֣ת יָמִ֣ים תֹּאכַ֣ל מַצּ֗וֹת כַּֽאֲשֶׁ֤ר צִוִּיתִ֙ךָ֙ לְמוֹעֵד֙ חֹ֣דֶשׁ הָֽאָבִ֔יב כִּי־ב֖וֹ יָצָ֣אתָ מִמִּצְרָ֑יִם וְלֹא־יֵרָא֥וּ פָנַ֖י רֵיקָֽם:

טז) וְחַ֤ג הַקָּצִיר֙ בִּכּוּרֵ֣י מַעֲשֶׂ֔יךָ אֲשֶׁ֥ר תִּזְרַ֖ע בַּשָּׂדֶ֑ה וְחַ֤ג הָֽאָסִף֙ בְּצֵ֣את הַשָּׁנָ֔ה בְּאָסְפְּךָ֥ אֶֽת־מַעֲשֶׂ֖יךָ מִן־הַשָּׂדֶֽה:

יז) שָׁלֹ֥שׁ פְּעָמִ֖ים בַּשָּׁנָ֑ה יֵרָאֶה֙ כָּל־זְכ֣וּרְךָ֔ אֶל־פְּנֵ֖י הָאָדֹ֥ן ׀ יְהוָֽה:

יח) לֹֽא־תִזְבַּ֥ח עַל־חָמֵ֖ץ דַּם־זִבְחִ֑י וְלֹֽא־יָלִ֥ין חֵֽלֶב־חַגִּ֖י עַד־בֹּֽקֶר:

יט) רֵאשִׁ֗ית בִּכּוּרֵי֙ אַדְמָ֣תְךָ֔ תָּבִ֕יא בֵּ֖ית יְהוָ֣ה אֱלֹהֶ֑יךָ לֹֽא־תְבַשֵּׁ֥ל גְּדִ֖י בַּחֲלֵ֥ב אִמּֽוֹ:
{פ}

כ) הִנֵּ֨ה אָנֹכִ֜י שֹׁלֵ֤חַ מַלְאָךְ֙ לְפָנֶ֔יךָ לִשְׁמָרְךָ֖ בַּדָּ֑רֶךְ וְלַהֲבִ֣יאֲךָ֔ אֶל־הַמָּק֖וֹם אֲשֶׁ֥ר הֲכִנֹֽתִי:

כא) הִשָּׁ֧מֶר מִפָּנָ֛יו וּשְׁמַ֥ע בְּקֹל֖וֹ אַל־תַּמֵּ֣ר בּ֑וֹ כִּ֣י לֹ֤א יִשָּׂא֙ לְפִשְׁעֲכֶ֔ם כִּ֥י שְׁמִ֖י בְּקִרְבּֽוֹ:

כב) כִּ֣י אִם־שָׁמֹ֤עַ תִּשְׁמַע֙ בְּקֹל֔וֹ וְעָשִׂ֕יתָ כֹּ֖ל אֲשֶׁ֣ר אֲדַבֵּ֑ר וְאָֽיַבְתִּי֙ אֶת־אֹ֣יְבֶ֔יךָ וְצַרְתִּ֖י אֶת־צֹרְרֶֽיךָ:

כג) כִּֽי־יֵלֵ֣ךְ מַלְאָכִי֮ לְפָנֶיךָ֒ וֶהֱבִֽיאֲךָ֗ אֶל־הָֽאֱמֹרִי֙ וְהַ֣חִתִּ֔י וְהַפְּרִזִּי֙ וְהַֽכְּנַעֲנִ֔י הַחִוִּ֖י וְהַיְבוּסִ֑י וְהִכְחַדְתִּֽיו:

כד) לֹֽא־תִשְׁתַּחֲוֶ֤ה לֵאלֹֽהֵיהֶם֙ וְלֹ֣א תָֽעָבְדֵ֔ם וְלֹ֥א תַעֲשֶׂ֖ה כְּמַֽעֲשֵׂיהֶ֑ם כִּ֤י הָרֵס֙ תְּהָ֣רְסֵ֔ם וְשַׁבֵּ֥ר תְּשַׁבֵּ֖ר מַצֵּבֹתֵיהֶֽם:

כה) וַעֲבַדְתֶּ֗ם אֵ֚ת יְהוָ֣ה אֱלֹֽהֵיכֶ֔ם וּבֵרַ֥ךְ אֶֽת־לַחְמְךָ֖ וְאֶת־מֵימֶ֑יךָ וַהֲסִרֹתִ֥י מַחֲלָ֖ה מִקִּרְבֶּֽךָ:

{ס}

כו) לֹא תִהְיֶה מְשַׁכֵּלָה וַעֲקָרָה בְּאַרְצֶךָ אֶת־מִסְפַּר יָמֶיךָ אֲמַלֵּא:

כז) אֶת־אֵימָתִי אֲשַׁלַּח לְפָנֶיךָ וְהַמֹּתִי אֶת־כָּל־הָעָם אֲשֶׁר תָּבֹא בָּהֶם וְנָתַתִּי אֶת־כָּל־אֹיְבֶיךָ אֵלֶיךָ עֹרֶף:

כח) וְשָׁלַחְתִּי אֶת־הַצִּרְעָה לְפָנֶיךָ וְגֵרְשָׁה אֶת־הַחִוִּי אֶת־הַכְּנַעֲנִי וְאֶת־הַחִתִּי מִלְּפָנֶיךָ:

כט) לֹא אֲגָרְשֶׁנּוּ מִפָּנֶיךָ בְּשָׁנָה אֶחָת פֶּן־תִּהְיֶה הָאָרֶץ שְׁמָמָה וְרַבָּה עָלֶיךָ חַיַּת הַשָּׂדֶה:

ל) מְעַט מְעַט אֲגָרְשֶׁנּוּ מִפָּנֶיךָ עַד אֲשֶׁר תִּפְרֶה וְנָחַלְתָּ אֶת־הָאָרֶץ:

לא) וְשַׁתִּי אֶת־גְּבֻלְךָ מִיַּם־סוּף וְעַד־יָם פְּלִשְׁתִּים וּמִמִּדְבָּר עַד־הַנָּהָר כִּי | אֶתֵּן בְּיֶדְכֶם אֵת יֹשְׁבֵי הָאָרֶץ וְגֵרַשְׁתָּמוֹ מִפָּנֶיךָ:

לב) לֹא־תִכְרֹת לָהֶם וְלֵאלֹהֵיהֶם בְּרִית:

לג) לֹא יֵשְׁבוּ בְּאַרְצְךָ פֶּן־יַחֲטִיאוּ אֹתְךָ לִי כִּי תַעֲבֹד אֶת־אֱלֹהֵיהֶם כִּי־יִהְיֶה לְךָ לְמוֹקֵשׁ:

{פ}

פרק כד

א) וְאֶל־מֹשֶׁה אָמַר עֲלֵה אֶל־יְהֹוָה אַתָּה וְאַהֲרֹן נָדָב וַאֲבִיהוּא וְשִׁבְעִים מִזִּקְנֵי יִשְׂרָאֵל וְהִשְׁתַּחֲוִיתֶם מֵרָחֹק:

ב) וְנִגַּשׁ מֹשֶׁה לְבַדּוֹ אֶל־יְהֹוָה וְהֵם לֹא יִגָּשׁוּ וְהָעָם לֹא יַעֲלוּ עִמּוֹ:

ג) וַיָּבֹא מֹשֶׁה וַיְסַפֵּר לָעָם אֵת כָּל־דִּבְרֵי יְהֹוָה וְאֵת כָּל־הַמִּשְׁפָּטִים וַיַּעַן כָּל־הָעָם קוֹל אֶחָד וַיֹּאמְרוּ כָּל־הַדְּבָרִים אֲשֶׁר־דִּבֶּר יְהֹוָה נַעֲשֶׂה:

ד) וַיִּכְתֹּב מֹשֶׁה אֵת כָּל־דִּבְרֵי יְהֹוָה וַיַּשְׁכֵּם בַּבֹּקֶר וַיִּבֶן מִזְבֵּחַ תַּחַת הָהָר וּשְׁתֵּים עֶשְׂרֵה מַצֵּבָה לִשְׁנֵים עָשָׂר שִׁבְטֵי יִשְׂרָאֵל:

ה) וַיִּשְׁלַח אֶת־נַעֲרֵי בְּנֵי יִשְׂרָאֵל וַיַּעֲלוּ עֹלֹת וַיִּזְבְּחוּ זְבָחִים שְׁלָמִים לַיהֹוָה פָּרִים:

ו) וַיִּקַּח מֹשֶׁה חֲצִי הַדָּם וַיָּשֶׂם בָּאַגָּנֹת וַחֲצִי הַדָּם זָרַק עַל־הַמִּזְבֵּחַ:

ז) וַיִּקַּח סֵפֶר הַבְּרִית וַיִּקְרָא בְּאָזְנֵי הָעָם וַיֹּאמְרוּ כֹּל אֲשֶׁר־דִּבֶּר יְהֹוָה נַעֲשֶׂה וְנִשְׁמָע:

ח) וַיִּקַּח מֹשֶׁה אֶת־הַדָּם וַיִּזְרֹק עַל־הָעָם וַיֹּאמֶר הִנֵּה דַם־הַבְּרִית אֲשֶׁר כָּרַת יְהֹוָה עִמָּכֶם עַל כָּל־הַדְּבָרִים הָאֵלֶּה:

ט) וַיַּעַל מֹשֶׁה וְאַהֲרֹן נָדָב וַאֲבִיהוּא וְשִׁבְעִים מִזִּקְנֵי יִשְׂרָאֵל:

י) וַיִּרְאוּ אֵת אֱלֹהֵי יִשְׂרָאֵל וְתַחַת רַגְלָיו כְּמַעֲשֵׂה לִבְנַת הַסַּפִּיר וּכְעֶצֶם הַשָּׁמַיִם לָטֹהַר:

יא) וְאֶל־אֲצִילֵי בְּנֵי יִשְׂרָאֵל לֹא שָׁלַח יָדוֹ וַיֶּחֱזוּ אֶת־הָאֱלֹהִים וַיֹּאכְלוּ וַיִּשְׁתּוּ:

{ס}

יב) וַיֹּאמֶר יְהוָה אֶל־מֹשֶׁה עֲלֵה אֵלַי הָהָרָה וֶהְיֵה־שָׁם וְאֶתְּנָה לְךָ אֶת־לֻחֹת הָאֶבֶן וְהַתּוֹרָה וְהַמִּצְוָה אֲשֶׁר כָּתַבְתִּי לְהוֹרֹתָם:

יג) וַיָּקָם מֹשֶׁה וִיהוֹשֻׁעַ מְשָׁרְתוֹ וַיַּעַל מֹשֶׁה אֶל־הַר הָאֱלֹהִים:

יד) וְאֶל־הַזְּקֵנִים אָמַר שְׁבוּ־לָנוּ בָזֶה עַד אֲשֶׁר־נָשׁוּב אֲלֵיכֶם וְהִנֵּה אַהֲרֹן וְחוּר עִמָּכֶם מִי־בַעַל דְּבָרִים יִגַּשׁ אֲלֵהֶם:

טו) וַיַּעַל מֹשֶׁה אֶל־הָהָר וַיְכַס הֶעָנָן אֶת־הָהָר:

טז) וַיִּשְׁכֹּן כְּבוֹד־יְהוָה עַל־הַר סִינַי וַיְכַסֵּהוּ הֶעָנָן שֵׁשֶׁת יָמִים וַיִּקְרָא אֶל־מֹשֶׁה בַּיּוֹם הַשְּׁבִיעִי מִתּוֹךְ הֶעָנָן:

יז) וּמַרְאֵה כְּבוֹד יְהוָה כְּאֵשׁ אֹכֶלֶת בְּרֹאשׁ הָהָר לְעֵינֵי בְּנֵי יִשְׂרָאֵל:

יח) וַיָּבֹא מֹשֶׁה בְּתוֹךְ הֶעָנָן וַיַּעַל אֶל־הָהָר וַיְהִי מֹשֶׁה בָּהָר אַרְבָּעִים יוֹם וְאַרְבָּעִים לָיְלָה:
{פ}

תרומה

פרק כה

א) וַיְדַבֵּר יְהוָה אֶל־מֹשֶׁה לֵּאמֹר:

ב) דַּבֵּר אֶל־בְּנֵי יִשְׂרָאֵל וְיִקְחוּ־לִי תְּרוּמָה מֵאֵת כָּל־אִישׁ אֲשֶׁר יִדְּבֶנּוּ לִבּוֹ תִּקְחוּ אֶת־תְּרוּמָתִי:

ג) וְזֹאת הַתְּרוּמָה אֲשֶׁר תִּקְחוּ מֵאִתָּם זָהָב וָכֶסֶף וּנְחֹשֶׁת:

ד) וּתְכֵלֶת וְאַרְגָּמָן וְתוֹלַעַת שָׁנִי וְשֵׁשׁ וְעִזִּים:

ה) וְעֹרֹת אֵילִם מְאָדָּמִים וְעֹרֹת תְּחָשִׁים וַעֲצֵי שִׁטִּים:

ו) שֶׁמֶן לַמָּאֹר בְּשָׂמִים לְשֶׁמֶן הַמִּשְׁחָה וְלִקְטֹרֶת הַסַּמִּים:

ז) אַבְנֵי־שֹׁהַם וְאַבְנֵי מִלֻּאִים לָאֵפֹד וְלַחֹשֶׁן:

ח) וְעָשׂוּ לִי מִקְדָּשׁ וְשָׁכַנְתִּי בְּתוֹכָם:

ט) כְּכֹל אֲשֶׁר אֲנִי מַרְאֶה אוֹתְךָ אֵת תַּבְנִית הַמִּשְׁכָּן וְאֵת תַּבְנִית כָּל־כֵּלָיו וְכֵן תַּעֲשׂוּ:
{ס}

י) וְעָשׂוּ אֲרוֹן עֲצֵי שִׁטִּים אַמָּתַיִם וָחֵצִי אָרְכּוֹ וְאַמָּה וָחֵצִי רָחְבּוֹ וְאַמָּה וָחֵצִי קֹמָתוֹ:

יא) וְצִפִּיתָ אֹתוֹ זָהָב טָהוֹר מִבַּיִת וּמִחוּץ תְּצַפֶּנּוּ וְעָשִׂיתָ עָלָיו זֵר זָהָב סָבִיב:

יב) וְיָצַקְתָּ לּוֹ אַרְבַּע טַבְּעֹת זָהָב וְנָתַתָּה עַל אַרְבַּע פַּעֲמֹתָיו וּשְׁתֵּי טַבָּעֹת עַל־צַלְעוֹ הָאֶחָת וּשְׁתֵּי טַבָּעֹת עַל־צַלְעוֹ הַשֵּׁנִית:

יג) וְעָשִׂיתָ בַדֵּי עֲצֵי שִׁטִּים וְצִפִּיתָ אֹתָם זָהָב:

יד) וְהֵבֵאתָ אֶת־הַבַּדִּים בַּטַּבָּעֹת עַל צַלְעֹת הָאָרֹן לָשֵׂאת אֶת־הָאָרֹן בָּהֶם:

טו) בְּטַבְּעֹת הָאָרֹן יִהְיוּ הַבַּדִּים לֹא יָסֻרוּ מִמֶּנּוּ:

טז) וְנָתַתָּ אֶל־הָאָרֹן אֵת הָעֵדֻת אֲשֶׁר אֶתֵּן אֵלֶיךָ:

יז) וְעָשִׂיתָ כַפֹּרֶת זָהָב טָהוֹר אַמָּתַיִם וָחֵצִי אָרְכָּהּ וְאַמָּה וָחֵצִי רָחְבָּהּ:

יח) וְעָשִׂיתָ שְׁנַיִם כְּרֻבִים זָהָב מִקְשָׁה תַּעֲשֶׂה אֹתָם מִשְּׁנֵי קְצוֹת הַכַּפֹּרֶת:

יט) וַעֲשֵׂה כְּרוּב אֶחָד מִקָּצָה מִזֶּה וּכְרוּב־אֶחָד מִקָּצָה מִזֶּה מִן־הַכַּפֹּרֶת תַּעֲשׂוּ אֶת־הַכְּרֻבִים עַל־שְׁנֵי קְצוֹתָיו:

כ) וְהָיוּ הַכְּרֻבִים פֹּרְשֵׂי כְנָפַיִם לְמַעְלָה סֹכְכִים בְּכַנְפֵיהֶם עַל־הַכַּפֹּרֶת וּפְנֵיהֶם אִישׁ אֶל־אָחִיו אֶל־הַכַּפֹּרֶת יִהְיוּ פְּנֵי הַכְּרֻבִים:

כא) וְנָתַתָּ אֶת־הַכַּפֹּרֶת עַל־הָאָרֹן מִלְמָעְלָה וְאֶל־הָאָרֹן תִּתֵּן אֶת־הָעֵדֻת אֲשֶׁר אֶתֵּן אֵלֶיךָ:

כב) וְנוֹעַדְתִּ֣י לְךָ֮ שָׁם֒ וְדִבַּרְתִּ֨י אִתְּךָ֜ מֵעַ֣ל הַכַּפֹּ֗רֶת מִבֵּין֙ שְׁנֵ֣י הַכְּרֻבִ֔ים אֲשֶׁ֖ר עַל־אֲר֣וֹן
הָעֵדֻ֑ת אֵ֣ת כָּל־אֲשֶׁ֧ר אֲצַוֶּ֛ה אוֹתְךָ֖ אֶל־בְּנֵ֥י יִשְׂרָאֵֽל׃
{פ}
כג) וְעָשִׂ֥יתָ שֻׁלְחָ֖ן עֲצֵ֣י שִׁטִּ֑ים אַמָּתַ֤יִם אָרְכּוֹ֙ וְאַמָּ֣ה רָחְבּ֔וֹ וְאַמָּ֥ה וָחֵ֖צִי קֹמָתֽוֹ׃
כד) וְצִפִּיתָ֥ אֹת֖וֹ זָהָ֣ב טָה֑וֹר וְעָשִׂ֥יתָ לּ֛וֹ זֵ֥ר זָהָ֖ב סָבִֽיב׃
כה) וְעָשִׂ֨יתָ לּ֥וֹ מִסְגֶּ֛רֶת טֹ֖פַח סָבִ֑יב וְעָשִׂ֧יתָ זֵר־זָהָ֛ב לְמִסְגַּרְתּ֖וֹ סָבִֽיב׃
כו) וְעָשִׂ֣יתָ לּ֔וֹ אַרְבַּ֖ע טַבְּעֹ֣ת זָהָ֑ב וְנָתַתָּ֙ אֶת־הַטַּבָּעֹ֔ת עַ֚ל אַרְבַּ֣ע הַפֵּאֹ֔ת אֲשֶׁ֖ר לְאַרְבַּ֥ע
רַגְלָֽיו׃
כז) לְעֻמַּת֙ הַמִּסְגֶּ֔רֶת תִּֽהְיֶ֖יןָ הַטַּבָּעֹ֑ת לְבָתִּ֣ים לְבַדִּ֔ים לָשֵׂ֖את אֶת־הַשֻּׁלְחָֽן׃
כח) וְעָשִׂ֤יתָ אֶת־הַבַּדִּים֙ עֲצֵ֣י שִׁטִּ֔ים וְצִפִּיתָ֥ אֹתָ֖ם זָהָ֑ב וְנִשָּׂא־בָ֖ם אֶת־הַשֻּׁלְחָֽן׃
כט) וְעָשִׂ֨יתָ קְּעָרֹתָ֜יו וְכַפֹּתָ֗יו וּקְשׂוֹתָיו֙ וּמְנַקִּיֹּתָ֔יו אֲשֶׁ֥ר יֻסַּ֖ךְ בָּהֵ֑ן זָהָ֥ב טָה֖וֹר תַּעֲשֶׂ֥ה
אֹתָֽם׃
ל) וְנָתַתָּ֧ עַל־הַשֻּׁלְחָ֛ן לֶ֥חֶם פָּנִ֖ים לְפָנַ֥י תָּמִֽיד׃
{פ}
לא) וְעָשִׂ֥יתָ מְנֹרַ֖ת זָהָ֣ב טָה֑וֹר מִקְשָׁ֞ה תֵּעָשֶׂ֤ה הַמְּנוֹרָה֙ יְרֵכָ֣הּ וְקָנָ֔הּ גְּבִיעֶ֛יהָ כַּפְתֹּרֶ֥יהָ
וּפְרָחֶ֖יהָ מִמֶּ֥נָּה יִהְיֽוּ׃
לב) וְשִׁשָּׁ֣ה קָנִ֔ים יֹצְאִ֖ים מִצִּדֶּ֑יהָ שְׁלֹשָׁ֣ה ׀ קְנֵ֣י מְנֹרָ֗ה מִצִּדָּהּ֙ הָֽאֶחָ֔ד וּשְׁלֹשָׁה֙ קְנֵ֣י מְנֹרָ֔ה
מִצִּדָּ֖הּ הַשֵּׁנִֽי׃
לג) שְׁלֹשָׁ֣ה גְ֠בִעִ֠ים מְֽשֻׁקָּדִ֞ים בַּקָּנֶ֣ה הָאֶחָד֮ כַּפְתֹּ֣ר וָפֶרַח֒ וּשְׁלֹשָׁ֣ה גְבִעִ֗ים מְשֻׁקָּדִ֛ים בַּקָּנֶ֥ה
הָאֶחָ֖ד כַּפְתֹּ֣ר וָפָ֑רַח כֵּ֚ן לְשֵׁ֣שֶׁת הַקָּנִ֔ים הַיֹּצְאִ֖ים מִן־הַמְּנֹרָֽה׃
לד) וּבַמְּנֹרָ֖ה אַרְבָּעָ֣ה גְבִעִ֑ים מְשֻׁקָּדִ֔ים כַּפְתֹּרֶ֖יהָ וּפְרָחֶֽיהָ׃
לה) וְכַפְתֹּ֡ר תַּחַת֩ שְׁנֵ֨י הַקָּנִ֜ים מִמֶּ֗נָּה וְכַפְתֹּר֙ תַּ֣חַת שְׁנֵ֤י הַקָּנִים֙ מִמֶּ֔נָּה וְכַפְתֹּ֕ר תַּֽחַת־שְׁנֵ֥י
הַקָּנִ֖ים מִמֶּ֑נָּה לְשֵׁ֙שֶׁת֙ הַקָּנִ֔ים הַיֹּצְאִ֖ים מִן־הַמְּנֹרָֽה׃
לו) כַּפְתֹּרֵיהֶ֥ם וּקְנֹתָ֖ם מִמֶּ֣נָּה יִהְי֑וּ כֻּלָּ֛הּ מִקְשָׁ֥ה אַחַ֖ת זָהָ֥ב טָהֽוֹר׃
לז) וְעָשִׂ֥יתָ אֶת־נֵרֹתֶ֖יהָ שִׁבְעָ֑ה וְהֶֽעֱלָה֙ אֶת־נֵ֣רֹתֶ֔יהָ וְהֵאִ֖יר עַל־עֵ֥בֶר פָּנֶֽיהָ׃
לח) וּמַלְקָחֶ֥יהָ וּמַחְתֹּתֶ֖יהָ זָהָ֥ב טָהֽוֹר׃
לט) כִּכָּ֛ר זָהָ֥ב טָה֖וֹר יַעֲשֶׂ֣ה אֹתָ֑הּ אֵ֥ת כָּל־הַכֵּלִ֖ים הָאֵֽלֶּה׃
מ) וּרְאֵ֖ה וַעֲשֵׂ֑ה בְּתַ֨בְנִיתָ֔ם אֲשֶׁר־אַתָּ֖ה מָרְאֶ֥ה בָּהָֽר׃
{ס}

פרק כו

א) וְאֶת־הַמִּשְׁכָּ֥ן תַּעֲשֶׂ֖ה עֶ֣שֶׂר יְרִיעֹ֑ת שֵׁ֣שׁ מָשְׁזָ֗ר וּתְכֵ֤לֶת וְאַרְגָּמָן֙ וְתֹלַ֣עַת שָׁנִ֔י כְּרֻבִ֛ים מַעֲשֵׂ֥ה חֹשֵׁ֖ב תַּעֲשֶׂ֥ה אֹתָֽם׃

ב) אֹ֣רֶךְ ׀ הַיְרִיעָ֣ה הָאַחַ֗ת שְׁמֹנֶ֤ה וְעֶשְׂרִים֙ בָּֽאַמָּ֔ה וְרֹ֙חַב֙ אַרְבַּ֣ע בָּֽאַמָּ֔ה הַיְרִיעָ֖ה הָאֶחָ֑ת מִדָּ֥ה אַחַ֖ת לְכָל־הַיְרִיעֹֽת׃

ג) חֲמֵ֣שׁ הַיְרִיעֹ֗ת תִּֽהְיֶ֙יןָ֙ חֹֽבְרֹ֔ת אִשָּׁ֖ה אֶל־אֲחֹתָ֑הּ וְחָמֵ֤שׁ יְרִיעֹת֙ חֹֽבְרֹ֔ת אִשָּׁ֖ה אֶל־אֲחֹתָֽהּ׃

ד) וְעָשִׂ֜יתָ לֻֽלְאֹ֣ת תְּכֵ֗לֶת עַ֣ל שְׂפַ֤ת הַיְרִיעָה֙ הָאֶחָ֔ת מִקָּצָ֖ה בַּחֹבָ֑רֶת וְכֵ֤ן תַּעֲשֶׂה֙ בִּשְׂפַ֣ת הַיְרִיעָ֔ה הַקִּ֣יצוֹנָ֔ה בַּמַּחְבֶּ֖רֶת הַשֵּׁנִֽית׃

ה) חֲמִשִּׁ֣ים לֻֽלָאֹ֗ת תַּעֲשֶׂה֮ בַּיְרִיעָ֣ה הָאֶחָת֒ וַחֲמִשִּׁ֣ים לֻֽלָאֹ֗ת תַּעֲשֶׂה֙ בִּקְצֵ֣ה הַיְרִיעָ֔ה אֲשֶׁ֖ר בַּמַּחְבֶּ֣רֶת הַשֵּׁנִ֑ית מַקְבִּילֹת֙ הַלֻּ֣לָאֹ֔ת אִשָּׁ֖ה אֶל־אֲחֹתָֽהּ׃

ו) וְעָשִׂ֕יתָ חֲמִשִּׁ֖ים קַרְסֵ֣י זָהָ֑ב וְחִבַּרְתָּ֨ אֶת־הַיְרִיעֹ֜ת אִשָּׁ֤ה אֶל־אֲחֹתָהּ֙ בַּקְּרָסִ֔ים וְהָיָ֥ה הַמִּשְׁכָּ֖ן אֶחָֽד׃

ז) וְעָשִׂ֙יתָ֙ יְרִיעֹ֣ת עִזִּ֔ים לְאֹ֖הֶל עַל־הַמִּשְׁכָּ֑ן עַשְׁתֵּֽי־עֶשְׂרֵ֥ה יְרִיעֹ֖ת תַּעֲשֶׂ֥ה אֹתָֽם׃

ח) אֹ֣רֶךְ ׀ הַיְרִיעָ֣ה הָֽאַחַ֗ת שְׁלֹשִׁים֙ בָּֽאַמָּ֔ה וְרֹ֙חַב֙ אַרְבַּ֣ע בָּֽאַמָּ֔ה הַיְרִיעָ֖ה הָאֶחָ֑ת מִדָּ֣ה אַחַ֔ת לְעַשְׁתֵּ֥י עֶשְׂרֵ֖ה יְרִיעֹֽת׃

ט) וְחִבַּרְתָּ֞ אֶת־חֲמֵ֤שׁ הַיְרִיעֹת֙ לְבָ֔ד וְאֶת־שֵׁ֥שׁ הַיְרִיעֹ֖ת לְבָ֑ד וְכָפַלְתָּ֙ אֶת־הַיְרִיעָ֣ה הַשִּׁשִּׁ֔ית אֶל־מ֖וּל פְּנֵ֥י הָאֹֽהֶל׃

י) וְעָשִׂ֜יתָ חֲמִשִּׁ֣ים לֻֽלָאֹ֗ת עַ֣ל שְׂפַ֤ת הַיְרִיעָה֙ הָֽאֶחָ֔ת הַקִּיצֹנָ֖ה בַּחֹבָ֑רֶת וַחֲמִשִּׁ֣ים לֻֽלָאֹ֔ת עַ֚ל שְׂפַ֣ת הַיְרִיעָ֔ה הַחֹבֶ֖רֶת הַשֵּׁנִֽית׃

יא) וְעָשִׂ֛יתָ קַרְסֵ֥י נְחֹ֖שֶׁת חֲמִשִּׁ֑ים וְהֵבֵאתָ֤ אֶת־הַקְּרָסִים֙ בַּלֻּ֣לָאֹ֔ת וְחִבַּרְתָּ֥ אֶת־הָאֹ֖הֶל וְהָיָ֥ה אֶחָֽד׃

יב) וְסֶ֙רַח֙ הָעֹדֵ֔ף בִּירִיעֹ֖ת הָאֹ֑הֶל חֲצִ֤י הַיְרִיעָה֙ הָעֹדֶ֔פֶת תִּסְרַ֕ח עַ֖ל אֲחֹרֵ֥י הַמִּשְׁכָּֽן׃

יג) וְהָאַמָּ֨ה מִזֶּ֜ה וְהָאַמָּ֣ה מִזֶּ֗ה בָּעֹדֵ֕ף בְּאֹ֖רֶךְ יְרִיעֹ֣ת הָאֹ֑הֶל יִהְיֶ֨ה סָר֜וּחַ עַל־צִדֵּ֧י הַמִּשְׁכָּ֛ן מִזֶּ֥ה וּמִזֶּ֖ה לְכַסֹּתֽוֹ׃

יד) וְעָשִׂ֤יתָ מִכְסֶה֙ לָאֹ֔הֶל עֹרֹ֥ת אֵילִ֖ם מְאָדָּמִ֑ים וּמִכְסֵ֛ה עֹרֹ֥ת תְּחָשִׁ֖ים מִלְמָֽעְלָה׃
{פ}

טו) וְעָשִׂ֥יתָ אֶת־הַקְּרָשִׁ֖ים לַמִּשְׁכָּ֑ן עֲצֵ֣י שִׁטִּ֔ים עֹמְדִֽים׃

טז) עֶ֥שֶׂר אַמּ֖וֹת אֹ֣רֶךְ הַקָּ֑רֶשׁ וְאַמָּה֙ וַחֲצִ֣י הָֽאַמָּ֔ה רֹ֖חַב הַקֶּ֥רֶשׁ הָאֶחָֽד׃

יז) שְׁתֵּ֣י יָד֗וֹת לַקֶּ֙רֶשׁ֙ הָאֶחָ֔ד מְשֻׁלָּבֹ֔ת אִשָּׁ֖ה אֶל־אֲחֹתָ֑הּ כֵּ֣ן תַּעֲשֶׂ֔ה לְכֹ֖ל קַרְשֵׁ֥י הַמִּשְׁכָּֽן׃

יח) וְעָשִׂ֥יתָ אֶת־הַקְּרָשִׁ֖ים לַמִּשְׁכָּ֑ן עֶשְׂרִ֣ים קֶ֔רֶשׁ לִפְאַ֖ת נֶ֥גְבָּה תֵימָֽנָה׃

יט) וְאַרְבָּעִים֙ אַדְנֵי־כֶ֔סֶף תַּעֲשֶׂ֕ה תַּ֖חַת עֶשְׂרִ֣ים הַקָּ֑רֶשׁ שְׁנֵ֨י אֲדָנִ֜ים תַּֽחַת־הַקֶּ֤רֶשׁ הָֽאֶחָד֙
לִשְׁתֵּ֣י יְדֹתָ֔יו וּשְׁנֵ֧י אֲדָנִ֛ים תַּֽחַת־הַקֶּ֥רֶשׁ הָאֶחָ֖ד לִשְׁתֵּ֥י יְדֹתָֽיו׃
כ) וּלְצֶ֧לַע הַמִּשְׁכָּ֛ן הַשֵּׁנִ֖ית לִפְאַ֣ת צָפ֑וֹן עֶשְׂרִ֖ים קָֽרֶשׁ׃
כא) וְאַרְבָּעִ֥ים אַדְנֵיהֶ֖ם כָּ֑סֶף שְׁנֵ֣י אֲדָנִ֗ים תַּ֚חַת הַקֶּ֣רֶשׁ הָאֶחָ֔ד וּשְׁנֵ֣י אֲדָנִ֔ים תַּ֖חַת הַקֶּ֥רֶשׁ
הָאֶחָֽד׃
כב) וּלְיַרְכְּתֵ֥י הַמִּשְׁכָּ֖ן יָ֑מָּה תַּעֲשֶׂ֖ה שִׁשָּׁ֥ה קְרָשִֽׁים׃
כג) וּשְׁנֵ֤י קְרָשִׁים֙ תַּעֲשֶׂ֔ה לִמְקֻצְעֹ֖ת הַמִּשְׁכָּ֑ן בַּיַּרְכָתָֽיִם׃
כד) וְיִהְי֣וּ תֹאֲמִם֮ מִלְּמַטָּה֒ וְיַחְדָּ֗ו יִהְי֤וּ תַמִּים֙ עַל־רֹאשׁ֔וֹ אֶל־הַטַּבַּ֖עַת הָאֶחָ֑ת כֵּ֚ן יִהְיֶ֣ה
לִשְׁנֵיהֶ֔ם לִשְׁנֵ֥י הַמִּקְצֹעֹ֖ת יִהְיֽוּ׃
כה) וְהָיוּ֙ שְׁמֹנָ֣ה קְרָשִׁ֔ים וְאַדְנֵיהֶ֣ם כֶּ֔סֶף שִׁשָּׁ֥ה עָשָׂ֖ר אֲדָנִ֑ים שְׁנֵ֣י אֲדָנִ֗ים תַּ֚חַת הַקֶּ֣רֶשׁ הָאֶחָ֔ד
וּשְׁנֵ֣י אֲדָנִ֔ים תַּ֖חַת הַקֶּ֥רֶשׁ הָאֶחָֽד׃
כו) וְעָשִׂ֥יתָ בְרִיחִ֖ם עֲצֵ֣י שִׁטִּ֑ים חֲמִשָּׁ֕ה לְקַרְשֵׁ֥י צֶֽלַע־הַמִּשְׁכָּ֖ן הָאֶחָֽד׃
כז) וַחֲמִשָּׁ֣ה בְרִיחִ֔ם לְקַרְשֵׁ֥י צֶֽלַע־הַמִּשְׁכָּ֖ן הַשֵּׁנִ֑ית וַחֲמִשָּׁ֣ה בְרִיחִ֗ם לְקַרְשֵׁי֙ צֶ֣לַע הַמִּשְׁכָּ֔ן
לַיַּרְכָתַ֖יִם יָֽמָּה׃
כח) וְהַבְּרִ֥יחַ הַתִּיכֹ֖ן בְּת֣וֹךְ הַקְּרָשִׁ֑ים מַבְרִ֕חַ מִן־הַקָּצֶ֖ה אֶל־הַקָּצֶֽה׃
כט) וְאֶת־הַקְּרָשִׁ֞ים תְּצַפֶּ֣ה זָהָ֗ב וְאֶת־טַבְּעֹתֵיהֶם֙ תַּעֲשֶׂ֣ה זָהָ֔ב בָּתִּ֖ים לַבְּרִיחִ֑ם וְצִפִּיתָ֥
אֶת־הַבְּרִיחִ֖ם זָהָֽב׃
ל) וַהֲקֵמֹתָ֖ אֶת־הַמִּשְׁכָּ֑ן כְּמִ֨שְׁפָּט֔וֹ אֲשֶׁ֥ר הָרְאֵ֖יתָ בָּהָֽר׃
{ס}
לא) וְעָשִׂ֣יתָ פָרֹ֗כֶת תְּכֵ֧לֶת וְאַרְגָּמָ֛ן וְתוֹלַ֥עַת שָׁנִ֖י וְשֵׁ֣שׁ מָשְׁזָ֑ר מַעֲשֵׂ֥ה חֹשֵׁ֛ב יַעֲשֶׂ֥ה
אֹתָ֖הּ כְּרֻבִֽים׃
לב) וְנָתַתָּ֣ה אֹתָ֗הּ עַל־אַרְבָּעָה֙ עַמּוּדֵ֣י שִׁטִּ֔ים מְצֻפִּ֣ים זָהָ֔ב וָוֵיהֶ֖ם זָהָ֑ב עַל־אַרְבָּעָ֖ה
אַדְנֵי־כָֽסֶף׃
לג) וְנָתַתָּ֣ה אֶת־הַפָּרֹכֶת֮ תַּ֣חַת הַקְּרָסִים֒ וְהֵבֵאתָ֥ שָׁ֙מָּה֙ מִבֵּ֣ית לַפָּרֹ֔כֶת אֵ֖ת אֲר֣וֹן הָעֵד֑וּת
וְהִבְדִּילָ֤ה הַפָּרֹ֙כֶת֙ לָכֶ֔ם בֵּ֣ין הַקֹּ֔דֶשׁ וּבֵ֖ין קֹ֥דֶשׁ הַקֳּדָשִֽׁים׃
לד) וְנָתַתָּ֙ אֶת־הַכַּפֹּ֔רֶת עַ֖ל אֲר֣וֹן הָעֵדֻ֑ת בְּקֹ֖דֶשׁ הַקֳּדָשִֽׁים׃
לה) וְשַׂמְתָּ֤ אֶת־הַשֻּׁלְחָן֙ מִח֣וּץ לַפָּרֹ֔כֶת וְאֶת־הַמְּנֹרָה֙ נֹ֣כַח הַשֻּׁלְחָ֔ן עַ֛ל צֶ֥לַע הַמִּשְׁכָּ֖ן תֵּימָ֑נָה
וְהַ֨שֻּׁלְחָ֔ן תִּתֵּ֖ן עַל־צֶ֥לַע צָפֽוֹן׃
לו) וְעָשִׂ֤יתָ מָסָךְ֙ לְפֶ֣תַח הָאֹ֔הֶל תְּכֵ֥לֶת וְאַרְגָּמָ֖ן וְתוֹלַ֣עַת שָׁנִ֑י וְשֵׁ֣שׁ מָשְׁזָ֔ר מַעֲשֵׂ֖ה רֹקֵֽם׃
לז) וְעָשִׂ֣יתָ לַמָּסָ֗ךְ חֲמִשָּׁה֙ עַמּוּדֵ֣י שִׁטִּ֔ים וְצִפִּיתָ֤ אֹתָם֙ זָהָ֔ב וָוֵיהֶ֖ם זָהָ֑ב וְיָצַקְתָּ֣ לָהֶ֔ם חֲמִשָּׁ֖ה
אַדְנֵ֥י נְחֹֽשֶׁת׃

{ס}

פרק כז

א) וְעָשִׂ֥יתָ אֶת־הַמִּזְבֵּ֖חַ עֲצֵ֣י שִׁטִּ֑ים חָמֵ֨שׁ אַמּ֜וֹת אֹ֗רֶךְ וְחָמֵ֤שׁ אַמּוֹת֙ רֹ֔חַב רָב֚וּעַ יִהְיֶה֙ הַמִּזְבֵּ֔חַ וְשָׁלֹ֥שׁ אַמּ֖וֹת קֹמָתֽוֹ׃

ב) וְעָשִׂ֣יתָ קַרְנֹתָ֗יו עַ֚ל אַרְבַּ֣ע פִּנֹּתָ֔יו מִמֶּ֖נּוּ תִּהְיֶ֣יןָ קַרְנֹתָ֑יו וְצִפִּיתָ֥ אֹת֖וֹ נְחֹֽשֶׁת׃

ג) וְעָשִׂ֤יתָ סִּירֹתָיו֙ לְדַשְּׁנ֔וֹ וְיָעָיו֙ וּמִזְרְקֹתָ֔יו וּמִזְלְגֹתָ֖יו וּמַחְתֹּתָ֑יו לְכָל־כֵּלָ֖יו תַּעֲשֶׂ֥ה נְחֹֽשֶׁת׃

ד) וְעָשִׂ֤יתָ לּוֹ֙ מִכְבָּ֔ר מַעֲשֵׂ֖ה רֶ֣שֶׁת נְחֹ֑שֶׁת וְעָשִׂ֣יתָ עַל־הָרֶ֗שֶׁת אַרְבַּע֙ טַבְּעֹ֣ת נְחֹ֔שֶׁת עַ֖ל אַרְבַּ֥ע קְצוֹתָֽיו׃

ה) וְנָתַתָּ֣ה אֹתָ֗הּ תַּ֛חַת כַּרְכֹּ֥ב הַמִּזְבֵּ֖חַ מִלְּמָ֑טָּה וְהָיְתָ֣ה הָרֶ֔שֶׁת עַ֖ד חֲצִ֥י הַמִּזְבֵּֽחַ׃

ו) וְעָשִׂ֤יתָ בַדִּים֙ לַמִּזְבֵּ֔חַ בַּדֵּ֖י עֲצֵ֣י שִׁטִּ֑ים וְצִפִּיתָ֥ אֹתָ֖ם נְחֹֽשֶׁת׃

ז) וְהוּבָ֥א אֶת־בַּדָּ֖יו בַּטַּבָּעֹ֑ת וְהָי֣וּ הַבַּדִּ֗ים עַל־שְׁתֵּ֛י צַלְעֹ֥ת הַמִּזְבֵּ֖חַ בִּשְׂאֵ֥ת אֹתֽוֹ׃

ח) נְב֥וּב לֻחֹ֖ת תַּעֲשֶׂ֣ה אֹת֑וֹ כַּאֲשֶׁ֨ר הֶרְאָ֥ה אֹתְךָ֛ בָּהָ֖ר כֵּ֥ן יַעֲשֽׂוּ׃

{ס}

ט) וְעָשִׂ֕יתָ אֵ֖ת חֲצַ֣ר הַמִּשְׁכָּ֑ן לִפְאַ֣ת נֶֽגֶב־תֵּ֠ימָנָה קְלָעִ֨ים לֶחָצֵ֜ר שֵׁ֣שׁ מָשְׁזָ֗ר מֵאָ֤ה בָֽאַמָּה֙ אֹ֔רֶךְ לַפֵּאָ֖ה הָאֶחָֽת׃

י) וְעַמֻּדָ֣יו עֶשְׂרִ֔ים וְאַדְנֵיהֶ֥ם עֶשְׂרִ֖ים נְחֹ֑שֶׁת וָוֵ֧י הָֽעַמֻּדִ֛ים וַחֲשֻׁקֵיהֶ֖ם כָּֽסֶף׃

יא) וְכֵ֨ן לִפְאַ֤ת צָפוֹן֙ בָּאֹ֔רֶךְ קְלָעִ֖ים מֵ֣אָה אֹ֑רֶךְ וְעַמֻּדָ֣ו עֶשְׂרִ֗ים וְאַדְנֵיהֶ֤ם עֶשְׂרִים֙ נְחֹ֔שֶׁת וָוֵ֧י הָֽעַמֻּדִ֛ים וַחֲשֻׁקֵיהֶ֖ם כָּֽסֶף׃

יב) וְרֹ֤חַב הֶֽחָצֵר֙ לִפְאַת־יָ֔ם קְלָעִ֖ים חֲמִשִּׁ֣ים אַמָּ֑ה עַמֻּדֵיהֶ֣ם עֲשָׂרָ֔ה וְאַדְנֵיהֶ֖ם עֲשָׂרָֽה׃

יג) וְרֹ֣חַב הֶֽחָצֵ֔ר לִפְאַ֖ת קֵ֣דְמָה מִזְרָ֑חָה חֲמִשִּׁ֖ים אַמָּֽה׃

יד) וַחֲמֵ֨שׁ עֶשְׂרֵ֥ה אַמָּ֛ה קְלָעִ֖ים לַכָּתֵ֑ף עַמֻּדֵיהֶ֣ם שְׁלֹשָׁ֔ה וְאַדְנֵיהֶ֖ם שְׁלֹשָֽׁה׃

טו) וְלַכָּתֵף֙ הַשֵּׁנִ֔ית חֲמֵ֥שׁ עֶשְׂרֵ֖ה קְלָעִ֑ים עַמֻּדֵיהֶ֣ם שְׁלֹשָׁ֔ה וְאַדְנֵיהֶ֖ם שְׁלֹשָֽׁה׃

טז) וּלְשַׁ֨עַר הֶחָצֵ֜ר מָסָ֣ךְ ׀ עֶשְׂרִ֣ים אַמָּ֗ה תְּכֵ֨לֶת וְאַרְגָּמָ֜ן וְתוֹלַ֧עַת שָׁנִ֛י וְשֵׁ֥שׁ מָשְׁזָ֖ר מַעֲשֵׂ֣ה רֹקֵ֑ם עַמֻּדֵיהֶם֙ אַרְבָּעָ֔ה וְאַדְנֵיהֶ֖ם אַרְבָּעָֽה׃

יז) כָּל־עַמּוּדֵ֨י הֶחָצֵ֤ר סָבִיב֙ מְחֻשָּׁקִ֣ים כֶּ֔סֶף וָוֵיהֶ֖ם כָּ֑סֶף וְאַדְנֵיהֶ֖ם נְחֹֽשֶׁת׃

יח) אֹ֤רֶךְ הֶֽחָצֵר֙ מֵאָ֣ה בָֽאַמָּ֔ה וְרֹ֣חַב ׀ חֲמִשִּׁ֣ים בַּחֲמִשִּׁ֗ים וְקֹמָ֛ה חָמֵ֥שׁ אַמּ֖וֹת שֵׁ֣שׁ מָשְׁזָ֑ר וְאַדְנֵיהֶ֖ם נְחֹֽשֶׁת׃

יט) לְכֹל֙ כְּלֵ֣י הַמִּשְׁכָּ֔ן בְּכֹ֖ל עֲבֹדָת֑וֹ וְכָל־יְתֵדֹתָ֛יו וְכָל־יִתְדֹ֥ת הֶחָצֵ֖ר נְחֹֽשֶׁת׃

{ס}

תצוה

כ) וְאַתָּ֞ה תְּצַוֶּ֣ה ׀ אֶת־בְּנֵ֣י יִשְׂרָאֵ֗ל וְיִקְח֨וּ אֵלֶ֜יךָ שֶׁ֣מֶן זַ֥יִת זָ֛ךְ כָּתִ֖ית לַמָּא֑וֹר לְהַעֲלֹ֥ת נֵ֖ר
תָּמִֽיד׃
כא) בְּאֹ֣הֶל מוֹעֵ֡ד מִחוּץ֩ לַפָּרֹ֨כֶת אֲשֶׁ֜ר עַל־הָעֵדֻ֗ת יַעֲרֹךְ֩ אֹת֨וֹ אַהֲרֹ֧ן וּבָנָ֛יו מֵעֶ֥רֶב
עַד־בֹּ֖קֶר לִפְנֵ֣י יְהוָ֑ה חֻקַּ֤ת עוֹלָם֙ לְדֹ֣רֹתָ֔ם מֵאֵ֖ת בְּנֵ֥י יִשְׂרָאֵֽל׃
{ס}

פרק כח

א) וְאַתָּ֡ה הַקְרֵ֣ב אֵלֶיךָ֩ אֶת־אַהֲרֹ֨ן אָחִ֜יךָ וְאֶת־בָּנָ֣יו אִתּ֗וֹ מִתּ֛וֹךְ בְּנֵ֥י יִשְׂרָאֵ֖ל לְכַהֲנוֹ־לִ֑י
אַהֲרֹ֕ן נָדָ֧ב וַאֲבִיה֛וּא אֶלְעָזָ֥ר וְאִיתָמָ֖ר בְּנֵ֥י אַהֲרֹֽן׃
ב) וְעָשִׂ֥יתָ בִגְדֵי־קֹ֖דֶשׁ לְאַהֲרֹ֣ן אָחִ֑יךָ לְכָב֖וֹד וּלְתִפְאָֽרֶת׃
ג) וְאַתָּ֗ה תְּדַבֵּר֙ אֶל־כָּל־חַכְמֵי־לֵ֔ב אֲשֶׁ֥ר מִלֵּאתִ֖יו ר֣וּחַ חָכְמָ֑ה וְעָשׂ֞וּ אֶת־בִּגְדֵ֧י אַהֲרֹ֛ן
לְקַדְּשׁ֖וֹ לְכַהֲנוֹ־לִֽי׃
ד) וְאֵ֨לֶּה הַבְּגָדִ֜ים אֲשֶׁ֣ר יַעֲשׂ֗וּ חֹ֤שֶׁן וְאֵפוֹד֙ וּמְעִ֔יל וּכְתֹ֥נֶת תַּשְׁבֵּ֖ץ מִצְנֶ֣פֶת וְאַבְנֵ֑ט וְעָשׂ֨וּ
בִגְדֵי־קֹ֜דֶשׁ לְאַהֲרֹ֥ן אָחִ֛יךָ וּלְבָנָ֖יו לְכַהֲנוֹ־לִֽי׃
ה) וְהֵם֙ יִקְח֣וּ אֶת־הַזָּהָ֔ב וְאֶת־הַתְּכֵ֖לֶת וְאֶת־הָֽאַרְגָּמָ֑ן וְאֶת־תּוֹלַ֥עַת הַשָּׁנִ֖י וְאֶת־הַשֵּֽׁשׁ׃
{פ}
ו) וְעָשׂ֖וּ אֶת־הָאֵפֹ֑ד זָ֠הָב תְּכֵ֨לֶת וְאַרְגָּמָ֜ן תּוֹלַ֧עַת שָׁנִ֛י וְשֵׁ֥שׁ מָשְׁזָ֖ר מַעֲשֵׂ֥ה חֹשֵֽׁב׃
ז) שְׁתֵּ֧י כְתֵפֹ֣ת חֹֽבְרֹ֗ת יִֽהְיֶה־לּ֛וֹ אֶל־שְׁנֵ֥י קְצוֹתָ֖יו וְחֻבָּֽר׃
ח) וְחֵ֤שֶׁב אֲפֻדָּתוֹ֙ אֲשֶׁ֣ר עָלָ֔יו כְּמַעֲשֵׂ֖הוּ מִמֶּ֣נּוּ יִהְיֶ֑ה זָהָ֗ב תְּכֵ֧לֶת וְאַרְגָּמָ֛ן וְתוֹלַ֥עַת שָׁנִ֖י וְשֵׁ֥שׁ
מָשְׁזָֽר׃
ט) וְלָ֣קַחְתָּ֔ אֶת־שְׁתֵּ֖י אַבְנֵי־שֹׁ֑הַם וּפִתַּחְתָּ֣ עֲלֵיהֶ֔ם שְׁמ֖וֹת בְּנֵ֥י יִשְׂרָאֵֽל׃
י) שִׁשָּׁה֙ מִשְּׁמֹתָ֔ם עַ֖ל הָאֶ֣בֶן הָאֶחָ֑ת וְאֶת־שְׁמ֞וֹת הַשִּׁשָּׁ֧ה הַנּוֹתָרִ֛ים עַל־הָאֶ֥בֶן הַשֵּׁנִ֖ית
כְּתוֹלְדֹתָֽם׃
יא) מַעֲשֵׂ֣ה חָרַשׁ֮ אֶ֒בֶן֒ פִּתּוּחֵ֣י חֹתָ֗ם תְּפַתַּח֙ אֶת־שְׁתֵּ֣י הָאֲבָנִ֔ים עַל־שְׁמֹ֖ת בְּנֵ֣י יִשְׂרָאֵ֑ל מֻסַבֹּ֛ת
מִשְׁבְּצ֥וֹת זָהָ֖ב תַּעֲשֶׂ֥ה אֹתָֽם׃
יב) וְשַׂמְתָּ֞ אֶת־שְׁתֵּ֣י הָאֲבָנִ֗ים עַ֚ל כִּתְפֹ֣ת הָאֵפֹ֔ד אַבְנֵ֥י זִכָּרֹ֖ן לִבְנֵ֣י יִשְׂרָאֵ֑ל וְנָשָׂא֩ אַהֲרֹ֨ן
אֶת־שְׁמוֹתָ֜ם לִפְנֵ֧י יְהוָ֛ה עַל־שְׁתֵּ֥י כְתֵפָ֖יו לְזִכָּרֹֽן׃
{ס}
יג) וְעָשִׂ֥יתָ מִשְׁבְּצֹ֖ת זָהָֽב׃

יד) וּשְׁתֵּ֤י שַׁרְשְׁרֹת֙ זָהָ֣ב טָה֔וֹר מִגְבָּלֹ֛ת תַּעֲשֶׂ֥ה אֹתָ֖ם מַעֲשֵׂ֣ה עֲבֹ֑ת וְנָתַתָּ֛ה אֶת־שַׁרְשְׁרֹ֥ת
הָעֲבֹתֹ֖ת עַל־הַֽמִּשְׁבְּצֹֽת׃
{ס}
טו) וְעָשִׂ֜יתָ חֹ֤שֶׁן מִשְׁפָּט֙ מַעֲשֵׂ֣ה חֹשֵׁ֔ב כְּמַעֲשֵׂ֥ה אֵפֹ֖ד תַּעֲשֶׂ֑נּוּ זָ֠הָב תְּכֵ֨לֶת וְאַרְגָּמָ֜ן וְתוֹלַ֧עַת
שָׁנִ֛י וְשֵׁ֥שׁ מָשְׁזָ֖ר תַּעֲשֶׂ֥ה אֹתֽוֹ׃
טז) רָב֥וּעַ יִהְיֶ֖ה כָּפ֑וּל זֶ֥רֶת אָרְכּ֖וֹ וְזֶ֥רֶת רָחְבּֽוֹ׃
יז) וּמִלֵּאתָ֥ בוֹ֙ מִלֻּ֣אַת אֶ֔בֶן אַרְבָּעָ֖ה טוּרִ֣ים אָ֑בֶן ט֗וּר אֹ֤דֶם פִּטְדָה֙ וּבָרֶ֔קֶת הַטּ֖וּר הָאֶחָֽד׃
יח) וְהַטּ֖וּר הַשֵּׁנִ֑י נֹ֥פֶךְ סַפִּ֖יר וְיָהֲלֹֽם׃
יט) וְהַטּ֖וּר הַשְּׁלִישִׁ֑י לֶ֥שֶׁם שְׁב֖וֹ וְאַחְלָֽמָה׃
כ) וְהַטּוּר֙ הָֽרְבִיעִ֔י תַּרְשִׁ֥ישׁ וְשֹׁ֖הַם וְיָשְׁפֵ֑ה מְשֻׁבָּצִ֥ים זָהָ֛ב יִהְי֖וּ בְּמִלּוּאֹתָֽם׃
כא) וְ֠הָאֲבָנִים תִּהְיֶ֜יןָ עַל־שְׁמֹ֧ת בְּנֵֽי־יִשְׂרָאֵ֛ל שְׁתֵּ֥ים עֶשְׂרֵ֖ה עַל־שְׁמֹתָ֑ם פִּתּוּחֵ֤י חוֹתָם֙ אִ֣ישׁ
עַל־שְׁמ֔וֹ תִּֽהְיֶ֔יןָ לִשְׁנֵ֥י עָשָׂ֖ר שָֽׁבֶט׃
כב) וְעָשִׂ֧יתָ עַל־הַחֹ֛שֶׁן שַֽׁרְשֹׁ֥ת גַּבְלֻ֖ת מַעֲשֵׂ֣ה עֲבֹ֑ת זָהָ֖ב טָהֽוֹר׃
כג) וְעָשִׂ֙יתָ֙ עַל־הַחֹ֔שֶׁן שְׁתֵּ֖י טַבְּע֣וֹת זָהָ֑ב וְנָתַתָּ֗ אֶת־שְׁתֵּי֙ הַטַּבָּע֔וֹת עַל־שְׁנֵ֖י קְצ֥וֹת הַחֹֽשֶׁן׃
כד) וְנָתַתָּ֗ה אֶת־שְׁתֵּי֙ עֲבֹתֹ֣ת הַזָּהָ֔ב עַל־שְׁתֵּ֖י הַטַּבָּעֹ֑ת אֶל־קְצ֖וֹת הַחֹֽשֶׁן׃
כה) וְאֵ֨ת שְׁתֵּ֤י קְצוֹת֙ שְׁתֵּ֣י הָעֲבֹתֹ֔ת תִּתֵּ֖ן עַל־שְׁתֵּ֣י הַֽמִּשְׁבְּצ֑וֹת וְנָתַתָּ֛ה עַל־כִּתְפ֥וֹת הָאֵפֹ֖ד
אֶל־מ֥וּל פָּנָֽיו׃
כו) וְעָשִׂ֗יתָ שְׁתֵּי֙ טַבְּע֣וֹת זָהָ֔ב וְשַׂמְתָּ֣ אֹתָ֔ם עַל־שְׁנֵ֖י קְצ֣וֹת הַחֹ֑שֶׁן עַל־שְׂפָת֕וֹ אֲשֶׁ֛ר אֶל־עֵ֥בֶר
הָאֵפֹ֖ד בָּֽיְתָה׃
כז) וְעָשִׂיתָ֮ שְׁתֵּ֣י טַבְּע֣וֹת זָהָב֒ וְנָתַתָּ֣ה אֹתָ֡ם עַל־שְׁתֵּי֩ כִתְפ֨וֹת הָאֵפ֤וֹד מִלְּמַ֨טָּה֙ מִמּ֣וּל פָּנָ֔יו
לְעֻמַּ֖ת מֶחְבַּרְתּ֑וֹ מִמַּ֕עַל לְחֵ֖שֶׁב הָאֵפֽוֹד׃
כח) וְיִרְכְּס֣וּ אֶת־הַ֠חֹשֶׁן מִטַּבְּעֹתָ֞ו אֶל־טַבְּעֹ֤ת הָאֵפוֹד֙ בִּפְתִ֣יל תְּכֵ֔לֶת לִהְי֖וֹת עַל־חֵ֣שֶׁב
הָאֵפ֑וֹד וְלֹֽא־יִזַּ֣ח הַחֹ֔שֶׁן מֵעַ֖ל הָאֵפֽוֹד׃
כט) וְנָשָׂ֣א אַ֠הֲרֹן אֶת־שְׁמ֨וֹת בְּנֵֽי־יִשְׂרָאֵ֜ל בְּחֹ֧שֶׁן הַמִּשְׁפָּ֛ט עַל־לִבּ֖וֹ בְּבֹא֣וֹ אֶל־הַקֹּ֑דֶשׁ לְזִכָּרֹ֥ן
לִפְנֵֽי־יְהוָ֖ה תָּמִֽיד׃
ל) וְנָתַתָּ֞ אֶל־חֹ֣שֶׁן הַמִּשְׁפָּ֗ט אֶת־הָֽאוּרִים֙ וְאֶת־הַתֻּמִּ֔ים וְהָיוּ֙ עַל־לֵ֣ב אַהֲרֹ֔ן בְּבֹא֖וֹ לִפְנֵ֣י
יְהוָ֑ה וְנָשָׂ֣א אַ֠הֲרֹן אֶת־מִשְׁפַּ֨ט בְּנֵֽי־יִשְׂרָאֵ֧ל עַל־לִבּ֛וֹ לִפְנֵ֥י יְהוָ֖ה תָּמִֽיד׃
{ס}
לא) וְעָשִׂ֛יתָ אֶת־מְעִ֥יל הָאֵפ֖וֹד כְּלִ֥יל תְּכֵֽלֶת׃
לב) וְהָיָ֥ה פִֽי־רֹאשׁ֖וֹ בְּתוֹכ֑וֹ שָׂפָ֡ה יִהְיֶה֩ לְפִ֨יו סָבִ֜יב מַעֲשֵׂ֣ה אֹרֵ֗ג כְּפִ֥י תַחְרָ֛א יִהְיֶה־לּ֖וֹ לֹ֥א
יִקָּרֵֽעַ׃

לג) וְעָשִׂ֣יתָ עַל־שׁוּלָ֗יו רִמֹּנֵי֙ תְּכֵ֤לֶת וְאַרְגָּמָן֙ וְתוֹלַ֣עַת שָׁנִ֔י עַל־שׁוּלָ֖יו סָבִ֑יב וּפַעֲמֹנֵ֥י זָהָ֛ב
בְּתוֹכָ֖ם סָבִֽיב׃
לד) פַּעֲמֹ֤ן זָהָב֙ וְרִמּ֔וֹן פַּעֲמֹ֥ן זָהָ֖ב וְרִמּ֑וֹן עַל־שׁוּלֵ֥י הַמְּעִ֖יל סָבִֽיב׃
לה) וְהָיָ֥ה עַֽל־אַהֲרֹ֖ן לְשָׁרֵ֑ת וְנִשְׁמַ֣ע ק֠וֹלוֹ בְּבֹא֨וֹ אֶל־הַקֹּ֜דֶשׁ לִפְנֵ֧י יְהוָ֛ה וּבְצֵאת֖וֹ וְלֹ֥א
יָמֽוּת׃
{ס}
לו) וְעָשִׂ֥יתָ צִּ֖יץ זָהָ֣ב טָה֑וֹר וּפִתַּחְתָּ֤ עָלָיו֙ פִּתּוּחֵ֣י חֹתָ֔ם קֹ֖דֶשׁ לַֽיהוָֽה׃
לז) וְשַׂמְתָּ֤ אֹתוֹ֙ עַל־פְּתִ֣יל תְּכֵ֔לֶת וְהָיָ֖ה עַל־הַמִּצְנָ֑פֶת אֶל־מ֥וּל פְּנֵֽי־הַמִּצְנֶ֖פֶת יִהְיֶֽה׃
לח) וְהָיָה֮ עַל־מֵ֣צַח אַהֲרֹן֒ וְנָשָׂ֨א אַהֲרֹ֜ן אֶת־עֲוֺ֣ן הַקֳּדָשִׁ֗ים אֲשֶׁ֤ר יַקְדִּ֙ישׁוּ֙ בְּנֵ֣י יִשְׂרָאֵ֔ל
לְכָֽל־מַתְּנֹ֖ת קָדְשֵׁיהֶ֑ם וְהָיָ֤ה עַל־מִצְחוֹ֙ תָּמִ֔יד לְרָצ֥וֹן לָהֶ֖ם לִפְנֵ֥י יְהוָֽה׃
לט) וְשִׁבַּצְתָּ֙ הַכְּתֹ֣נֶת שֵׁ֔שׁ וְעָשִׂ֖יתָ מִצְנֶ֣פֶת שֵׁ֑שׁ וְאַבְנֵ֥ט תַּעֲשֶׂ֖ה מַעֲשֵׂ֥ה רֹקֵֽם׃
מ) וְלִבְנֵ֤י אַהֲרֹן֙ תַּעֲשֶׂ֣ה כֻתֳּנֹ֔ת וְעָשִׂ֥יתָ לָהֶ֖ם אַבְנֵטִ֑ים וּמִגְבָּעוֹת֙ תַּעֲשֶׂ֣ה לָהֶ֔ם לְכָב֖וֹד
וּלְתִפְאָֽרֶת׃
מא) וְהִלְבַּשְׁתָּ֤ אֹתָם֙ אֶת־אַהֲרֹ֣ן אָחִ֔יךָ וְאֶת־בָּנָ֖יו אִתּ֑וֹ וּמָשַׁחְתָּ֨ אֹתָ֜ם וּמִלֵּאתָ֧ אֶת־יָדָ֛ם
וְקִדַּשְׁתָּ֥ אֹתָ֖ם וְכִהֲנ֥וּ לִֽי׃
מב) וַעֲשֵׂ֤ה לָהֶם֙ מִכְנְסֵי־בָ֔ד לְכַסּ֖וֹת בְּשַׂ֣ר עֶרְוָ֑ה מִמָּתְנַ֥יִם וְעַד־יְרֵכַ֖יִם יִהְיֽוּ׃
מג) וְהָיוּ֩ עַל־אַהֲרֹ֨ן וְעַל־בָּנָ֜יו בְּבֹאָ֣ם ׀ אֶל־אֹ֣הֶל מוֹעֵ֗ד א֣וֹ בְגִשְׁתָּ֤ם אֶל־הַמִּזְבֵּ֙חַ֙ לְשָׁרֵ֣ת
בַּקֹּ֔דֶשׁ וְלֹא־יִשְׂא֥וּ עָוֺ֖ן וָמֵ֑תוּ חֻקַּ֥ת עוֹלָ֛ם ל֖וֹ וּלְזַרְע֥וֹ אַחֲרָֽיו׃
{ס}

פרק כט

א) וְזֶ֨ה הַדָּבָ֜ר אֲשֶׁ֨ר־תַּעֲשֶׂ֥ה לָהֶ֛ם לְקַדֵּ֥שׁ אֹתָ֖ם לְכַהֵ֣ן לִ֑י לְ֠קַח פַּ֣ר אֶחָ֧ד בֶּן־בָּקָ֛ר וְאֵילִ֥ם
שְׁנַ֖יִם תְּמִימִֽם׃
ב) וְלֶ֣חֶם מַצּ֗וֹת וְחַלֹּ֤ת מַצֹּת֙ בְּלוּלֹ֣ת בַּשֶּׁ֔מֶן וּרְקִיקֵ֥י מַצּ֖וֹת מְשֻׁחִ֣ים בַּשָּׁ֑מֶן סֹ֥לֶת חִטִּ֖ים
תַּעֲשֶׂ֥ה אֹתָֽם׃
ג) וְנָתַתָּ֤ אוֹתָם֙ עַל־סַ֣ל אֶחָ֔ד וְהִקְרַבְתָּ֥ אֹתָ֖ם בַּסָּ֑ל וְאֶ֨ת־הַפָּ֔ר וְאֵ֖ת שְׁנֵ֥י הָאֵילִֽם׃
ד) וְאֶת־אַהֲרֹ֤ן וְאֶת־בָּנָיו֙ תַּקְרִ֔יב אֶל־פֶּ֖תַח אֹ֣הֶל מוֹעֵ֑ד וְרָחַצְתָּ֥ אֹתָ֖ם בַּמָּֽיִם׃
ה) וְלָקַחְתָּ֣ אֶת־הַבְּגָדִ֗ים וְהִלְבַּשְׁתָּ֤ אֶֽת־אַהֲרֹן֙ אֶת־הַכֻּתֹּ֔נֶת וְאֵת֙ מְעִ֣יל הָאֵפֹ֔ד וְאֶת־הָאֵפֹ֖ד
וְאֶת־הַחֹ֑שֶׁן וְאָפַדְתָּ֣ ל֔וֹ בְּחֵ֖שֶׁב הָאֵפֹֽד׃
ו) וְשַׂמְתָּ֥ הַמִּצְנֶ֖פֶת עַל־רֹאשׁ֑וֹ וְנָתַתָּ֛ אֶת־נֵ֥זֶר הַקֹּ֖דֶשׁ עַל־הַמִּצְנָֽפֶת׃
ז) וְלָקַחְתָּ֙ אֶת־שֶׁ֣מֶן הַמִּשְׁחָ֔ה וְיָצַקְתָּ֖ עַל־רֹאשׁ֑וֹ וּמָשַׁחְתָּ֖ אֹתֽוֹ׃

ח) וְאֶת־בָּנָ֖יו תַּקְרִ֑יב וְהִלְבַּשְׁתָּ֖ם כֻּתֳּנֹֽת׃
ט) וְחָגַרְתָּ֩ אֹתָ֨ם אַבְנֵ֜ט אַהֲרֹ֣ן וּבָנָ֗יו וְחָבַשְׁתָּ֤ לָהֶם֙ מִגְבָּעֹ֔ת וְהָיְתָ֥ה לָהֶ֛ם כְּהֻנָּ֖ה לְחֻקַּ֣ת
עוֹלָ֑ם וּמִלֵּאתָ֥ יַד־אַהֲרֹ֖ן וְיַד־בָּנָֽיו׃
י) וְהִקְרַבְתָּ֙ אֶת־הַפָּ֔ר לִפְנֵ֖י אֹ֣הֶל מוֹעֵ֑ד וְסָמַ֨ךְ אַהֲרֹ֧ן וּבָנָ֛יו אֶת־יְדֵיהֶ֖ם עַל־רֹ֥אשׁ הַפָּֽר׃
יא) וְשָׁחַטְתָּ֥ אֶת־הַפָּ֖ר לִפְנֵ֣י יְהוָ֑ה פֶּ֖תַח אֹ֥הֶל מוֹעֵֽד׃
יב) וְלָקַחְתָּ֙ מִדַּ֣ם הַפָּ֔ר וְנָתַתָּ֛ה עַל־קַרְנֹ֥ת הַמִּזְבֵּ֖חַ בְּאֶצְבָּעֶ֑ךָ וְאֶת־כָּל־הַדָּ֣ם תִּשְׁפֹּ֔ךְ
אֶל־יְס֖וֹד הַמִּזְבֵּֽחַ׃
יג) וְלָקַחְתָּ֗ אֶת־כָּל־הַחֵלֶב֮ הַֽמְכַסֶּ֣ה אֶת־הַקֶּרֶב֒ וְאֵ֗ת הַיֹּתֶ֙רֶת֙ עַל־הַכָּבֵ֔ד וְאֵת֙ שְׁתֵּ֣י הַכְּלָיֹ֔ת
וְאֶת־הַחֵ֖לֶב אֲשֶׁ֣ר עֲלֵיהֶ֑ן וְהִקְטַרְתָּ֖ הַמִּזְבֵּֽחָה׃
יד) וְאֶת־בְּשַׂ֤ר הַפָּר֙ וְאֶת־עֹר֣וֹ וְאֶת־פִּרְשׁ֔וֹ תִּשְׂרֹ֣ף בָּאֵ֔שׁ מִח֖וּץ לַֽמַּחֲנֶ֑ה חַטָּ֖את הֽוּא׃
טו) וְאֶת־הָאַ֥יִל הָאֶחָ֖ד תִּקָּ֑ח וְסָ֨מְכ֜וּ אַהֲרֹ֧ן וּבָנָ֛יו אֶת־יְדֵיהֶ֖ם עַל־רֹ֥אשׁ הָאָֽיִל׃
טז) וְשָׁחַטְתָּ֖ אֶת־הָאָ֑יִל וְלָקַחְתָּ֙ אֶת־דָּמ֔וֹ וְזָרַקְתָּ֥ עַל־הַמִּזְבֵּ֖חַ סָבִֽיב׃
יז) וְאֶת־הָאַ֕יִל תְּנַתֵּ֖חַ לִנְתָחָ֑יו וְרָחַצְתָּ֤ קִרְבּוֹ֙ וּכְרָעָ֔יו וְנָתַתָּ֥ עַל־נְתָחָ֖יו וְעַל־רֹאשֽׁוֹ׃
יח) וְהִקְטַרְתָּ֤ אֶת־כָּל־הָאַ֙יִל֙ הַמִּזְבֵּ֔חָה עֹלָ֥ה ה֖וּא לַֽיהוָ֑ה רֵ֣יחַ נִיח֔וֹחַ אִשֶּׁ֥ה לַֽיהוָ֖ה הֽוּא׃
יט) וְלָֽקַחְתָּ֔ אֵ֖ת הָאַ֣יִל הַשֵּׁנִ֑י וְסָמַ֨ךְ אַהֲרֹ֧ן וּבָנָ֛יו אֶת־יְדֵיהֶ֖ם עַל־רֹ֥אשׁ הָאָֽיִל׃
כ) וְשָׁחַטְתָּ֣ אֶת־הָאַ֗יִל וְלָקַחְתָּ֣ מִדָּמוֹ֮ וְנָתַתָּ֡ה עַל־תְּנוּךְ֩ אֹ֨זֶן אַהֲרֹ֜ן וְעַל־תְּנ֨וּךְ אֹ֤זֶן
בָּנָיו֙ הַיְמָנִ֔ית וְעַל־בֹּ֤הֶן יָדָם֙ הַיְמָנִ֔ית וְעַל־בֹּ֥הֶן רַגְלָ֖ם הַיְמָנִ֑ית וְזָרַקְתָּ֧ אֶת־הַדָּ֛ם
עַל־הַמִּזְבֵּ֖חַ סָבִֽיב׃
כא) וְלָקַחְתָּ֞ מִן־הַדָּ֨ם אֲשֶׁ֥ר עַל־הַמִּזְבֵּחַ֮ וּמִשֶּׁ֣מֶן הַמִּשְׁחָה֒ וְהִזֵּיתָ֤ עַֽל־אַהֲרֹן֙ וְעַל־בְּגָדָ֔יו
וְעַל־בָּנָ֛יו וְעַל־בִּגְדֵ֥י בָנָ֖יו אִתּ֑וֹ וְקָדַ֥שׁ הוּא֙ וּבְגָדָ֔יו וּבָנָ֛יו וּבִגְדֵ֥י בָנָ֖יו אִתּֽוֹ׃
כב) וְלָקַחְתָּ֣ מִן־הָ֠אַיִל הַחֵ֨לֶב וְהָאַלְיָ֜ה וְאֶת־הַחֵ֣לֶב ׀ הַֽמְכַסֶּ֣ה אֶת־הַקֶּ֗רֶב וְאֵ֨ת יֹתֶ֤רֶת
הַכָּבֵד֙ וְאֵ֣ת ׀ שְׁתֵּ֣י הַכְּלָיֹ֗ת וְאֶת־הַחֵ֙לֶב֙ אֲשֶׁ֣ר עֲלֵיהֶ֔ן וְאֵ֖ת שׁ֣וֹק הַיָּמִ֑ין כִּ֛י אֵ֥יל מִלֻּאִ֖ים
הֽוּא׃
כג) וְכִכַּ֨ר לֶ֜חֶם אַחַ֗ת וַחַלַּ֨ת לֶ֥חֶם שֶׁ֛מֶן אַחַ֖ת וְרָקִ֣יק אֶחָ֑ד מִסַּל֙ הַמַּצּ֔וֹת אֲשֶׁ֖ר לִפְנֵ֥י יְהוָֽה׃
כד) וְשַׂמְתָּ֣ הַכֹּ֔ל עַ֚ל כַּפֵּ֣י אַהֲרֹ֔ן וְעַ֖ל כַּפֵּ֣י בָנָ֑יו וְהֵנַפְתָּ֥ אֹתָ֛ם תְּנוּפָ֖ה לִפְנֵ֥י יְהוָֽה׃
כה) וְלָקַחְתָּ֤ אֹתָם֙ מִיָּדָ֔ם וְהִקְטַרְתָּ֥ הַמִּזְבֵּ֖חָה עַל־הָעֹלָ֑ה לְרֵ֤יחַ נִיחוֹחַ֙ לִפְנֵ֣י יְהוָ֔ה אִשֶּׁ֥ה
ה֖וּא לַיהוָֽה׃
כו) וְלָקַחְתָּ֣ אֶת־הֶחָזֶ֗ה מֵאֵ֤יל הַמִּלֻּאִים֙ אֲשֶׁ֣ר לְאַהֲרֹ֔ן וְהֵנַפְתָּ֥ אֹת֛וֹ תְּנוּפָ֖ה לִפְנֵ֣י יְהוָ֑ה וְהָיָ֥ה
לְךָ֖ לְמָנָֽה׃
כז) וְקִדַּשְׁתָּ֞ אֵ֣ת ׀ חֲזֵ֣ה הַתְּנוּפָ֗ה וְאֵת֙ שׁ֣וֹק הַתְּרוּמָ֔ה אֲשֶׁ֥ר הוּנַ֖ף וַאֲשֶׁ֣ר הוּרָ֑ם מֵאֵיל֙
הַמִּלֻּאִ֔ים מֵאֲשֶׁ֥ר לְאַהֲרֹ֖ן וּמֵאֲשֶׁ֥ר לְבָנָֽיו׃

כח) וְהָיָ֣ה לְ֠אַהֲרֹ֠ן וּלְבָנָ֜יו לְחָק־עוֹלָ֗ם מֵאֵת֙ בְּנֵ֣י יִשְׂרָאֵ֔ל כִּ֥י תְרוּמָ֖ה ה֑וּא וּתְרוּמָ֞ה יִהְיֶ֨ה
מֵאֵ֤ת בְּנֵֽי־יִשְׂרָאֵל֙ מִזִּבְחֵ֣י שַׁלְמֵיהֶ֔ם תְּרוּמָתָ֖ם לַיהוָֽה׃
כט) וּבִגְדֵ֤י הַקֹּ֙דֶשׁ֙ אֲשֶׁ֣ר לְאַהֲרֹ֔ן יִהְי֥וּ לְבָנָ֖יו אַחֲרָ֑יו לְמָשְׁחָ֣ה בָהֶ֔ם וּלְמַלֵּא־בָ֖ם אֶת־יָדָֽם׃
ל) שִׁבְעַ֣ת יָמִ֗ים יִלְבָּשָׁ֧ם הַכֹּהֵ֛ן תַּחְתָּ֖יו מִבָּנָ֑יו אֲשֶׁ֨ר יָבֹ֜א אֶל־אֹ֣הֶל מוֹעֵ֗ד לְשָׁרֵ֖ת בַּקֹּֽדֶשׁ׃
לא) וְאֵ֛ת אֵ֥יל הַמִּלֻּאִ֖ים תִּקָּ֑ח וּבִשַּׁלְתָּ֥ אֶת־בְּשָׂר֖וֹ בְּמָקֹ֥ם קָדֹֽשׁ׃
לב) וְאָכַ֨ל אַהֲרֹ֤ן וּבָנָיו֙ אֶת־בְּשַׂ֣ר הָאַ֔יִל וְאֶת־הַלֶּ֖חֶם אֲשֶׁ֣ר בַּסָּ֑ל פֶּ֖תַח אֹ֥הֶל מוֹעֵֽד׃
לג) וְאָכְל֤וּ אֹתָם֙ אֲשֶׁ֣ר כֻּפַּ֣ר בָּהֶ֔ם לְמַלֵּ֥א אֶת־יָדָ֖ם לְקַדֵּ֣שׁ אֹתָ֑ם וְזָ֥ר לֹא־יֹאכַ֖ל כִּי־קֹ֥דֶשׁ
הֵֽם׃
לד) וְאִם־יִוָּתֵ֞ר מִבְּשַׂ֧ר הַמִּלֻּאִ֛ים וּמִן־הַלֶּ֖חֶם עַד־הַבֹּ֑קֶר וְשָׂרַפְתָּ֤ אֶת־הַנּוֹתָר֙ בָּאֵ֔שׁ לֹ֥א
יֵאָכֵ֖ל כִּי־קֹ֥דֶשׁ הֽוּא׃
לה) וְעָשִׂ֜יתָ לְאַהֲרֹ֤ן וּלְבָנָיו֙ כָּ֔כָה כְּכֹ֖ל אֲשֶׁר־צִוִּ֣יתִי אֹתָ֑כָה שִׁבְעַ֥ת יָמִ֖ים תְּמַלֵּ֥א יָדָֽם׃
לו) וּפַר֩ חַטָּ֨את תַּעֲשֶׂ֤ה לַיּוֹם֙ עַל־הַכִּפֻּרִ֔ים וְחִטֵּאתָ֙ עַל־הַמִּזְבֵּ֔חַ בְּכַפֶּרְךָ֖ עָלָ֑יו וּמָשַׁחְתָּ֥
אֹת֖וֹ לְקַדְּשֽׁוֹ׃
לז) שִׁבְעַ֣ת יָמִ֗ים תְּכַפֵּר֙ עַל־הַמִּזְבֵּ֔חַ וְקִדַּשְׁתָּ֖ אֹת֑וֹ וְהָיָ֤ה הַמִּזְבֵּ֙חַ֙ קֹ֣דֶשׁ קָֽדָשִׁ֔ים
כָּל־הַנֹּגֵ֥עַ בַּמִּזְבֵּ֖חַ יִקְדָּֽשׁ׃
{ס}
לח) וְזֶ֕ה אֲשֶׁ֥ר תַּעֲשֶׂ֖ה עַל־הַמִּזְבֵּ֑חַ כְּבָשִׂ֧ים בְּנֵֽי־שָׁנָ֛ה שְׁנַ֥יִם לַיּ֖וֹם תָּמִֽיד׃
לט) אֶת־הַכֶּ֥בֶשׂ הָאֶחָ֖ד תַּעֲשֶׂ֣ה בַבֹּ֑קֶר וְאֵת֙ הַכֶּ֣בֶשׂ הַשֵּׁנִ֔י תַּעֲשֶׂ֖ה בֵּ֥ין הָעַרְבָּֽיִם׃
מ) וְעִשָּׂרֹ֨ן סֹ֜לֶת בָּל֨וּל בְּשֶׁ֤מֶן כָּתִית֙ רֶ֣בַע הַהִ֔ין וְנֵ֕סֶךְ רְבִיעִ֥ת הַהִ֖ין יָ֑יִן לַכֶּ֖בֶשׂ הָאֶחָֽד׃
מא) וְאֵת֙ הַכֶּ֣בֶשׂ הַשֵּׁנִ֔י תַּעֲשֶׂ֖ה בֵּ֣ין הָעַרְבָּ֑יִם כְּמִנְחַ֨ת הַבֹּ֤קֶר וּכְנִסְכָּהּ֙ תַּעֲשֶׂה־לָּ֔הּ לְרֵ֣יחַ
נִיחֹ֔חַ אִשֶּׁ֖ה לַיהוָֽה׃
מב) עֹלַ֤ת תָּמִיד֙ לְדֹרֹ֣תֵיכֶ֔ם פֶּ֥תַח אֹֽהֶל־מוֹעֵ֖ד לִפְנֵ֣י יְהוָ֑ה אֲשֶׁ֨ר אִוָּעֵ֤ד לָכֶם֙ שָׁ֔מָּה לְדַבֵּ֥ר
אֵלֶ֖יךָ שָֽׁם׃
מג) וְנֹעַדְתִּ֥י שָׁ֖מָּה לִבְנֵ֣י יִשְׂרָאֵ֑ל וְנִקְדַּ֖שׁ בִּכְבֹדִֽי׃
מד) וְקִדַּשְׁתִּ֛י אֶת־אֹ֥הֶל מוֹעֵ֖ד וְאֶת־הַמִּזְבֵּ֑חַ וְאֶת־אַהֲרֹ֧ן וְאֶת־בָּנָ֛יו אֲקַדֵּ֖שׁ לְכַהֵ֥ן לִֽי׃
מה) וְשָׁ֣כַנְתִּ֔י בְּת֖וֹךְ בְּנֵ֣י יִשְׂרָאֵ֑ל וְהָיִ֥יתִי לָהֶ֖ם לֵאלֹהִֽים׃
מו) וְיָדְע֗וּ כִּ֣י אֲנִ֤י יְהוָה֙ אֱלֹ֣הֵיהֶ֔ם אֲשֶׁ֨ר הוֹצֵ֧אתִי אֹתָ֛ם מֵאֶ֥רֶץ מִצְרַ֖יִם לְשָׁכְנִ֣י בְתוֹכָ֑ם אֲנִ֖י
יְהוָ֥ה אֱלֹהֵיהֶֽם׃
{פ}

פרק ל

א) וְעָשִׂ֥יתָ מִזְבֵּ֖חַ מִקְטַ֣ר קְטֹ֑רֶת עֲצֵ֥י שִׁטִּ֖ים תַּעֲשֶׂ֥ה אֹתֽוֹ׃

ב) אַמָּ֨ה אָרְכּ֜וֹ וְאַמָּ֤ה רָחְבּוֹ֙ רָב֣וּעַ יִהְיֶ֔ה וְאַמָּתַ֖יִם קֹמָת֑וֹ מִמֶּ֖נּוּ קַרְנֹתָֽיו׃

ג) וְצִפִּיתָ֨ אֹת֜וֹ זָהָ֣ב טָה֗וֹר אֶת־גַּגּ֧וֹ וְאֶת־קִירֹתָ֛יו סָבִ֖יב וְאֶת־קַרְנֹתָ֑יו וְעָשִׂ֥יתָ לּ֛וֹ זֵ֥ר זָהָ֖ב סָבִֽיב׃

ד) וּשְׁתֵּי֩ טַבְּעֹ֨ת זָהָ֜ב תַּעֲשֶׂה־לּ֣וֹ ׀ מִתַּ֣חַת לְזֵר֗וֹ עַ֚ל שְׁתֵּ֣י צַלְעֹתָ֔יו תַּעֲשֶׂ֖ה עַל־שְׁנֵ֣י צִדָּ֑יו וְהָיָה֙ לְבָתִּ֣ים לְבַדִּ֔ים לָשֵׂ֥את אֹת֖וֹ בָּהֵֽמָּה׃

ה) וְעָשִׂ֥יתָ אֶת־הַבַּדִּ֖ים עֲצֵ֣י שִׁטִּ֑ים וְצִפִּיתָ֥ אֹתָ֖ם זָהָֽב׃

ו) וְנָתַתָּ֤ה אֹתוֹ֙ לִפְנֵ֣י הַפָּרֹ֔כֶת אֲשֶׁ֖ר עַל־אֲרֹ֣ן הָעֵדֻ֑ת לִפְנֵ֣י הַכַּפֹּ֗רֶת אֲשֶׁר֙ עַל־הָ֣עֵדֻ֔ת אֲשֶׁ֛ר אִוָּעֵ֥ד לְךָ֖ שָֽׁמָּה׃

ז) וְהִקְטִ֥יר עָלָ֛יו אַהֲרֹ֖ן קְטֹ֣רֶת סַמִּ֑ים בַּבֹּ֣קֶר בַּבֹּ֗קֶר בְּהֵיטִיב֛וֹ אֶת־הַנֵּרֹ֖ת יַקְטִירֶֽנָּה׃

ח) וּבְהַעֲלֹ֨ת אַהֲרֹ֧ן אֶת־הַנֵּרֹ֛ת בֵּ֥ין הָעַרְבַּ֖יִם יַקְטִירֶ֑נָּה קְטֹ֧רֶת תָּמִ֛יד לִפְנֵ֥י יְהוָ֖ה לְדֹרֹתֵיכֶֽם׃

ט) לֹא־תַעֲל֥וּ עָלָ֛יו קְטֹ֥רֶת זָרָ֖ה וְעֹלָ֣ה וּמִנְחָ֑ה וְנֵ֕סֶךְ לֹ֥א תִסְּכ֖וּ עָלָֽיו׃

י) וְכִפֶּ֤ר אַהֲרֹן֙ עַל־קַרְנֹתָ֔יו אַחַ֖ת בַּשָּׁנָ֑ה מִדַּ֞ם חַטַּ֣את הַכִּפֻּרִ֗ים אַחַ֤ת בַּשָּׁנָה֙ יְכַפֵּ֤ר עָלָיו֙ לְדֹרֹ֣תֵיכֶ֔ם קֹֽדֶשׁ־קָֽדָשִׁ֥ים ה֖וּא לַיהוָֽה׃

{פ}

כי תשא

יא) וַיְדַבֵּ֥ר יְהוָ֖ה אֶל־מֹשֶׁ֥ה לֵּאמֹֽר׃
יב) כִּ֣י תִשָּׂ֞א אֶת־רֹ֥אשׁ בְּנֵֽי־יִשְׂרָאֵל֮ לִפְקֻדֵיהֶם֒ וְנָ֨תְנ֜וּ אִ֣ישׁ כֹּ֧פֶר נַפְשׁ֛וֹ לַיהוָ֖ה בִּפְקֹ֣ד אֹתָ֑ם
וְלֹא־יִהְיֶ֥ה בָהֶ֛ם נֶ֖גֶף בִּפְקֹ֥ד אֹתָֽם׃
יג) זֶ֣ה ׀ יִתְּנ֗וּ כָּל־הָעֹבֵר֙ עַל־הַפְּקֻדִ֔ים מַחֲצִ֥ית הַשֶּׁ֖קֶל בְּשֶׁ֣קֶל הַקֹּ֑דֶשׁ עֶשְׂרִ֤ים גֵּרָה֙ הַשֶּׁ֔קֶל
מַחֲצִ֣ית הַשֶּׁ֔קֶל תְּרוּמָ֖ה לַיהוָֽה׃
יד) כֹּ֗ל הָעֹבֵר֙ עַל־הַפְּקֻדִ֔ים מִבֶּ֛ן עֶשְׂרִ֥ים שָׁנָ֖ה וָמָ֑עְלָה יִתֵּ֖ן תְּרוּמַ֥ת יְהוָֽה׃
טו) הֶֽעָשִׁ֣יר לֹֽא־יַרְבֶּ֗ה וְהַדַּל֙ לֹ֣א יַמְעִ֔יט מִֽמַּחֲצִ֖ית הַשָּׁ֑קֶל לָתֵת֙ אֶת־תְּרוּמַ֣ת יְהוָ֔ה לְכַפֵּ֖ר
עַל־נַפְשֹׁתֵיכֶֽם׃
טז) וְלָקַחְתָּ֞ אֶת־כֶּ֣סֶף הַכִּפֻּרִ֗ים מֵאֵת֙ בְּנֵ֣י יִשְׂרָאֵ֔ל וְנָתַתָּ֣ אֹת֔וֹ עַל־עֲבֹדַ֖ת אֹ֣הֶל מוֹעֵ֑ד וְהָיָה֩
לִבְנֵ֨י יִשְׂרָאֵ֤ל לְזִכָּרוֹן֙ לִפְנֵ֣י יְהוָ֔ה לְכַפֵּ֖ר עַל־נַפְשֹׁתֵיכֶֽם׃
{פ}
יז) וַיְדַבֵּ֥ר יְהוָ֖ה אֶל־מֹשֶׁ֥ה לֵּאמֹֽר׃
יח) וְעָשִׂ֜יתָ כִּיּ֥וֹר נְחֹ֛שֶׁת וְכַנּ֥וֹ נְחֹ֖שֶׁת לְרָחְצָ֑ה וְנָתַתָּ֣ אֹת֗וֹ בֵּֽין־אֹ֤הֶל מוֹעֵד֙ וּבֵ֣ין הַמִּזְבֵּ֔חַ
וְנָתַתָּ֥ שָׁ֖מָּה מָֽיִם׃
יט) וְרָחֲצ֛וּ אַהֲרֹ֥ן וּבָנָ֖יו מִמֶּ֑נּוּ אֶת־יְדֵיהֶ֖ם וְאֶת־רַגְלֵיהֶֽם׃
כ) בְּבֹאָ֞ם אֶל־אֹ֧הֶל מוֹעֵ֛ד יִרְחֲצוּ־מַ֖יִם וְלֹ֣א יָמֻ֑תוּ א֣וֹ בְגִשְׁתָּ֤ם אֶל־הַמִּזְבֵּ֙חַ֙ לְשָׁרֵ֔ת לְהַקְטִ֥יר
אִשֶּׁ֖ה לַיהוָֽה׃
כא) וְרָחֲצ֛וּ יְדֵיהֶ֥ם וְרַגְלֵיהֶ֖ם וְלֹ֣א יָמֻ֑תוּ וְהָיְתָ֨ה לָהֶ֧ם חָק־עוֹלָ֛ם ל֥וֹ וּלְזַרְע֖וֹ לְדֹרֹתָֽם׃
{פ}
כב) וַיְדַבֵּ֥ר יְהוָ֖ה אֶל־מֹשֶׁ֥ה לֵּאמֹֽר׃
כג) וְאַתָּ֣ה קַח־לְךָ֮ בְּשָׂמִ֣ים רֹאשׁ֒ מָר־דְּרוֹר֙ חֲמֵ֣שׁ מֵא֔וֹת וְקִנְּמָן־בֶּ֥שֶׂם מַחֲצִית֖וֹ חֲמִשִּׁ֣ים
וּמָאתָ֑יִם וּקְנֵה־בֹ֖שֶׂם חֲמִשִּׁ֥ים וּמָאתָֽיִם׃
כד) וְקִדָּ֕ה חֲמֵ֥שׁ מֵא֖וֹת בְּשֶׁ֣קֶל הַקֹּ֑דֶשׁ וְשֶׁ֥מֶן זַ֖יִת הִֽין׃
כה) וְעָשִׂ֣יתָ אֹת֗וֹ שֶׁ֚מֶן מִשְׁחַת־קֹ֔דֶשׁ רֹ֥קַח מִרְקַ֖חַת מַעֲשֵׂ֣ה רֹקֵ֑חַ שֶׁ֥מֶן מִשְׁחַת־קֹ֖דֶשׁ יִהְיֶֽה׃
כו) וּמָשַׁחְתָּ֥ ב֖וֹ אֶת־אֹ֣הֶל מוֹעֵ֑ד וְאֵ֖ת אֲר֥וֹן הָעֵדֻֽת׃
כז) וְאֶת־הַשֻּׁלְחָן֙ וְאֶת־כָּל־כֵּלָ֔יו וְאֶת־הַמְּנֹרָ֖ה וְאֶת־כֵּלֶ֑יהָ וְאֵ֖ת מִזְבַּ֥ח הַקְּטֹֽרֶת׃
כח) וְאֶת־מִזְבַּ֥ח הָעֹלָ֖ה וְאֶת־כָּל־כֵּלָ֑יו וְאֶת־הַכִּיֹּ֖ר וְאֶת־כַּנּֽוֹ׃
כט) וְקִדַּשְׁתָּ֣ אֹתָ֔ם וְהָי֖וּ קֹ֣דֶשׁ קָֽדָשִׁ֑ים כָּל־הַנֹּגֵ֥עַ בָּהֶ֖ם יִקְדָּֽשׁ׃
ל) וְאֶת־אַהֲרֹ֥ן וְאֶת־בָּנָ֖יו תִּמְשָׁ֑ח וְקִדַּשְׁתָּ֣ אֹתָ֔ם לְכַהֵ֖ן לִֽי׃

לא) וְאֶל־בְּנֵי יִשְׂרָאֵל תְּדַבֵּר לֵאמֹר שֶׁמֶן מִשְׁחַת־קֹדֶשׁ יִהְיֶה זֶה לִי לְדֹרֹתֵיכֶם:

לב) עַל־בְּשַׂר אָדָם לֹא יִיסָךְ וּבְמַתְכֻּנְתּוֹ לֹא תַעֲשׂוּ כָּמֹהוּ קֹדֶשׁ הוּא קֹדֶשׁ יִהְיֶה לָכֶם:

לג) אִישׁ אֲשֶׁר יִרְקַח כָּמֹהוּ וַאֲשֶׁר יִתֵּן מִמֶּנּוּ עַל־זָר וְנִכְרַת מֵעַמָּיו:
{ס}

לד) וַיֹּאמֶר יְהוָה אֶל־מֹשֶׁה קַח־לְךָ סַמִּים נָטָף ׀ וּשְׁחֵלֶת וְחֶלְבְּנָה סַמִּים וּלְבֹנָה זַכָּה בַּד בְּבַד יִהְיֶה:

לה) וְעָשִׂיתָ אֹתָהּ קְטֹרֶת רֹקַח מַעֲשֵׂה רוֹקֵחַ מְמֻלָּח טָהוֹר קֹדֶשׁ:

לו) וְשָׁחַקְתָּ מִמֶּנָּה הָדֵק וְנָתַתָּה מִמֶּנָּה לִפְנֵי הָעֵדֻת בְּאֹהֶל מוֹעֵד אֲשֶׁר אִוָּעֵד לְךָ שָׁמָּה קֹדֶשׁ קָדָשִׁים תִּהְיֶה לָכֶם:

לז) וְהַקְּטֹרֶת אֲשֶׁר תַּעֲשֶׂה בְּמַתְכֻּנְתָּהּ לֹא תַעֲשׂוּ לָכֶם קֹדֶשׁ תִּהְיֶה לְךָ לַיהוָה:

לח) אִישׁ אֲשֶׁר־יַעֲשֶׂה כָמוֹהָ לְהָרִיחַ בָּהּ וְנִכְרַת מֵעַמָּיו:
{ס}

פרק לא

א) וַיְדַבֵּר יְהוָה אֶל־מֹשֶׁה לֵּאמֹר:

ב) רְאֵה קָרָאתִי בְשֵׁם בְּצַלְאֵל בֶּן־אוּרִי בֶן־חוּר לְמַטֵּה יְהוּדָה:

ג) וָאֲמַלֵּא אֹתוֹ רוּחַ אֱלֹהִים בְּחָכְמָה וּבִתְבוּנָה וּבְדַעַת וּבְכָל־מְלָאכָה:

ד) לַחְשֹׁב מַחֲשָׁבֹת לַעֲשׂוֹת בַּזָּהָב וּבַכֶּסֶף וּבַנְּחֹשֶׁת:

ה) וּבַחֲרֹשֶׁת אֶבֶן לְמַלֹּאת וּבַחֲרֹשֶׁת עֵץ לַעֲשׂוֹת בְּכָל־מְלָאכָה:

ו) וַאֲנִי הִנֵּה נָתַתִּי אִתּוֹ אֵת אָהֳלִיאָב בֶּן־אֲחִיסָמָךְ לְמַטֵּה־דָן וּבְלֵב כָּל־חֲכַם־לֵב נָתַתִּי חָכְמָה וְעָשׂוּ אֵת כָּל־אֲשֶׁר צִוִּיתִךָ:

ז) אֵת ׀ אֹהֶל מוֹעֵד וְאֶת־הָאָרֹן לָעֵדֻת וְאֶת־הַכַּפֹּרֶת אֲשֶׁר עָלָיו וְאֵת כָּל־כְּלֵי הָאֹהֶל:

ח) וְאֶת־הַשֻּׁלְחָן וְאֶת־כֵּלָיו וְאֶת־הַמְּנֹרָה הַטְּהֹרָה וְאֶת־כָּל־כֵּלֶיהָ וְאֵת מִזְבַּח הַקְּטֹרֶת:

ט) וְאֶת־מִזְבַּח הָעֹלָה וְאֶת־כָּל־כֵּלָיו וְאֶת־הַכִּיּוֹר וְאֶת־כַּנּוֹ:

י) וְאֵת בִּגְדֵי הַשְּׂרָד וְאֶת־בִּגְדֵי הַקֹּדֶשׁ לְאַהֲרֹן הַכֹּהֵן וְאֶת־בִּגְדֵי בָנָיו לְכַהֵן:

יא) וְאֵת שֶׁמֶן הַמִּשְׁחָה וְאֶת־קְטֹרֶת הַסַּמִּים לַקֹּדֶשׁ כְּכֹל אֲשֶׁר־צִוִּיתִךָ יַעֲשׂוּ:
{פ}

יב) וַיֹּאמֶר יְהוָה אֶל־מֹשֶׁה לֵּאמֹר:

יג) וְאַתָּה דַּבֵּר אֶל־בְּנֵי יִשְׂרָאֵל לֵאמֹר אַךְ אֶת־שַׁבְּתֹתַי תִּשְׁמֹרוּ כִּי אוֹת הִוא בֵּינִי וּבֵינֵיכֶם לְדֹרֹתֵיכֶם לָדַעַת כִּי אֲנִי יְהוָה מְקַדִּשְׁכֶם:

יד) וּשְׁמַרְתֶּם אֶת־הַשַּׁבָּת כִּי קֹדֶשׁ הִוא לָכֶם מְחַלְלֶיהָ מוֹת יוּמָת כִּי כָּל־הָעֹשֶׂה בָהּ

מְלָאכָ֔ה וְנִכְרְתָ֛ה הַנֶּ֥פֶשׁ הַהִ֖וא מִקֶּ֥רֶב עַמֶּֽיהָ׃
טו) שֵׁ֣שֶׁת יָמִים֮ יֵעָשֶׂ֣ה מְלָאכָה֒ וּבַיּ֣וֹם הַשְּׁבִיעִ֗י שַׁבַּ֧ת שַׁבָּת֛וֹן קֹ֖דֶשׁ לַֽיהוָ֑ה כָּל־הָעֹשֶׂ֧ה
מְלָאכָ֛ה בְּי֥וֹם הַשַּׁבָּ֖ת מ֥וֹת יוּמָֽת׃
טז) וְשָׁמְר֥וּ בְנֵֽי־יִשְׂרָאֵ֖ל אֶת־הַשַּׁבָּ֑ת לַעֲשׂ֧וֹת אֶת־הַשַּׁבָּ֛ת לְדֹרֹתָ֖ם בְּרִ֥ית עוֹלָֽם׃
יז) בֵּינִ֗י וּבֵין֙ בְּנֵ֣י יִשְׂרָאֵ֔ל א֥וֹת הִ֖וא לְעֹלָ֑ם כִּי־שֵׁ֣שֶׁת יָמִ֗ים עָשָׂ֤ה יְהוָה֙ אֶת־הַשָּׁמַ֣יִם
וְאֶת־הָאָ֔רֶץ וּבַיּוֹם֙ הַשְּׁבִיעִ֔י שָׁבַ֖ת וַיִּנָּפַֽשׁ׃
{ס}
יח) וַיִּתֵּ֣ן אֶל־מֹשֶׁ֗ה כְּכַלֹּתוֹ֙ לְדַבֵּ֤ר אִתּוֹ֙ בְּהַ֣ר סִינַ֔י שְׁנֵ֖י לֻחֹ֣ת הָעֵדֻ֑ת לֻחֹ֣ת אֶ֔בֶן כְּתֻבִ֖ים
בְּאֶצְבַּ֥ע אֱלֹהִֽים׃

פרק לב

א) וַיַּ֣רְא הָעָ֔ם כִּֽי־בֹשֵׁ֥שׁ מֹשֶׁ֖ה לָרֶ֣דֶת מִן־הָהָ֑ר וַיִּקָּהֵ֨ל הָעָ֜ם עַֽל־אַהֲרֹ֗ן וַיֹּאמְר֤וּ אֵלָיו֙ ק֣וּם
׀ עֲשֵׂה־לָ֣נוּ אֱלֹהִ֗ים אֲשֶׁ֤ר יֵֽלְכוּ֙ לְפָנֵ֔ינוּ כִּי־זֶ֣ה ׀ מֹשֶׁ֣ה הָאִ֗ישׁ אֲשֶׁ֤ר הֶֽעֱלָ֙נוּ֙ מֵאֶ֣רֶץ מִצְרַ֔יִם
לֹ֥א יָדַ֖עְנוּ מֶה־הָ֥יָה לֽוֹ׃
ב) וַיֹּ֤אמֶר אֲלֵהֶם֙ אַהֲרֹ֔ן פָּֽרְקוּ֙ נִזְמֵ֣י הַזָּהָ֔ב אֲשֶׁר֙ בְּאָזְנֵ֣י נְשֵׁיכֶ֔ם בְּנֵיכֶ֖ם וּבְנֹתֵיכֶ֑ם וְהָבִ֖יאוּ
אֵלָֽי׃
ג) וַיִּתְפָּֽרְקוּ֙ כָּל־הָעָ֔ם אֶת־נִזְמֵ֥י הַזָּהָ֖ב אֲשֶׁ֣ר בְּאָזְנֵיהֶ֑ם וַיָּבִ֖יאוּ אֶֽל־אַהֲרֹֽן׃
ד) וַיִּקַּ֣ח מִיָּדָ֗ם וַיָּ֤צַר אֹתוֹ֙ בַּחֶ֔רֶט וַֽיַּעֲשֵׂ֖הוּ עֵ֣גֶל מַסֵּכָ֑ה וַיֹּ֣אמְר֔וּ אֵ֤לֶּה אֱלֹהֶ֙יךָ֙ יִשְׂרָאֵ֔ל אֲשֶׁ֥ר
הֶֽעֱל֖וּךָ מֵאֶ֥רֶץ מִצְרָֽיִם׃
ה) וַיַּ֣רְא אַהֲרֹ֔ן וַיִּ֥בֶן מִזְבֵּ֖חַ לְפָנָ֑יו וַיִּקְרָ֤א אַהֲרֹן֙ וַיֹּאמַ֔ר חַ֥ג לַיהוָ֖ה מָחָֽר׃
ו) וַיַּשְׁכִּ֙ימוּ֙ מִֽמָּחֳרָ֔ת וַיַּעֲל֣וּ עֹלֹ֔ת וַיַּגִּ֖שׁוּ שְׁלָמִ֑ים וַיֵּ֤שֶׁב הָעָם֙ לֶאֱכֹ֣ל וְשָׁת֔וֹ וַיָּקֻ֖מוּ לְצַחֵֽק׃
{פ}
ז) וַיְדַבֵּ֥ר יְהוָ֖ה אֶל־מֹשֶׁ֑ה לֶךְ־רֵ֕ד כִּ֚י שִׁחֵ֣ת עַמְּךָ֔ אֲשֶׁ֥ר הֶעֱלֵ֖יתָ מֵאֶ֥רֶץ מִצְרָֽיִם׃
ח) סָ֣רוּ מַהֵ֗ר מִן־הַדֶּ֙רֶךְ֙ אֲשֶׁ֣ר צִוִּיתִ֔ם עָשׂ֣וּ לָהֶ֔ם עֵ֖גֶל מַסֵּכָ֑ה וַיִּשְׁתַּֽחֲווּ־לוֹ֙ וַיִּזְבְּחוּ־ל֔וֹ
וַיֹּ֣אמְר֔וּ אֵ֤לֶּה אֱלֹהֶ֙יךָ֙ יִשְׂרָאֵ֔ל אֲשֶׁ֥ר הֶעֱל֖וּךָ מֵאֶ֥רֶץ מִצְרָֽיִם׃
ט) וַיֹּ֥אמֶר יְהוָ֖ה אֶל־מֹשֶׁ֑ה רָאִ֙יתִי֙ אֶת־הָעָ֣ם הַזֶּ֔ה וְהִנֵּ֥ה עַם־קְשֵׁה־עֹ֖רֶף הֽוּא׃
י) וְעַתָּה֙ הַנִּ֣יחָה לִּ֔י וְיִֽחַר־אַפִּ֥י בָהֶ֖ם וַאֲכַלֵּ֑ם וְאֶֽעֱשֶׂ֥ה אוֹתְךָ֖ לְג֥וֹי גָּדֽוֹל׃
יא) וַיְחַ֣ל מֹשֶׁ֔ה אֶת־פְּנֵ֖י יְהוָ֣ה אֱלֹהָ֑יו וַיֹּ֗אמֶר לָמָ֤ה יְהוָה֙ יֶחֱרֶ֣ה אַפְּךָ֔ בְּעַמֶּ֔ךָ אֲשֶׁ֤ר הוֹצֵ֙אתָ֙
מֵאֶ֣רֶץ מִצְרַ֔יִם בְּכֹ֥חַ גָּד֖וֹל וּבְיָ֥ד חֲזָקָֽה׃
יב) לָ֩מָּה֩ יֹאמְר֨וּ מִצְרַ֜יִם לֵאמֹ֗ר בְּרָעָ֤ה הֽוֹצִיאָם֙ לַהֲרֹ֤ג אֹתָם֙ בֶּֽהָרִ֔ים וּלְכַ֨לֹּתָ֔ם מֵעַ֖ל פְּנֵ֣י
הָאֲדָמָ֑ה שׁ֚וּב מֵחֲר֣וֹן אַפֶּ֔ךָ וְהִנָּחֵ֥ם עַל־הָרָעָ֖ה לְעַמֶּֽךָ׃

יג) זְכֹ֡ר לְאַבְרָהָם֩ לְיִצְחָ֨ק וּלְיִשְׂרָאֵ֜ל עֲבָדֶ֗יךָ אֲשֶׁ֨ר נִשְׁבַּ֣עְתָּ לָהֶם֮ בָּךְ֒ וַתְּדַבֵּ֣ר אֲלֵהֶ֔ם אַרְבֶּה֙ אֶֽת־זַרְעֲכֶ֔ם כְּכוֹכְבֵ֖י הַשָּׁמָ֑יִם וְכָל־הָאָ֨רֶץ הַזֹּ֜את אֲשֶׁ֣ר אָמַ֗רְתִּי אֶתֵּן֙ לְזַרְעֲכֶ֔ם וְנָחֲל֖וּ לְעֹלָֽם׃

יד) וַיִּנָּ֖חֶם יְהוָ֑ה עַל־הָ֣רָעָ֔ה אֲשֶׁ֥ר דִּבֶּ֖ר לַעֲשׂ֥וֹת לְעַמּֽוֹ׃

{פ}

טו) וַיִּ֜פֶן וַיֵּ֤רֶד מֹשֶׁה֙ מִן־הָהָ֔ר וּשְׁנֵ֛י לֻחֹ֥ת הָעֵדֻ֖ת בְּיָד֑וֹ לֻחֹ֗ת כְּתֻבִים֙ מִשְּׁנֵ֣י עֶבְרֵיהֶ֔ם מִזֶּ֥ה וּמִזֶּ֖ה הֵ֥ם כְּתֻבִֽים׃

טז) וְהַ֨לֻּחֹ֔ת מַעֲשֵׂ֥ה אֱלֹהִ֖ים הֵ֑מָּה וְהַמִּכְתָּ֗ב מִכְתַּ֤ב אֱלֹהִים֙ ה֔וּא חָר֖וּת עַל־הַלֻּחֹֽת׃

יז) וַיִּשְׁמַ֧ע יְהוֹשֻׁ֛עַ אֶת־ק֥וֹל הָעָ֖ם בְּרֵעֹ֑ה וַיֹּ֙אמֶר֙ אֶל־מֹשֶׁ֔ה ק֥וֹל מִלְחָמָ֖ה בַּֽמַּחֲנֶֽה׃

יח) וַיֹּ֗אמֶר אֵ֤ין קוֹל֙ עֲנ֣וֹת גְּבוּרָ֔ה וְאֵ֥ין ק֖וֹל עֲנ֣וֹת חֲלוּשָׁ֑ה ק֣וֹל עַנּ֔וֹת אָנֹכִ֖י שֹׁמֵֽעַ׃

יט) וַיְהִ֗י כַּאֲשֶׁ֤ר קָרַב֙ אֶל־הַֽמַּחֲנֶ֔ה וַיַּ֥רְא אֶת־הָעֵ֖גֶל וּמְחֹלֹ֑ת וַיִּֽחַר־אַ֣ף מֹשֶׁ֗ה וַיַּשְׁלֵ֤ךְ מִיָּדָו֙ אֶת־הַלֻּחֹ֔ת וַיְשַׁבֵּ֥ר אֹתָ֖ם תַּ֥חַת הָהָֽר׃

כ) וַיִּקַּ֞ח אֶת־הָעֵ֨גֶל אֲשֶׁ֤ר עָשׂוּ֙ וַיִּשְׂרֹ֣ף בָּאֵ֔שׁ וַיִּטְחַ֖ן עַ֣ד אֲשֶׁר־דָּ֑ק וַיִּ֙זֶר֙ עַל־פְּנֵ֣י הַמַּ֔יִם וַיַּ֖שְׁקְ אֶת־בְּנֵ֥י יִשְׂרָאֵֽל׃

כא) וַיֹּ֤אמֶר מֹשֶׁה֙ אֶֽל־אַהֲרֹ֔ן מֶה־עָשָׂ֥ה לְךָ֖ הָעָ֣ם הַזֶּ֑ה כִּֽי־הֵבֵ֥אתָ עָלָ֖יו חֲטָאָ֥ה גְדֹלָֽה׃

כב) וַיֹּ֣אמֶר אַהֲרֹ֔ן אַל־יִ֥חַר אַ֖ף אֲדֹנִ֑י אַתָּה֙ יָדַ֣עְתָּ אֶת־הָעָ֔ם כִּ֥י בְרָ֖ע הֽוּא׃

כג) וַיֹּ֣אמְרוּ לִ֗י עֲשֵׂה־לָ֙נוּ֙ אֱלֹהִ֔ים אֲשֶׁ֥ר יֵלְכ֖וּ לְפָנֵ֑ינוּ כִּי־זֶ֣ה ׀ מֹשֶׁ֣ה הָאִ֗ישׁ אֲשֶׁ֤ר הֶֽעֱלָ֙נוּ֙ מֵאֶ֣רֶץ מִצְרַ֔יִם לֹ֥א יָדַ֖עְנוּ מֶה־הָ֥יָה לֽוֹ׃

כד) וָאֹמַ֤ר לָהֶם֙ לְמִ֣י זָהָ֔ב הִתְפָּרָ֖קוּ וַיִּתְּנוּ־לִ֑י וָאַשְׁלִכֵ֣הוּ בָאֵ֔שׁ וַיֵּצֵ֖א הָעֵ֥גֶל הַזֶּֽה׃

כה) וַיַּ֤רְא מֹשֶׁה֙ אֶת־הָעָ֔ם כִּ֥י פָרֻ֖עַ ה֑וּא כִּֽי־פְרָעֹ֣ה אַהֲרֹ֔ן לְשִׁמְצָ֖ה בְּקָמֵיהֶֽם׃

כו) וַיַּעֲמֹ֤ד מֹשֶׁה֙ בְּשַׁ֣עַר הַֽמַּחֲנֶ֔ה וַיֹּ֕אמֶר מִ֥י לַיהוָ֖ה אֵלָ֑י וַיֵּאָסְפ֥וּ אֵלָ֖יו כָּל־בְּנֵ֥י לֵוִֽי׃

כז) וַיֹּ֣אמֶר לָהֶ֗ם כֹּֽה־אָמַ֤ר יְהוָה֙ אֱלֹהֵ֣י יִשְׂרָאֵ֔ל שִׂ֥ימוּ אִישׁ־חַרְבּ֖וֹ עַל־יְרֵכ֑וֹ עִבְר֨וּ וָשׁ֜וּבוּ מִשַּׁ֤עַר לָשַׁ֙עַר֙ בַּֽמַּחֲנֶ֔ה וְהִרְג֧וּ אִֽישׁ־אֶת־אָחִ֛יו וְאִ֥ישׁ אֶת־רֵעֵ֖הוּ וְאִ֥ישׁ אֶת־קְרֹבֽוֹ׃

כח) וַיַּעֲשׂ֥וּ בְנֵֽי־לֵוִ֖י כִּדְבַ֣ר מֹשֶׁ֑ה וַיִּפֹּ֤ל מִן־הָעָם֙ בַּיּ֣וֹם הַה֔וּא כִּשְׁלֹ֥שֶׁת אַלְפֵ֖י אִֽישׁ׃

כט) וַיֹּ֣אמֶר מֹשֶׁ֗ה מִלְא֨וּ יֶדְכֶ֤ם הַיּוֹם֙ לַֽיהוָ֔ה כִּ֛י אִ֥ישׁ בִּבְנ֖וֹ וּבְאָחִ֑יו וְלָתֵ֧ת עֲלֵיכֶ֛ם הַיּ֖וֹם בְּרָכָֽה׃

ל) וַיְהִי֙ מִֽמָּחֳרָ֔ת וַיֹּ֤אמֶר מֹשֶׁה֙ אֶל־הָעָ֔ם אַתֶּ֥ם חֲטָאתֶ֖ם חֲטָאָ֣ה גְדֹלָ֑ה וְעַתָּה֙ אֶֽעֱלֶ֣ה אֶל־יְהוָ֔ה אוּלַ֥י אֲכַפְּרָ֖ה בְּעַ֥ד חַטַּאתְכֶֽם׃

לא) וַיָּ֧שָׁב מֹשֶׁ֛ה אֶל־יְהוָ֖ה וַיֹּאמַ֑ר אָ֣נָּ֗א חָטָ֞א הָעָ֤ם הַזֶּה֙ חֲטָאָ֣ה גְדֹלָ֔ה וַיַּעֲשׂ֥וּ לָהֶ֖ם אֱלֹהֵ֥י זָהָֽב׃

לב) וְעַתָּ֖ה אִם־תִּשָּׂ֣א חַטָּאתָ֑ם וְאִם־אַ֕יִן מְחֵ֣נִי נָ֔א מִֽסִּפְרְךָ֖ אֲשֶׁ֥ר כָּתָֽבְתָּ׃

לג) וַיֹּ֥אמֶר יְהוָ֖ה אֶל־מֹשֶׁ֑ה מִ֚י אֲשֶׁ֣ר חָֽטָא־לִ֔י אֶמְחֶ֖נּוּ מִסִּפְרִֽי׃
לד) וְעַתָּ֞ה לֵ֣ךְ ׀ נְחֵ֣ה אֶת־הָעָ֗ם אֶ֤ל אֲשֶׁר־דִּבַּ֙רְתִּי֙ לָ֔ךְ הִנֵּ֥ה מַלְאָכִ֖י יֵלֵ֣ךְ לְפָנֶ֑יךָ וּבְי֣וֹם
פָּקְדִ֔י וּפָקַדְתִּ֥י עֲלֵהֶ֖ם חַטָּאתָֽם׃
לה) וַיִּגֹּ֥ף יְהוָ֖ה אֶת־הָעָ֑ם עַ֚ל אֲשֶׁ֣ר עָשׂ֣וּ אֶת־הָעֵ֔גֶל אֲשֶׁ֥ר עָשָׂ֖ה אַהֲרֹֽן׃
{ס}

פרק לג

א) וַיְדַבֵּ֨ר יְהוָ֤ה אֶל־מֹשֶׁה֙ לֵ֣ךְ עֲלֵ֣ה מִזֶּ֔ה אַתָּ֣ה וְהָעָ֔ם אֲשֶׁ֥ר הֶעֱלִ֖יתָ מֵאֶ֣רֶץ מִצְרָ֑יִם
אֶל־הָאָ֗רֶץ אֲשֶׁ֣ר נִ֠שְׁבַּעְתִּי לְאַבְרָהָ֨ם לְיִצְחָ֤ק וּֽלְיַעֲקֹב֙ לֵאמֹ֔ר לְזַרְעֲךָ֖ אֶתְּנֶֽנָּה׃
ב) וְשָׁלַחְתִּ֥י לְפָנֶ֖יךָ מַלְאָ֑ךְ וְגֵֽרַשְׁתִּ֗י אֶת־הַֽכְּנַעֲנִי֙ הָֽאֱמֹרִ֔י וְהַֽחִתִּי֙ וְהַפְּרִזִּ֔י הַֽחִוִּ֖י וְהַיְבוּסִֽי׃
ג) אֶל־אֶ֛רֶץ זָבַ֥ת חָלָ֖ב וּדְבָ֑שׁ כִּי֩ לֹ֨א אֶֽעֱלֶ֜ה בְּקִרְבְּךָ֗ כִּ֤י עַם־קְשֵׁה־עֹ֙רֶף֙ אַ֔תָּה פֶּן־אֲכֶלְךָ֖
בַּדָּֽרֶךְ׃
ד) וַיִּשְׁמַ֣ע הָעָ֗ם אֶת־הַדָּבָ֥ר הָרָ֛ע הַזֶּ֖ה וַיִּתְאַבָּ֑לוּ וְלֹא־שָׁ֛תוּ אִ֥ישׁ עֶדְי֖וֹ עָלָֽיו׃
ה) וַיֹּ֨אמֶר יְהוָ֜ה אֶל־מֹשֶׁ֗ה אֱמֹ֤ר אֶל־בְּנֵֽי־יִשְׂרָאֵל֙ אַתֶּ֣ם עַם־קְשֵׁה־עֹ֔רֶף רֶ֧גַע אֶחָ֛ד אֶֽעֱלֶ֥ה
בְקִרְבְּךָ֖ וְכִלִּיתִ֑יךָ וְעַתָּ֗ה הוֹרֵ֤ד עֶדְיְךָ֙ מֵֽעָלֶ֔יךָ וְאֵֽדְעָ֖ה מָ֥ה אֶֽעֱשֶׂה־לָּֽךְ׃
ו) וַיִּֽתְנַצְּל֧וּ בְנֵֽי־יִשְׂרָאֵ֛ל אֶת־עֶדְיָ֖ם מֵהַ֥ר חוֹרֵֽב׃
ז) וּמֹשֶׁה֩ יִקַּ֨ח אֶת־הָאֹ֜הֶל וְנָֽטָה־ל֣וֹ ׀ מִח֣וּץ לַֽמַּחֲנֶ֗ה הַרְחֵק֙ מִן־הַֽמַּחֲנֶ֔ה וְקָ֥רָא ל֖וֹ אֹ֣הֶל
מוֹעֵ֑ד וְהָיָה֙ כָּל־מְבַקֵּ֣שׁ יְהוָ֔ה יֵצֵא֙ אֶל־אֹ֣הֶל מוֹעֵ֔ד אֲשֶׁ֖ר מִח֥וּץ לַֽמַּחֲנֶֽה׃
ח) וְהָיָ֗ה כְּצֵ֤את מֹשֶׁה֙ אֶל־הָאֹ֔הֶל יָק֙וּמוּ֙ כָּל־הָעָ֔ם וְנִ֨צְּב֔וּ אִ֖ישׁ פֶּ֣תַח אָהֳל֑וֹ וְהִבִּ֙יטוּ֙ אַחֲרֵ֣י
מֹשֶׁ֔ה עַד־בֹּא֖וֹ הָאֹֽהֱלָה׃
ט) וְהָיָ֗ה כְּבֹ֤א מֹשֶׁה֙ הָאֹ֔הֱלָה יֵרֵד֙ עַמּ֣וּד הֶֽעָנָ֔ן וְעָמַ֖ד פֶּ֣תַח הָאֹ֑הֶל וְדִבֶּ֖ר עִם־מֹשֶֽׁה׃
י) וְרָאָ֤ה כָל־הָעָם֙ אֶת־עַמּ֣וּד הֶֽעָנָ֔ן עֹמֵ֖ד פֶּ֣תַח הָאֹ֑הֶל וְקָ֤ם כָּל־הָעָם֙ וְהִֽשְׁתַּחֲוּ֔וּ אִ֖ישׁ פֶּ֥תַח
אָהֳלֽוֹ׃
יא) וְדִבֶּ֨ר יְהוָ֤ה אֶל־מֹשֶׁה֙ פָּנִ֣ים אֶל־פָּנִ֔ים כַּאֲשֶׁ֛ר יְדַבֵּ֥ר אִ֖ישׁ אֶל־רֵעֵ֑הוּ וְשָׁב֙ אֶל־הַֽמַּחֲנֶ֔ה
וּמְשָׁ֣רְת֗וֹ יְהוֹשֻׁ֤עַ בִּן־נוּן֙ נַ֔עַר לֹ֥א יָמִ֖ישׁ מִתּ֥וֹךְ הָאֹֽהֶל׃
{פ}
יב) וַיֹּ֨אמֶר מֹשֶׁ֜ה אֶל־יְהוָ֗ה רְ֠אֵה אַתָּ֞ה אֹמֵ֤ר אֵלַי֙ הַ֚עַל אֶת־הָעָ֣ם הַזֶּ֔ה וְאַתָּה֙ לֹ֣א הֽוֹדַעְתַּ֔נִי
אֵ֥ת אֲשֶׁר־תִּשְׁלַ֖ח עִמִּ֑י וְאַתָּ֤ה אָמַ֙רְתָּ֙ יְדַעְתִּ֣יךָֽ בְשֵׁ֔ם וְגַם־מָצָ֥אתָ חֵ֖ן בְּעֵינָֽי׃
יג) וְעַתָּ֡ה אִם־נָא֩ מָצָ֨אתִי חֵ֜ן בְּעֵינֶ֗יךָ הוֹדִעֵ֤נִי נָא֙ אֶת־דְּרָכֶ֔ךָ וְאֵדָ֣עֲךָ֔ לְמַ֥עַן אֶמְצָא־חֵ֖ן
בְּעֵינֶ֑יךָ וּרְאֵ֕ה כִּ֥י עַמְּךָ֖ הַגּ֥וֹי הַזֶּֽה׃
יד) וַיֹּאמַ֑ר פָּנַ֥י יֵלֵ֖כוּ וַהֲנִחֹ֥תִי לָֽךְ׃

טו) וַיֹּ֖אמֶר אֵלָ֑יו אִם־אֵ֤ין פָּנֶ֙יךָ֙ הֹלְכִ֔ים אַֽל־תַּעֲלֵ֖נוּ מִזֶּֽה׃
טז) וּבַמֶּ֣ה ׀ יִוָּדַ֣ע אֵפ֗וֹא כִּֽי־מָצָ֨אתִי חֵ֤ן בְּעֵינֶ֙יךָ֙ אֲנִ֣י וְעַמֶּ֔ךָ הֲל֖וֹא בְּלֶכְתְּךָ֣ עִמָּ֑נוּ וְנִפְלֵ֙ינוּ֙
אֲנִ֣י וְעַמְּךָ֔ מִכָּ֨ל־הָעָ֔ם אֲשֶׁ֖ר עַל־פְּנֵ֥י הָאֲדָמָֽה׃
{פ}
יז) וַיֹּ֤אמֶר יְהוָה֙ אֶל־מֹשֶׁ֔ה גַּ֚ם אֶת־הַדָּבָ֥ר הַזֶּ֛ה אֲשֶׁ֥ר דִּבַּ֖רְתָּ אֶעֱשֶׂ֑ה כִּֽי־מָצָ֤אתָ חֵן֙ בְּעֵינַ֔י
וָאֵדָעֲךָ֖ בְּשֵֽׁם׃
יח) וַיֹּאמַ֑ר הַרְאֵ֥נִי נָ֖א אֶת־כְּבֹדֶֽךָ׃
יט) וַיֹּ֗אמֶר אֲנִ֨י אַעֲבִ֤יר כָּל־טוּבִי֙ עַל־פָּנֶ֔יךָ וְקָרָ֧אתִי בְשֵׁ֛ם יְהוָ֖ה לְפָנֶ֑יךָ וְחַנֹּתִי֙ אֶת־אֲשֶׁ֣ר
אָחֹ֔ן וְרִחַמְתִּ֖י אֶת־אֲשֶׁ֥ר אֲרַחֵֽם׃
כ) וַיֹּ֕אמֶר לֹ֥א תוּכַ֖ל לִרְאֹ֣ת אֶת־פָּנָ֑י כִּ֛י לֹֽא־יִרְאַ֥נִי הָאָדָ֖ם וָחָֽי׃
כא) וַיֹּ֣אמֶר יְהוָ֔ה הִנֵּ֥ה מָק֖וֹם אִתִּ֑י וְנִצַּבְתָּ֖ עַל־הַצּֽוּר׃
כב) וְהָיָה֙ בַּעֲבֹ֣ר כְּבֹדִ֔י וְשַׂמְתִּ֖יךָ בְּנִקְרַ֣ת הַצּ֑וּר וְשַׂכֹּתִ֥י כַפִּ֛י עָלֶ֖יךָ עַד־עָבְרִֽי׃
כג) וַהֲסִרֹתִי֙ אֶת־כַּפִּ֔י וְרָאִ֖יתָ אֶת־אֲחֹרָ֑י וּפָנַ֖י לֹ֥א יֵרָאֽוּ׃
{פ}

פרק לד

א) וַיֹּ֤אמֶר יְהוָה֙ אֶל־מֹשֶׁ֔ה פְּסָל־לְךָ֛ שְׁנֵֽי־לֻחֹ֥ת אֲבָנִ֖ים כָּרִאשֹׁנִ֑ים וְכָתַבְתִּי֙ עַל־הַלֻּחֹ֔ת
אֶת־הַדְּבָרִ֔ים אֲשֶׁ֥ר הָי֛וּ עַל־הַלֻּחֹ֥ת הָרִאשֹׁנִ֖ים אֲשֶׁ֥ר שִׁבַּֽרְתָּ׃
ב) וֶהְיֵ֥ה נָכ֖וֹן לַבֹּ֑קֶר וְעָלִ֤יתָ בַבֹּ֙קֶר֙ אֶל־הַ֣ר סִינַ֔י וְנִצַּבְתָּ֥ לִ֛י שָׁ֖ם עַל־רֹ֥אשׁ הָהָֽר׃
ג) וְאִישׁ֙ לֹא־יַעֲלֶ֣ה עִמָּ֔ךְ וְגַם־אִ֥ישׁ אַל־יֵרָ֖א בְּכָל־הָהָ֑ר גַּם־הַצֹּ֤אן וְהַבָּקָר֙ אַל־יִרְע֔וּ
אֶל־מ֖וּל הָהָ֥ר הַהֽוּא׃
ד) וַיִּפְסֹ֡ל שְׁנֵֽי־לֻחֹ֨ת אֲבָנִ֜ים כָּרִאשֹׁנִ֗ים וַיַּשְׁכֵּ֨ם מֹשֶׁ֤ה בַבֹּ֙קֶר֙ וַיַּ֙עַל֙ אֶל־הַ֣ר סִינַ֔י כַּאֲשֶׁ֛ר
צִוָּ֥ה יְהוָ֖ה אֹת֑וֹ וַיִּקַּ֣ח בְּיָד֔וֹ שְׁנֵ֖י לֻחֹ֥ת אֲבָנִֽים׃
ה) וַיֵּ֤רֶד יְהוָה֙ בֶּֽעָנָ֔ן וַיִּתְיַצֵּ֥ב עִמּ֖וֹ שָׁ֑ם וַיִּקְרָ֥א בְשֵׁ֖ם יְהוָֽה׃
ו) וַיַּעֲבֹ֨ר יְהוָ֥ה ׀ עַל־פָּנָיו֮ וַיִּקְרָא֒ יְהוָ֣ה ׀ יְהוָ֔ה אֵ֥ל רַח֖וּם וְחַנּ֑וּן אֶ֥רֶךְ אַפַּ֖יִם וְרַב־חֶ֥סֶד
וֶאֱמֶֽת׃
ז) נֹצֵ֥ר חֶ֙סֶד֙ לָאֲלָפִ֔ים נֹשֵׂ֥א עָוֺ֛ן וָפֶ֖שַׁע וְחַטָּאָ֑ה וְנַקֵּה֙ לֹ֣א יְנַקֶּ֔ה פֹּקֵ֣ד ׀ עֲוֺ֣ן אָב֗וֹת
עַל־בָּנִים֙ וְעַל־בְּנֵ֣י בָנִ֔ים עַל־שִׁלֵּשִׁ֖ים וְעַל־רִבֵּעִֽים׃
ח) וַיְמַהֵ֖ר מֹשֶׁ֑ה וַיִּקֹּ֥ד אַ֖רְצָה וַיִּשְׁתָּֽחוּ׃
ט) וַיֹּ֡אמֶר אִם־נָא֩ מָצָ֨אתִי חֵ֤ן בְּעֵינֶ֙יךָ֙ אֲדֹנָ֔י יֵֽלֶךְ־נָ֥א אֲדֹנָ֖י בְּקִרְבֵּ֑נוּ כִּ֤י עַם־קְשֵׁה־עֹ֙רֶף֙
ה֔וּא וְסָלַחְתָּ֛ לַעֲוֺנֵ֥נוּ וּלְחַטָּאתֵ֖נוּ וּנְחַלְתָּֽנוּ׃

י) וַיֹּ֗אמֶר הִנֵּ֣ה אָנֹכִי֮ כֹּרֵ֣ת בְּרִית֒ נֶ֤גֶד כָּל־עַמְּךָ֙ אֶעֱשֶׂ֣ה נִפְלָאֹ֔ת אֲשֶׁ֛ר לֹא־נִבְרְא֥וּ
בְכָל־הָאָ֖רֶץ וּבְכָל־הַגּוֹיִ֑ם וְרָאָ֣ה כָל־הָ֠עָם אֲֽשֶׁר־אַתָּ֨ה בְקִרְבּ֜וֹ אֶת־מַעֲשֵׂ֤ה יְהוָה֙ כִּֽי־נוֹרָ֣א
ה֔וּא אֲשֶׁ֥ר אֲנִ֖י עֹשֶׂ֥ה עִמָּֽךְ׃
יא) שְׁמָ֨ר־לְךָ֔ אֵ֛ת אֲשֶׁ֥ר אָנֹכִ֖י מְצַוְּךָ֣ הַיּ֑וֹם הִנְנִ֧י גֹרֵ֣שׁ מִפָּנֶ֗יךָ אֶת־הָֽאֱמֹרִי֙ וְהַכְּנַעֲנִ֔י וְהַֽחִתִּי֙
וְהַפְּרִזִּ֔י וְהַחִוִּ֖י וְהַיְבוּסִֽי׃
יב) הִשָּׁ֣מֶר לְךָ֗ פֶּן־תִּכְרֹ֤ת בְּרִית֙ לְיוֹשֵׁ֣ב הָאָ֔רֶץ אֲשֶׁ֥ר אַתָּ֖ה בָּ֣א עָלֶ֑יהָ פֶּן־יִהְיֶ֥ה לְמוֹקֵ֖שׁ
בְּקִרְבֶּֽךָ׃
יג) כִּ֤י אֶת־מִזְבְּחֹתָם֙ תִּתֹּצ֔וּן וְאֶת־מַצֵּבֹתָ֖ם תְּשַׁבֵּר֑וּן וְאֶת־אֲשֵׁרָ֖יו תִּכְרֹתֽוּן׃
יד) כִּ֛י לֹ֥א תִֽשְׁתַּחֲוֶ֖ה לְאֵ֣ל אַחֵ֑ר כִּ֤י יְהוָה֙ קַנָּ֣א שְׁמ֔וֹ אֵ֥ל קַנָּ֖א הֽוּא׃
טו) פֶּן־תִּכְרֹ֥ת בְּרִ֖ית לְיוֹשֵׁ֣ב הָאָ֑רֶץ וְזָנ֣וּ ׀ אַחֲרֵ֣י אֱלֹֽהֵיהֶ֗ם וְזָֽבְחוּ֙ לֵאלֹ֣הֵיהֶ֔ם וְקָרָ֣א לְךָ֔
וְאָכַלְתָּ֖ מִזִּבְחֽוֹ׃
טז) וְלָקַחְתָּ֥ מִבְּנֹתָ֖יו לְבָנֶ֑יךָ וְזָנ֣וּ בְנֹתָ֗יו אַחֲרֵי֙ אֱלֹ֣הֵיהֶ֔ן וְהִזְנוּ֙ אֶת־בָּנֶ֔יךָ אַחֲרֵ֖י אֱלֹהֵיהֶֽן׃
יז) אֱלֹהֵ֥י מַסֵּכָ֖ה לֹ֥א תַעֲשֶׂה־לָּֽךְ׃
יח) אֶת־חַ֣ג הַמַּצּוֹת֮ תִּשְׁמֹר֒ שִׁבְעַ֨ת יָמִ֜ים תֹּאכַ֤ל מַצּוֹת֙ אֲשֶׁ֣ר צִוִּיתִ֔ךָ לְמוֹעֵ֖ד חֹ֣דֶשׁ הָאָבִ֑יב
כִּ֚י בְּחֹ֣דֶשׁ הָֽאָבִ֔יב יָצָ֖אתָ מִמִּצְרָֽיִם׃
יט) כָּל־פֶּ֥טֶר רֶ֖חֶם לִ֑י וְכָֽל־מִקְנְךָ֙ תִּזָּכָ֔ר פֶּ֖טֶר שׁ֥וֹר וָשֶֽׂה׃
כ) וּפֶ֤טֶר חֲמוֹר֙ תִּפְדֶּ֣ה בְשֶׂ֔ה וְאִם־לֹ֥א תִפְדֶּ֖ה וַעֲרַפְתּ֑וֹ כֹּ֣ל בְּכ֤וֹר בָּנֶ֙יךָ֙ תִּפְדֶּ֔ה וְלֹא־יֵרָא֥וּ
פָנַ֖י רֵיקָֽם׃
כא) שֵׁ֤שֶׁת יָמִים֙ תַּעֲבֹ֔ד וּבַיּ֥וֹם הַשְּׁבִיעִ֖י תִּשְׁבֹּ֑ת בֶּחָרִ֥ישׁ וּבַקָּצִ֖יר תִּשְׁבֹּֽת׃
כב) וְחַ֤ג שָׁבֻעֹת֙ תַּעֲשֶׂ֣ה לְךָ֔ בִּכּוּרֵ֖י קְצִ֣יר חִטִּ֑ים וְחַג֙ הָֽאָסִ֔יף תְּקוּפַ֖ת הַשָּׁנָֽה׃
כג) שָׁלֹ֥שׁ פְּעָמִ֖ים בַּשָּׁנָ֑ה יֵֽרָאֶה֙ כָּל־זְכ֣וּרְךָ֔ אֶת־פְּנֵ֛י הָאָדֹ֥ן ׀ יְהוָ֖ה אֱלֹהֵ֥י יִשְׂרָאֵֽל׃
כד) כִּֽי־אוֹרִ֤ישׁ גּוֹיִם֙ מִפָּנֶ֔יךָ וְהִרְחַבְתִּ֖י אֶת־גְּבֻלֶ֑ךָ וְלֹא־יַחְמֹ֥ד אִישׁ֙ אֶֽת־אַרְצְךָ֔ בַּעֲלֹֽתְךָ֗
לֵרָאוֹת֙ אֶת־פְּנֵי֙ יְהוָ֣ה אֱלֹהֶ֔יךָ שָׁלֹ֥שׁ פְּעָמִ֖ים בַּשָּׁנָֽה׃
כה) לֹֽא־תִשְׁחַ֥ט עַל־חָמֵ֖ץ דַּם־זִבְחִ֑י וְלֹא־יָלִ֣ין לַבֹּ֔קֶר זֶ֖בַח חַ֥ג הַפָּֽסַח׃
כו) רֵאשִׁ֗ית בִּכּוּרֵי֙ אַדְמָ֣תְךָ֔ תָּבִ֕יא בֵּ֖ית יְהוָ֣ה אֱלֹהֶ֑יךָ לֹֽא־תְבַשֵּׁ֥ל גְּדִ֖י בַּחֲלֵ֥ב אִמּֽוֹ׃
{פ}
כז) וַיֹּ֤אמֶר יְהוָה֙ אֶל־מֹשֶׁ֔ה כְּתָב־לְךָ֖ אֶת־הַדְּבָרִ֣ים הָאֵ֑לֶּה כִּ֞י עַל־פִּ֣י ׀ הַדְּבָרִ֣ים הָאֵ֗לֶּה
כָּרַ֧תִּי אִתְּךָ֛ בְּרִ֖ית וְאֶת־יִשְׂרָאֵֽל׃
כח) וַיְהִי־שָׁ֣ם עִם־יְהוָ֗ה אַרְבָּעִ֥ים יוֹם֙ וְאַרְבָּעִ֣ים לַ֔יְלָה לֶ֚חֶם לֹ֣א אָכַ֔ל וּמַ֖יִם לֹ֣א שָׁתָ֑ה
וַיִּכְתֹּ֣ב עַל־הַלֻּחֹ֗ת אֵ֚ת דִּבְרֵ֣י הַבְּרִ֔ית עֲשֶׂ֖רֶת הַדְּבָרִֽים׃
כט) וַיְהִ֗י בְּרֶ֤דֶת מֹשֶׁה֙ מֵהַ֣ר סִינַ֔י וּשְׁנֵ֨י לֻחֹ֤ת הָֽעֵדֻת֙ בְּיַד־מֹשֶׁ֔ה בְּרִדְתּ֖וֹ מִן־הָהָ֑ר וּמֹשֶׁ֣ה

לֹֽא־יָדַ֗ע כִּ֥י קָרַ֛ן ע֥וֹר פָּנָ֖יו בְּדַבְּר֥וֹ אִתּֽוֹ׃
ל) וַיַּ֨רְא אַהֲרֹ֜ן וְכָל־בְּנֵ֤י יִשְׂרָאֵל֙ אֶת־מֹשֶׁ֔ה וְהִנֵּ֥ה קָרַ֖ן ע֣וֹר פָּנָ֑יו וַיִּֽירְא֖וּ מִגֶּ֥שֶׁת אֵלָֽיו׃
לא) וַיִּקְרָ֤א אֲלֵהֶם֙ מֹשֶׁ֔ה וַיָּשֻׁ֧בוּ אֵלָ֛יו אַהֲרֹ֥ן וְכָל־הַנְּשִׂאִ֖ים בָּעֵדָ֑ה וַיְדַבֵּ֥ר מֹשֶׁ֖ה אֲלֵהֶֽם׃
לב) וְאַחֲרֵי־כֵ֥ן נִגְּשׁ֖וּ כָּל־בְּנֵ֣י יִשְׂרָאֵ֑ל וַיְצַוֵּ֗ם אֵת֩ כָּל־אֲשֶׁ֨ר דִּבֶּ֧ר יְהוָ֛ה אִתּ֖וֹ בְּהַ֥ר סִינָֽי׃
לג) וַיְכַ֣ל מֹשֶׁ֔ה מִדַּבֵּ֖ר אִתָּ֑ם וַיִּתֵּ֥ן עַל־פָּנָ֖יו מַסְוֶֽה׃
לד) וּבְבֹ֨א מֹשֶׁ֜ה לִפְנֵ֤י יְהוָה֙ לְדַבֵּ֣ר אִתּ֔וֹ יָסִ֥יר אֶת־הַמַּסְוֶ֖ה עַד־צֵאת֑וֹ וְיָצָ֗א וְדִבֶּר֙
אֶל־בְּנֵ֣י יִשְׂרָאֵ֔ל אֵ֖ת אֲשֶׁ֥ר יְצֻוֶּֽה׃
לה) וְרָא֤וּ בְנֵֽי־יִשְׂרָאֵל֙ אֶת־פְּנֵ֣י מֹשֶׁ֔ה כִּ֣י קָרַ֔ן ע֖וֹר פְּנֵ֣י מֹשֶׁ֑ה וְהֵשִׁ֨יב מֹשֶׁ֤ה אֶת־הַמַּסְוֶה֙
עַל־פָּנָ֔יו עַד־בֹּא֖וֹ לְדַבֵּ֥ר אִתּֽוֹ׃
{ס}

ויקהל

פרק לה

א) וַיַּקְהֵ֣ל מֹשֶׁ֗ה אֶֽת־כָּל־עֲדַ֛ת בְּנֵ֥י יִשְׂרָאֵ֖ל וַיֹּ֣אמֶר אֲלֵהֶ֑ם אֵ֚לֶּה הַדְּבָרִ֔ים אֲשֶׁר־צִוָּ֥ה יְהוָ֖ה
לַעֲשֹׂ֥ת אֹתָֽם׃
ב) שֵׁ֣שֶׁת יָמִים֮ תֵּעָשֶׂ֣ה מְלָאכָה֒ וּבַיּ֣וֹם הַשְּׁבִיעִ֗י יִהְיֶ֨ה לָכֶ֥ם קֹ֛דֶשׁ שַׁבַּ֥ת שַׁבָּת֖וֹן לַיהוָ֑ה
כָּל־הָעֹשֶׂ֥ה ב֛וֹ מְלָאכָ֖ה יוּמָֽת׃
ג) לֹא־תְבַעֲר֣וּ אֵ֔שׁ בְּכֹ֖ל מֹשְׁבֹתֵיכֶ֑ם בְּי֖וֹם הַשַּׁבָּֽת׃
{פ}
ד) וַיֹּ֣אמֶר מֹשֶׁ֔ה אֶל־כָּל־עֲדַ֥ת בְּנֵֽי־יִשְׂרָאֵ֖ל לֵאמֹ֑ר זֶ֣ה הַדָּבָ֔ר אֲשֶׁר־צִוָּ֥ה יְהוָ֖ה לֵאמֹֽר׃
ה) קְח֨וּ מֵֽאִתְּכֶ֤ם תְּרוּמָה֙ לַֽיהוָ֔ה כֹּ֚ל נְדִ֣יב לִבּ֔וֹ יְבִיאֶ֕הָ אֵ֖ת תְּרוּמַ֣ת יְהוָ֑ה זָהָ֖ב וָכֶ֥סֶף
וּנְחֹֽשֶׁת׃
ו) וּתְכֵ֧לֶת וְאַרְגָּמָ֛ן וְתוֹלַ֥עַת שָׁנִ֖י וְשֵׁ֥שׁ וְעִזִּֽים׃
ז) וְעֹרֹ֨ת אֵילִ֧ם מְאָדָּמִ֛ים וְעֹרֹ֥ת תְּחָשִׁ֖ים וַעֲצֵ֥י שִׁטִּֽים׃
ח) וְשֶׁ֖מֶן לַמָּא֑וֹר וּבְשָׂמִים֙ לְשֶׁ֣מֶן הַמִּשְׁחָ֔ה וְלִקְטֹ֖רֶת הַסַּמִּֽים׃
ט) וְאַ֨בְנֵי־שֹׁ֔הַם וְאַבְנֵ֖י מִלֻּאִ֑ים לָאֵפ֖וֹד וְלַחֹֽשֶׁן׃
י) וְכָל־חֲכַם־לֵ֖ב בָּכֶ֑ם יָבֹ֣אוּ וְיַעֲשׂ֔וּ אֵ֛ת כָּל־אֲשֶׁ֥ר צִוָּ֖ה יְהוָֽה׃
יא) אֶת־הַמִּשְׁכָּ֕ן אֶֽת־אָהֳל֖וֹ וְאֶת־מִכְסֵ֑הוּ אֶת־קְרָסָיו֙ וְאֶת־קְרָשָׁ֔יו אֶת־בְּרִיחָ֕ו אֶת־עַמֻּדָ֖יו
וְאֶת־אֲדָנָֽיו׃
יב) אֶת־הָאָרֹ֥ן וְאֶת־בַּדָּ֖יו אֶת־הַכַּפֹּ֑רֶת וְאֵ֖ת פָּרֹ֥כֶת הַמָּסָֽךְ׃
יג) אֶת־הַשֻּׁלְחָ֥ן וְאֶת־בַּדָּ֖יו וְאֶת־כָּל־כֵּלָ֑יו וְאֵ֖ת לֶ֥חֶם הַפָּנִֽים׃
יד) וְאֶת־מְנֹרַ֥ת הַמָּא֛וֹר וְאֶת־כֵּלֶ֖יהָ וְאֶת־נֵרֹתֶ֑יהָ וְאֵ֖ת שֶׁ֥מֶן הַמָּאֽוֹר׃
טו) וְאֶת־מִזְבַּ֤ח הַקְּטֹ֙רֶת֙ וְאֶת־בַּדָּ֔יו וְאֵת֙ שֶׁ֣מֶן הַמִּשְׁחָ֔ה וְאֵ֖ת קְטֹ֣רֶת הַסַּמִּ֑ים וְאֶת־מָסַ֥ךְ
הַפֶּ֖תַח לְפֶ֥תַח הַמִּשְׁכָּֽן׃
טז) אֵ֣ת ׀ מִזְבַּ֣ח הָעֹלָ֗ה וְאֶת־מִכְבַּ֤ר הַנְּחֹ֙שֶׁת֙ אֲשֶׁר־ל֔וֹ אֶת־בַּדָּ֖יו וְאֶת־כָּל־כֵּלָ֑יו אֶת־הַכִּיֹּ֖ר
וְאֶת־כַּנּֽוֹ׃
יז) אֵ֣ת קַלְעֵ֤י הֶֽחָצֵר֙ אֶת־עַמֻּדָ֣יו וְאֶת־אֲדָנֶ֔יהָ וְאֵ֕ת מָסַ֖ךְ שַׁ֥עַר הֶחָצֵֽר׃
יח) אֶת־יִתְדֹ֥ת הַמִּשְׁכָּ֛ן וְאֶת־יִתְדֹ֥ת הֶחָצֵ֖ר וְאֶת־מֵיתְרֵיהֶֽם׃
יט) אֶת־בִּגְדֵ֥י הַשְּׂרָ֖ד לְשָׁרֵ֣ת בַּקֹּ֑דֶשׁ אֶת־בִּגְדֵ֤י הַקֹּ֙דֶשׁ֙ לְאַהֲרֹ֣ן הַכֹּהֵ֔ן וְאֶת־בִּגְדֵ֥י בָנָ֖יו
לְכַהֵֽן׃

ויקהל

כ) וַיֵּצְאוּ כָּל־עֲדַת בְּנֵי־יִשְׂרָאֵל מִלִּפְנֵי מֹשֶׁה:

כא) וַיָּבֹאוּ כָּל־אִישׁ אֲשֶׁר־נְשָׂאוֹ לִבּוֹ וְכֹל אֲשֶׁר נָדְבָה רוּחוֹ אֹתוֹ הֵבִיאוּ אֶת־תְּרוּמַת יְהוָה לִמְלֶאכֶת אֹהֶל מוֹעֵד וּלְכָל־עֲבֹדָתוֹ וּלְבִגְדֵי הַקֹּדֶשׁ:

כב) וַיָּבֹאוּ הָאֲנָשִׁים עַל־הַנָּשִׁים כֹּל ׀ נְדִיב לֵב הֵבִיאוּ חָח וָנֶזֶם וְטַבַּעַת וְכוּמָז כָּל־כְּלִי זָהָב וְכָל־אִישׁ אֲשֶׁר הֵנִיף תְּנוּפַת זָהָב לַיהוָה:

כג) וְכָל־אִישׁ אֲשֶׁר־נִמְצָא אִתּוֹ תְּכֵלֶת וְאַרְגָּמָן וְתוֹלַעַת שָׁנִי וְשֵׁשׁ וְעִזִּים וְעֹרֹת אֵילִם מְאָדָּמִים וְעֹרֹת תְּחָשִׁים הֵבִיאוּ:

כד) כָּל־מֵרִים תְּרוּמַת כֶּסֶף וּנְחֹשֶׁת הֵבִיאוּ אֵת תְּרוּמַת יְהוָה וְכֹל אֲשֶׁר נִמְצָא אִתּוֹ עֲצֵי שִׁטִּים לְכָל־מְלֶאכֶת הָעֲבֹדָה הֵבִיאוּ:

כה) וְכָל־אִשָּׁה חַכְמַת־לֵב בְּיָדֶיהָ טָווּ וַיָּבִיאוּ מַטְוֶה אֶת־הַתְּכֵלֶת וְאֶת־הָאַרְגָּמָן אֶת־תּוֹלַעַת הַשָּׁנִי וְאֶת־הַשֵּׁשׁ:

כו) וְכָל־הַנָּשִׁים אֲשֶׁר נָשָׂא לִבָּן אֹתָנָה בְּחָכְמָה טָווּ אֶת־הָעִזִּים:

כז) וְהַנְּשִׂאִם הֵבִיאוּ אֵת אַבְנֵי הַשֹּׁהַם וְאֵת אַבְנֵי הַמִּלֻּאִים לָאֵפוֹד וְלַחֹשֶׁן:

כח) וְאֶת־הַבֹּשֶׂם וְאֶת־הַשָּׁמֶן לְמָאוֹר וּלְשֶׁמֶן הַמִּשְׁחָה וְלִקְטֹרֶת הַסַּמִּים:

כט) כָּל־אִישׁ וְאִשָּׁה אֲשֶׁר נָדַב לִבָּם אֹתָם לְהָבִיא לְכָל־הַמְּלָאכָה אֲשֶׁר צִוָּה יְהוָה לַעֲשׂוֹת בְּיַד־מֹשֶׁה הֵבִיאוּ בְנֵי־יִשְׂרָאֵל נְדָבָה לַיהוָה:
{פ}

ל) וַיֹּאמֶר מֹשֶׁה אֶל־בְּנֵי יִשְׂרָאֵל רְאוּ קָרָא יְהוָה בְּשֵׁם בְּצַלְאֵל בֶּן־אוּרִי בֶן־חוּר לְמַטֵּה יְהוּדָה:

לא) וַיְמַלֵּא אֹתוֹ רוּחַ אֱלֹהִים בְּחָכְמָה בִּתְבוּנָה וּבְדַעַת וּבְכָל־מְלָאכָה:

לב) וְלַחְשֹׁב מַחֲשָׁבֹת לַעֲשֹׂת בַּזָּהָב וּבַכֶּסֶף וּבַנְּחֹשֶׁת:

לג) וּבַחֲרֹשֶׁת אֶבֶן לְמַלֹּאת וּבַחֲרֹשֶׁת עֵץ לַעֲשׂוֹת בְּכָל־מְלֶאכֶת מַחֲשָׁבֶת:

לד) וּלְהוֹרֹת נָתַן בְּלִבּוֹ הוּא וְאָהֳלִיאָב בֶּן־אֲחִיסָמָךְ לְמַטֵּה־דָן:

לה) מִלֵּא אֹתָם חָכְמַת־לֵב לַעֲשׂוֹת כָּל־מְלֶאכֶת חָרָשׁ ׀ וְחֹשֵׁב וְרֹקֵם בַּתְּכֵלֶת וּבָאַרְגָּמָן בְּתוֹלַעַת הַשָּׁנִי וּבַשֵּׁשׁ וְאֹרֵג עֹשֵׂי כָּל־מְלָאכָה וְחֹשְׁבֵי מַחֲשָׁבֹת:

פרק לו

א) וְעָשָׂה בְצַלְאֵל וְאָהֳלִיאָב וְכֹל ׀ אִישׁ חֲכַם־לֵב אֲשֶׁר נָתַן יְהוָה חָכְמָה וּתְבוּנָה בָּהֵמָּה לָדַעַת לַעֲשֹׂת אֶת־כָּל־מְלֶאכֶת עֲבֹדַת הַקֹּדֶשׁ לְכֹל אֲשֶׁר־צִוָּה יְהוָה:

ב) וַיִּקְרָא מֹשֶׁה אֶל־בְּצַלְאֵל וְאֶל־אָהֳלִיאָב וְאֶל כָּל־אִישׁ חֲכַם־לֵב אֲשֶׁר נָתַן יְהוָה חָכְמָה בְּלִבּוֹ כֹּל אֲשֶׁר נְשָׂאוֹ לִבּוֹ לְקָרְבָה אֶל־הַמְּלָאכָה לַעֲשֹׂת אֹתָהּ:

71

ג) וַיִּקְחוּ מִלִּפְנֵי מֹשֶׁה אֵת כָּל־הַתְּרוּמָה אֲשֶׁר הֵבִיאוּ בְּנֵי יִשְׂרָאֵל לִמְלֶאכֶת עֲבֹדַת הַקֹּדֶשׁ לַעֲשֹׂת אֹתָהּ וְהֵם הֵבִיאוּ אֵלָיו עוֹד נְדָבָה בַּבֹּקֶר בַּבֹּקֶר:

ד) וַיָּבֹאוּ כָּל־הַחֲכָמִים הָעֹשִׂים אֵת כָּל־מְלֶאכֶת הַקֹּדֶשׁ אִישׁ־אִישׁ מִמְּלַאכְתּוֹ אֲשֶׁר־הֵמָּה עֹשִׂים:

ה) וַיֹּאמְרוּ אֶל־מֹשֶׁה לֵּאמֹר מַרְבִּים הָעָם לְהָבִיא מִדֵּי הָעֲבֹדָה לַמְּלָאכָה אֲשֶׁר־צִוָּה יְהוָה לַעֲשֹׂת אֹתָהּ:

ו) וַיְצַו מֹשֶׁה וַיַּעֲבִירוּ קוֹל בַּמַּחֲנֶה לֵאמֹר אִישׁ וְאִשָּׁה אַל־יַעֲשׂוּ־עוֹד מְלָאכָה לִתְרוּמַת הַקֹּדֶשׁ וַיִּכָּלֵא הָעָם מֵהָבִיא:

ז) וְהַמְּלָאכָה הָיְתָה דַיָּם לְכָל־הַמְּלָאכָה לַעֲשׂוֹת אֹתָהּ וְהוֹתֵר:
{ס}

ח) וַיַּעֲשׂוּ כָל־חֲכַם־לֵב בְּעֹשֵׂי הַמְּלָאכָה אֶת־הַמִּשְׁכָּן עֶשֶׂר יְרִיעֹת שֵׁשׁ מָשְׁזָר וּתְכֵלֶת וְאַרְגָּמָן וְתוֹלַעַת שָׁנִי כְּרֻבִים מַעֲשֵׂה חֹשֵׁב עָשָׂה אֹתָם:

ט) אֹרֶךְ הַיְרִיעָה הָאַחַת שְׁמֹנֶה וְעֶשְׂרִים בָּאַמָּה וְרֹחַב אַרְבַּע בָּאַמָּה הַיְרִיעָה הָאֶחָת מִדָּה אַחַת לְכָל־הַיְרִיעֹת:

י) וַיְחַבֵּר אֶת־חֲמֵשׁ הַיְרִיעֹת אַחַת אֶל־אֶחָת וְחָמֵשׁ יְרִיעֹת חִבַּר אַחַת אֶל־אֶחָת:

יא) וַיַּעַשׂ לֻלְאֹת תְּכֵלֶת עַל שְׂפַת הַיְרִיעָה הָאֶחָת מִקָּצָה בַּמַּחְבָּרֶת כֵּן עָשָׂה בִּשְׂפַת הַיְרִיעָה הַקִּיצוֹנָה בַּמַּחְבֶּרֶת הַשֵּׁנִית:

יב) חֲמִשִּׁים לֻלָאֹת עָשָׂה בַּיְרִיעָה הָאֶחָת וַחֲמִשִּׁים לֻלָאֹת עָשָׂה בִּקְצֵה הַיְרִיעָה אֲשֶׁר בַּמַּחְבֶּרֶת הַשֵּׁנִית מַקְבִּילֹת הַלֻּלָאֹת אַחַת אֶל־אֶחָת:

יג) וַיַּעַשׂ חֲמִשִּׁים קַרְסֵי זָהָב וַיְחַבֵּר אֶת־הַיְרִיעֹת אַחַת אֶל־אַחַת בַּקְּרָסִים וַיְהִי הַמִּשְׁכָּן אֶחָד:
{פ}

יד) וַיַּעַשׂ יְרִיעֹת עִזִּים לְאֹהֶל עַל־הַמִּשְׁכָּן עַשְׁתֵּי־עֶשְׂרֵה יְרִיעֹת עָשָׂה אֹתָם:

טו) אֹרֶךְ הַיְרִיעָה הָאַחַת שְׁלֹשִׁים בָּאַמָּה וְאַרְבַּע אַמּוֹת רֹחַב הַיְרִיעָה הָאֶחָת מִדָּה אַחַת לְעַשְׁתֵּי עֶשְׂרֵה יְרִיעֹת:

טז) וַיְחַבֵּר אֶת־חֲמֵשׁ הַיְרִיעֹת לְבָד וְאֶת־שֵׁשׁ הַיְרִיעֹת לְבָד:

יז) וַיַּעַשׂ לֻלָאֹת חֲמִשִּׁים עַל שְׂפַת הַיְרִיעָה הַקִּיצֹנָה בַּמַּחְבָּרֶת וַחֲמִשִּׁים לֻלָאֹת עָשָׂה עַל־שְׂפַת הַיְרִיעָה הַחֹבֶרֶת הַשֵּׁנִית:

יח) וַיַּעַשׂ קַרְסֵי נְחֹשֶׁת חֲמִשִּׁים לְחַבֵּר אֶת־הָאֹהֶל לִהְיֹת אֶחָד:

יט) וַיַּעַשׂ מִכְסֶה לָאֹהֶל עֹרֹת אֵילִם מְאָדָּמִים וּמִכְסֵה עֹרֹת תְּחָשִׁים מִלְמָעְלָה:
{ס}

כ) וַיַּ֥עַשׂ אֶת־הַקְּרָשִׁ֖ים לַמִּשְׁכָּ֑ן עֲצֵ֥י שִׁטִּ֖ים עֹמְדִֽים׃
כא) עֶ֥שֶׂר אַמֹּ֖ת אֹ֣רֶךְ הַקָּ֑רֶשׁ וְאַמָּה֙ וַחֲצִ֣י הָֽאַמָּ֔ה רֹ֖חַב הַקֶּ֥רֶשׁ הָאֶחָֽד׃
כב) שְׁתֵּ֣י יָדֹ֗ת לַקֶּ֙רֶשׁ֙ הָאֶחָ֔ד מְשֻׁלָּבֹ֕ת אַחַ֖ת אֶל־אֶחָ֑ת כֵּ֣ן עָשָׂ֔ה לְכֹ֖ל קַרְשֵׁ֥י הַמִּשְׁכָּֽן׃
כג) וַיַּ֥עַשׂ אֶת־הַקְּרָשִׁ֖ים לַמִּשְׁכָּ֑ן עֶשְׂרִ֣ים קְרָשִׁ֔ים לִפְאַ֖ת נֶ֥גֶב תֵּימָֽנָה׃
כד) וְאַרְבָּעִים֙ אַדְנֵי־כֶ֔סֶף עָשָׂ֕ה תַּ֖חַת עֶשְׂרִ֣ים הַקְּרָשִׁ֑ים שְׁנֵ֨י אֲדָנִ֜ים תַּֽחַת־הַקֶּ֤רֶשׁ הָֽאֶחָד֙
לִשְׁתֵּ֣י יְדֹתָ֔יו וּשְׁנֵ֧י אֲדָנִ֛ים תַּֽחַת־הַקֶּ֥רֶשׁ הָאֶחָ֖ד לִשְׁתֵּ֥י יְדֹתָֽיו׃
כה) וּלְצֶ֧לַע הַמִּשְׁכָּ֛ן הַשֵּׁנִ֖ית לִפְאַ֣ת צָפ֑וֹן עָשָׂ֖ה עֶשְׂרִ֥ים קְרָשִֽׁים׃
כו) וְאַרְבָּעִ֥ים אַדְנֵיהֶ֖ם כָּ֑סֶף שְׁנֵ֣י אֲדָנִ֗ים תַּ֚חַת הַקֶּ֣רֶשׁ הָאֶחָ֔ד וּשְׁנֵ֣י אֲדָנִ֔ים תַּ֖חַת הַקֶּ֥רֶשׁ
הָאֶחָֽד׃
כז) וּֽלְיַרְכְּתֵ֥י הַמִּשְׁכָּ֖ן יָ֑מָּה עָשָׂ֖ה שִׁשָּׁ֥ה קְרָשִֽׁים׃
כח) וּשְׁנֵ֤י קְרָשִׁים֙ עָשָׂ֔ה לִמְקֻצְעֹ֖ת הַמִּשְׁכָּ֑ן בַּיַּרְכָתָֽיִם׃
כט) וְהָי֣וּ תוֹאֲמִם֮ מִלְּמַטָּה֒ וְיַחְדָּ֗ו יִהְי֤וּ תַמִּים֙ אֶל־רֹאשׁ֔וֹ אֶל־הַטַּבַּ֖עַת הָאֶחָ֑ת כֵּ֚ן עָשָׂ֣ה
לִשְׁנֵיהֶ֔ם לִשְׁנֵ֖י הַמִּקְצֹעֹֽת׃
ל) וְהָיוּ֙ שְׁמֹנָ֣ה קְרָשִׁ֔ים וְאַדְנֵיהֶ֣ם כֶּ֔סֶף שִׁשָּׁ֥ה עָשָׂ֖ר אֲדָנִ֑ים שְׁנֵ֣י אֲדָנִ֔ים שְׁנֵ֣י אֲדָנִ֔ים תַּ֖חַת
הַקֶּ֥רֶשׁ הָאֶחָֽד׃
לא) וַיַּ֥עַשׂ בְּרִיחֵ֖י עֲצֵ֣י שִׁטִּ֑ים חֲמִשָּׁ֕ה לְקַרְשֵׁ֥י צֶֽלַע־הַמִּשְׁכָּ֖ן הָאֶחָֽת׃
לב) וַחֲמִשָּׁ֣ה בְרִיחִ֔ם לְקַרְשֵׁ֥י צֶֽלַע־הַמִּשְׁכָּ֖ן הַשֵּׁנִ֑ית וַחֲמִשָּׁ֤ה בְרִיחִם֙ לְקַרְשֵׁ֣י הַמִּשְׁכָּ֔ן
לַיַּרְכָתַ֖יִם יָֽמָּה׃
לג) וַיַּ֖עַשׂ אֶת־הַבְּרִ֣יחַ הַתִּיכֹ֑ן לִבְרֹחַ֙ בְּת֣וֹךְ הַקְּרָשִׁ֔ים מִן־הַקָּצֶ֖ה אֶל־הַקָּצֶֽה׃
לד) וְֽאֶת־הַקְּרָשִׁ֞ים צִפָּ֣ה זָהָ֗ב וְאֶת־טַבְּעֹתָם֙ עָשָׂ֣ה זָהָ֔ב בָּתִּ֖ים לַבְּרִיחִ֑ם וַיְצַ֥ף אֶת־הַבְּרִיחִ֖ם
זָהָֽב׃
לה) וַיַּ֙עַשׂ֙ אֶת־הַפָּרֹ֔כֶת תְּכֵ֥לֶת וְאַרְגָּמָ֛ן וְתוֹלַ֥עַת שָׁנִ֖י וְשֵׁ֣שׁ מָשְׁזָ֑ר מַעֲשֵׂ֥ה חֹשֵׁ֛ב עָשָׂ֥ה אֹתָ֖הּ
כְּרֻבִֽים׃
לו) וַיַּ֣עַשׂ לָ֗הּ אַרְבָּעָה֙ עַמּ֣וּדֵי שִׁטִּ֔ים וַיְצַפֵּ֣ם זָהָ֔ב וָוֵיהֶ֖ם זָהָ֑ב וַיִּצֹ֣ק לָהֶ֔ם אַרְבָּעָ֖ה
אַדְנֵי־כָֽסֶף׃
לז) וַיַּ֤עַשׂ מָסָךְ֙ לְפֶ֣תַח הָאֹ֔הֶל תְּכֵ֧לֶת וְאַרְגָּמָ֛ן וְתוֹלַ֥עַת שָׁנִ֖י וְשֵׁ֣שׁ מָשְׁזָ֑ר מַעֲשֵׂ֖ה רֹקֵֽם׃
לח) וְאֶת־עַמּוּדָ֤יו חֲמִשָּׁה֙ וְאֶת־וָ֣וֵיהֶ֔ם וְצִפָּ֛ה רָאשֵׁיהֶ֥ם וַחֲשֻׁקֵיהֶ֖ם זָהָ֑ב וְאַדְנֵיהֶ֥ם חֲמִשָּׁ֖ה
נְחֹֽשֶׁת׃
{פ}

פרק לז

א) וַיַּ֧עַשׂ בְּצַלְאֵ֛ל אֶת־הָאָרֹ֖ן עֲצֵ֣י שִׁטִּ֑ים אַמָּתַ֨יִם וָחֵ֜צִי אָרְכּ֗וֹ וְאַמָּ֤ה וָחֵ֙צִי֙ רָחְבּ֔וֹ וְאַמָּ֥ה וָחֵ֖צִי קֹמָתֽוֹ:

ב) וַיְצַפֵּ֛הוּ זָהָ֥ב טָה֖וֹר מִבַּ֣יִת וּמִח֑וּץ וַיַּ֥עַשׂ ל֛וֹ זֵ֥ר זָהָ֖ב סָבִֽיב:

ג) וַיִּצֹ֣ק ל֗וֹ אַרְבַּע֙ טַבְּעֹ֣ת זָהָ֔ב עַ֖ל אַרְבַּ֣ע פַּעֲמֹתָ֑יו וּשְׁתֵּ֣י טַבָּעֹ֗ת עַל־צַלְעוֹ֙ הָֽאֶחָ֔ת וּשְׁתֵּי֙ טַבָּעֹ֔ת עַל־צַלְע֖וֹ הַשֵּׁנִֽית:

ד) וַיַּ֥עַשׂ בַּדֵּ֖י עֲצֵ֣י שִׁטִּ֑ים וַיְצַ֥ף אֹתָ֖ם זָהָֽב:

ה) וַיָּבֵ֤א אֶת־הַבַּדִּים֙ בַּטַּבָּעֹ֔ת עַ֖ל צַלְעֹ֣ת הָאָרֹ֑ן לָשֵׂ֖את אֶת־הָאָרֹֽן:

ו) וַיַּ֥עַשׂ כַּפֹּ֖רֶת זָהָ֣ב טָה֑וֹר אַמָּתַ֤יִם וָחֵ֙צִי֙ אָרְכָּ֔הּ וְאַמָּ֥ה וָחֵ֖צִי רָחְבָּֽהּ:

ז) וַיַּ֛עַשׂ שְׁנֵ֥י כְרֻבִ֖ים זָהָ֑ב מִקְשָׁה֙ עָשָׂ֣ה אֹתָ֔ם מִשְּׁנֵ֖י קְצ֥וֹת הַכַּפֹּֽרֶת:

ח) כְּרוּב־אֶחָ֤ד מִקָּצָה֙ מִזֶּ֔ה וּכְרוּב־אֶחָ֥ד מִקָּצָ֖ה מִזֶּ֑ה מִן־הַכַּפֹּ֛רֶת עָשָׂ֥ה אֶת־הַכְּרֻבִ֖ים מִשְּׁנֵ֥י קצוותו (קְצוֹתָֽיו):

ט) וַיִּהְי֣וּ הַכְּרֻבִ֡ים פֹּרְשֵׂ֨י כְנָפַ֜יִם לְמַ֗עְלָה סֹכְכִ֤ים בְּכַנְפֵיהֶם֙ עַל־הַכַּפֹּ֔רֶת וּפְנֵיהֶ֖ם אִ֣ישׁ אֶל־אָחִ֑יו אֶ֨ל־הַכַּפֹּ֔רֶת הָי֖וּ פְּנֵ֥י הַכְּרֻבִֽים:

{פ}

י) וַיַּ֥עַשׂ אֶת־הַשֻּׁלְחָ֖ן עֲצֵ֣י שִׁטִּ֑ים אַמָּתַ֤יִם אָרְכּוֹ֙ וְאַמָּ֣ה רָחְבּ֔וֹ וְאַמָּ֥ה וָחֵ֖צִי קֹמָתֽוֹ:

יא) וַיְצַ֥ף אֹת֖וֹ זָהָ֣ב טָה֑וֹר וַיַּ֥עַשׂ ל֛וֹ זֵ֥ר זָהָ֖ב סָבִֽיב:

יב) וַיַּ֨עַשׂ ל֥וֹ מִסְגֶּ֛רֶת טֹ֖פַח סָבִ֑יב וַיַּ֧עַשׂ זֵר־זָהָ֛ב לְמִסְגַּרְתּ֖וֹ סָבִֽיב:

יג) וַיִּצֹ֣ק ל֔וֹ אַרְבַּ֖ע טַבְּעֹ֣ת זָהָ֑ב וַיִּתֵּן֙ אֶת־הַטַּבָּעֹ֔ת עַ֚ל אַרְבַּ֣ע הַפֵּאֹ֔ת אֲשֶׁ֖ר לְאַרְבַּ֥ע רַגְלָֽיו:

יד) לְעֻמַּת֙ הַמִּסְגֶּ֔רֶת הָי֖וּ הַטַּבָּעֹ֑ת בָּתִּים֙ לַבַּדִּ֔ים לָשֵׂ֖את אֶת־הַשֻּׁלְחָֽן:

טו) וַיַּ֤עַשׂ אֶת־הַבַּדִּים֙ עֲצֵ֣י שִׁטִּ֔ים וַיְצַ֥ף אֹתָ֖ם זָהָ֑ב לָשֵׂ֖את אֶת־הַשֻּׁלְחָֽן:

טז) וַיַּ֜עַשׂ אֶת־הַכֵּלִ֣ים ׀ אֲשֶׁ֣ר עַל־הַשֻּׁלְחָ֗ן אֶת־קְעָרֹתָ֤יו וְאֶת־כַּפֹּתָיו֙ וְאֵת֙ מְנַקִּיֹּתָ֔יו וְאֶת־הַקְּשָׂו֔וֹת אֲשֶׁ֥ר יֻסַּ֖ךְ בָּהֵ֑ן זָהָ֖ב טָהֽוֹר:

{פ}

יז) וַיַּ֥עַשׂ אֶת־הַמְּנֹרָ֖ה זָהָ֣ב טָה֑וֹר מִקְשָׁ֞ה עָשָׂ֤ה אֶת־הַמְּנֹרָה֙ יְרֵכָ֣הּ וְקָנָ֔הּ גְּבִיעֶ֛יהָ כַּפְתֹּרֶ֥יהָ וּפְרָחֶ֖יהָ מִמֶּ֥נָּה הָיֽוּ:

יח) וְשִׁשָּׁ֣ה קָנִ֔ים יֹצְאִ֖ים מִצִּדֶּ֑יהָ שְׁלֹשָׁ֣ה ׀ קְנֵ֣י מְנֹרָ֗ה מִצִּדָּהּ֙ הָֽאֶחָ֔ד וּשְׁלֹשָׁה֙ קְנֵ֣י מְנֹרָ֔ה מִצִּדָּ֖הּ הַשֵּׁנִֽי:

יט) שְׁלֹשָׁ֣ה גְ֠בִעִ֠ים מְֽשֻׁקָּדִ֞ים בַּקָּנֶ֣ה הָאֶחָד֮ כַּפְתֹּ֣ר וָפֶרַח֒ וּשְׁלֹשָׁ֣ה גְבִעִ֗ים מְשֻׁקָּדִ֛ים בְּקָנֶ֥ה

אֶחָ֑ד כַּפְתֹּ֣ר וָפֶ֔רַח כֵּ֚ן לְשֵׁ֣שֶׁת הַקָּנִ֔ים הַיֹּצְאִ֖ים מִן־הַמְּנֹרָֽה׃
כ) וּבַמְּנֹרָ֖ה אַרְבָּעָ֣ה גְבִעִ֑ים מְשֻׁ֨קָּדִ֔ים כַּפְתֹּרֶ֖יהָ וּפְרָחֶֽיהָ׃
כא) וְכַפְתֹּ֡ר תַּחַת֩ שְׁנֵ֨י הַקָּנִ֜ים מִמֶּ֗נָּה וְכַפְתֹּר֙ תַּ֣חַת שְׁנֵ֤י הַקָּנִים֙ מִמֶּ֔נָּה וְכַפְתֹּ֕ר תַּֽחַת־שְׁנֵ֥י
הַקָּנִ֖ים מִמֶּ֑נָּה לְשֵׁ֙שֶׁת֙ הַקָּנִ֔ים הַיֹּצְאִ֖ים מִמֶּֽנָּה׃
כב) כַּפְתֹּרֵיהֶ֥ם וּקְנֹתָ֖ם מִמֶּ֣נָּה הָי֑וּ כֻּלָּ֛הּ מִקְשָׁ֥ה אַחַ֖ת זָהָ֥ב טָהֽוֹר׃
כג) וַיַּ֥עַשׂ אֶת־נֵרֹתֶ֖יהָ שִׁבְעָ֑ה וּמַלְקָחֶ֥יהָ וּמַחְתֹּתֶ֖יהָ זָהָ֥ב טָהֽוֹר׃
כד) כִּכָּ֛ר זָהָ֥ב טָה֖וֹר עָשָׂ֣ה אֹתָ֑הּ וְאֵ֖ת כָּל־כֵּלֶֽיהָ׃
{פ}
כה) וַיַּ֛עַשׂ אֶת־מִזְבַּ֥ח הַקְּטֹ֖רֶת עֲצֵ֣י שִׁטִּ֑ים אַמָּ֣ה אָרְכּוֹ֩ וְאַמָּ֨ה רָחְבּ֜וֹ רָב֗וּעַ וְאַמָּתַ֙יִם֙ קֹֽמָת֔וֹ
מִמֶּ֖נּוּ הָי֥וּ קַרְנֹתָֽיו׃
כו) וַיְצַ֨ף אֹת֜וֹ זָהָ֣ב טָה֗וֹר אֶת־גַּגּ֧וֹ וְאֶת־קִֽירֹתָ֛יו סָבִ֖יב וְאֶת־קַרְנֹתָ֑יו וַיַּ֥עַשׂ ל֛וֹ זֵ֥ר זָהָ֖ב
סָבִֽיב׃
כז) וּשְׁתֵּי֩ טַבְּעֹ֨ת זָהָ֜ב עָֽשָׂה־ל֣וֹ ׀ מִתַּ֣חַת לְזֵר֗וֹ עַ֚ל שְׁתֵּ֣י צַלְעֹתָ֔יו עַ֖ל שְׁנֵ֣י צִדָּ֑יו לְבָתִּ֣ים
לְבַדִּ֔ים לָשֵׂ֥את אֹת֖וֹ בָּהֶֽם׃
כח) וַיַּ֥עַשׂ אֶת־הַבַּדִּ֖ים עֲצֵ֣י שִׁטִּ֑ים וַיְצַ֥ף אֹתָ֖ם זָהָֽב׃
כט) וַיַּ֜עַשׂ אֶת־שֶׁ֤מֶן הַמִּשְׁחָה֙ קֹ֔דֶשׁ וְאֶת־קְטֹ֥רֶת הַסַּמִּ֖ים טָה֑וֹר מַעֲשֵׂ֖ה רֹקֵֽחַ׃
{ס}

פרק לח

א) וַיַּ֛עַשׂ אֶת־מִזְבַּ֥ח הָעֹלָ֖ה עֲצֵ֣י שִׁטִּ֑ים חָמֵשׁ֩ אַמּ֨וֹת אָרְכּ֜וֹ וְחָמֵשׁ־אַמּ֤וֹת רָחְבּוֹ֙ רָב֔וּעַ וְשָׁלֹ֥שׁ
אַמּ֖וֹת קֹמָתֽוֹ׃
ב) וַיַּ֣עַשׂ קַרְנֹתָ֗יו עַ֚ל אַרְבַּ֣ע פִּנֹּתָ֔יו מִמֶּ֖נּוּ הָי֣וּ קַרְנֹתָ֑יו וַיְצַ֥ף אֹת֖וֹ נְחֹֽשֶׁת׃
ג) וַיַּ֜עַשׂ אֶת־כָּל־כְּלֵ֣י הַמִּזְבֵּ֗חַ אֶת־הַסִּירֹ֤ת וְאֶת־הַיָּעִים֙ וְאֶת־הַמִּזְרָקֹ֔ת אֶת־הַמִּזְלָגֹ֖ת
וְאֶת־הַמַּחְתֹּ֑ת כָּל־כֵּלָ֖יו עָשָׂ֥ה נְחֹֽשֶׁת׃
ד) וַיַּ֤עַשׂ לַמִּזְבֵּ֙חַ֙ מִכְבָּ֔ר מַעֲשֵׂ֖ה רֶ֣שֶׁת נְחֹ֑שֶׁת תַּ֧חַת כַּרְכֻּבּ֛וֹ מִלְּמַ֖טָּה עַד־חֶצְיֽוֹ׃
ה) וַיִּצֹ֞ק אַרְבַּ֧ע טַבָּעֹ֛ת בְּאַרְבַּ֥ע הַקְּצָוֺ֖ת לְמִכְבַּ֣ר הַנְּחֹ֑שֶׁת בָּתִּ֖ים לַבַּדִּֽים׃
ו) וַיַּ֥עַשׂ אֶת־הַבַּדִּ֖ים עֲצֵ֣י שִׁטִּ֑ים וַיְצַ֥ף אֹתָ֖ם נְחֹֽשֶׁת׃
ז) וַיָּבֵ֨א אֶת־הַבַּדִּ֜ים בַּטַּבָּעֹ֗ת עַ֚ל צַלְעֹ֣ת הַמִּזְבֵּ֔חַ לָשֵׂ֥את אֹת֖וֹ בָּהֶ֑ם נְב֥וּב לֻחֹ֖ת עָשָׂ֥ה אֹתֽוֹ׃
{ס}
ח) וַיַּ֗עַשׂ אֵ֚ת הַכִּיּ֣וֹר נְחֹ֔שֶׁת וְאֵ֖ת כַּנּ֣וֹ נְחֹ֑שֶׁת בְּמַרְאֹת֙ הַצֹּ֣בְאֹ֔ת אֲשֶׁ֣ר צָֽבְא֔וּ פֶּ֖תַח אֹ֥הֶל
מוֹעֵֽד׃

{ס}

ט) וַיַּ֖עַשׂ אֶת־הֶֽחָצֵ֑ר לִפְאַ֣ת ׀ נֶ֣גֶב תֵּימָ֗נָה קַלְעֵ֤י הֶֽחָצֵר֙ שֵׁ֣שׁ מָשְׁזָ֔ר מֵאָ֖ה בָּאַמָּֽה׃
י) עַמּֽוּדֵיהֶ֣ם עֶשְׂרִ֔ים וְאַדְנֵיהֶ֥ם עֶשְׂרִ֖ים נְחֹ֑שֶׁת וָוֵ֧י הָֽעַמּוּדִ֛ים וַחֲשֻׁקֵיהֶ֖ם כָּֽסֶף׃
יא) וְלִפְאַ֨ת צָפ֜וֹן מֵאָ֣ה בָֽאַמָּ֗ה עַמּֽוּדֵיהֶ֣ם עֶשְׂרִ֔ים וְאַדְנֵיהֶ֥ם עֶשְׂרִ֖ים נְחֹ֑שֶׁת וָוֵ֧י הָֽעַמּוּדִ֛ים
וַחֲשֻׁקֵיהֶ֖ם כָּֽסֶף׃
יב) וְלִפְאַת־יָ֗ם קְלָעִים֙ חֲמִשִּׁ֣ים בָּֽאַמָּ֔ה עַמּֽוּדֵיהֶ֥ם עֲשָׂרָ֖ה וְאַדְנֵיהֶ֣ם עֲשָׂרָ֑ה וָוֵ֧י הָֽעַמֻּדִ֛ים
וַחֲשׁוּקֵיהֶ֖ם כָּֽסֶף׃
יג) וְלִפְאַ֥ת קֵ֖דְמָה מִזְרָ֑חָה חֲמִשִּׁ֖ים אַמָּֽה׃
יד) קְלָעִ֛ים חֲמֵשׁ־עֶשְׂרֵ֥ה אַמָּ֖ה אֶל־הַכָּתֵ֑ף עַמּֽוּדֵיהֶ֣ם שְׁלֹשָׁ֔ה וְאַדְנֵיהֶ֖ם שְׁלֹשָֽׁה׃
טו) וְלַכָּתֵ֣ף הַשֵּׁנִ֗ית מִזֶּ֤ה וּמִזֶּה֙ לְשַׁ֣עַר הֶֽחָצֵ֔ר קְלָעִ֕ים חֲמֵ֥שׁ עֶשְׂרֵ֖ה אַמָּ֑ה עַמֻּֽדֵיהֶ֣ם שְׁלֹשָׁ֔ה
וְאַדְנֵיהֶ֖ם שְׁלֹשָֽׁה׃
טז) כָּל־קַלְעֵ֧י הֶֽחָצֵ֛ר סָבִ֖יב שֵׁ֥שׁ מָשְׁזָֽר׃
יז) וְהָֽאֲדָנִ֣ים לָֽעַמֻּדִים֮ נְחֹשֶׁת֒ וָוֵ֨י הָֽעַמּוּדִ֜ים וַחֲשׁ֣וּקֵיהֶ֗ם כֶּ֔סֶף וְצִפּ֥וּי רָאשֵׁיהֶ֖ם כָּ֑סֶף וְהֵם֙
מְחֻשָּׁקִ֣ים כֶּ֔סֶף כֹּ֖ל עַמֻּדֵ֥י הֶחָצֵֽר׃
יח) וּמָסַ֞ךְ שַׁ֣עַר הֶֽחָצֵ֗ר מַעֲשֵׂ֣ה רֹקֵ֔ם תְּכֵ֥לֶת וְאַרְגָּמָ֛ן וְתוֹלַ֥עַת שָׁנִ֖י וְשֵׁ֣שׁ מָשְׁזָ֑ר וְעֶשְׂרִ֤ים
אַמָּה֙ אֹ֔רֶךְ וְקוֹמָ֤ה בְרֹ֙חַב֙ חָמֵ֣שׁ אַמּ֔וֹת לְעֻמַּ֖ת קַלְעֵ֥י הֶחָצֵֽר׃
יט) וְעַמֻּֽדֵיהֶם֙ אַרְבָּעָ֔ה וְאַדְנֵיהֶ֥ם אַרְבָּעָ֖ה נְחֹ֑שֶׁת וָוֵיהֶ֣ם כֶּ֔סֶף וְצִפּ֧וּי רָֽאשֵׁיהֶ֛ם וַחֲשֻׁקֵיהֶ֖ם
כָּֽסֶף׃
כ) וְֽכָל־הַיְתֵדֹ֞ת לַמִּשְׁכָּ֧ן וְלֶחָצֵ֛ר סָבִ֖יב נְחֹֽשֶׁת׃

{ס}

פקודי

כא) אֵלֶּה פְקוּדֵי הַמִּשְׁכָּן מִשְׁכַּן הָעֵדֻת אֲשֶׁר פֻּקַּד עַל־פִּי מֹשֶׁה עֲבֹדַת הַלְוִיִּם בְּיַד אִיתָמָר בֶּן־אַהֲרֹן הַכֹּהֵן:

כב) וּבְצַלְאֵל בֶּן־אוּרִי בֶן־חוּר לְמַטֵּה יְהוּדָה עָשָׂה אֵת כָּל־אֲשֶׁר־צִוָּה יְהוָה אֶת־מֹשֶׁה:

כג) וְאִתּוֹ אָהֳלִיאָב בֶּן־אֲחִיסָמָךְ לְמַטֵּה־דָן חָרָשׁ וְחֹשֵׁב וְרֹקֵם בַּתְּכֵלֶת וּבָאַרְגָּמָן וּבְתוֹלַעַת הַשָּׁנִי וּבַשֵּׁשׁ:

{ס}

כד) כָּל־הַזָּהָב הֶעָשׂוּי לַמְּלָאכָה בְּכֹל מְלֶאכֶת הַקֹּדֶשׁ וַיְהִי ׀ זְהַב הַתְּנוּפָה תֵּשַׁע וְעֶשְׂרִים כִּכָּר וּשְׁבַע מֵאוֹת וּשְׁלֹשִׁים שֶׁקֶל בְּשֶׁקֶל הַקֹּדֶשׁ:

כה) וְכֶסֶף פְּקוּדֵי הָעֵדָה מְאַת כִּכָּר וְאֶלֶף וּשְׁבַע מֵאוֹת וַחֲמִשָּׁה וְשִׁבְעִים שֶׁקֶל בְּשֶׁקֶל הַקֹּדֶשׁ:

כו) בֶּקַע לַגֻּלְגֹּלֶת מַחֲצִית הַשֶּׁקֶל בְּשֶׁקֶל הַקֹּדֶשׁ לְכֹל הָעֹבֵר עַל־הַפְּקֻדִים מִבֶּן עֶשְׂרִים שָׁנָה וָמַעְלָה לְשֵׁשׁ־מֵאוֹת אֶלֶף וּשְׁלֹשֶׁת אֲלָפִים וַחֲמֵשׁ מֵאוֹת וַחֲמִשִּׁים:

כז) וַיְהִי מְאַת כִּכַּר הַכֶּסֶף לָצֶקֶת אֵת אַדְנֵי הַקֹּדֶשׁ וְאֵת אַדְנֵי הַפָּרֹכֶת מְאַת אֲדָנִים לִמְאַת הַכִּכָּר כִּכָּר לָאָדֶן:

כח) וְאֶת־הָאֶלֶף וּשְׁבַע הַמֵּאוֹת וַחֲמִשָּׁה וְשִׁבְעִים עָשָׂה וָוִים לָעַמּוּדִים וְצִפָּה רָאשֵׁיהֶם וְחִשַּׁק אֹתָם:

כט) וּנְחֹשֶׁת הַתְּנוּפָה שִׁבְעִים כִּכָּר וְאַלְפַּיִם וְאַרְבַּע־מֵאוֹת שָׁקֶל:

ל) וַיַּעַשׂ בָּהּ אֶת־אַדְנֵי פֶּתַח אֹהֶל מוֹעֵד וְאֵת מִזְבַּח הַנְּחֹשֶׁת וְאֶת־מִכְבַּר הַנְּחֹשֶׁת אֲשֶׁר־לוֹ וְאֵת כָּל־כְּלֵי הַמִּזְבֵּחַ:

לא) וְאֶת־אַדְנֵי הֶחָצֵר סָבִיב וְאֶת־אַדְנֵי שַׁעַר הֶחָצֵר וְאֵת כָּל־יִתְדֹת הַמִּשְׁכָּן וְאֶת־כָּל־יִתְדֹת הֶחָצֵר סָבִיב:

פרק לט

א) וּמִן־הַתְּכֵלֶת וְהָאַרְגָּמָן וְתוֹלַעַת הַשָּׁנִי עָשׂוּ בִגְדֵי־שְׂרָד לְשָׁרֵת בַּקֹּדֶשׁ וַיַּעֲשׂוּ אֶת־בִּגְדֵי הַקֹּדֶשׁ אֲשֶׁר לְאַהֲרֹן כַּאֲשֶׁר צִוָּה יְהוָה אֶת־מֹשֶׁה:

{פ}

ב) וַיַּעַשׂ אֶת־הָאֵפֹד זָהָב תְּכֵלֶת וְאַרְגָּמָן וְתוֹלַעַת שָׁנִי וְשֵׁשׁ מָשְׁזָר:

ג) וַיְרַקְּעוּ אֶת־פַּחֵי הַזָּהָב וְקִצֵּץ פְּתִילִם לַעֲשׂוֹת בְּתוֹךְ הַתְּכֵלֶת וּבְתוֹךְ הָאַרְגָּמָן וּבְתוֹךְ תּוֹלַעַת הַשָּׁנִי וּבְתוֹךְ הַשֵּׁשׁ מַעֲשֵׂה חֹשֵׁב:

פקודי

ד) כְּתֵפֹת עָשׂוּ־לוֹ חֹבְרֹת עַל־שְׁנֵי קצוותו (קְצוֹתָיו) חֻבָּר:

ה) וְחֵשֶׁב אֲפֻדָּתוֹ אֲשֶׁר עָלָיו מִמֶּנּוּ הוּא כְּמַעֲשֵׂהוּ זָהָב תְּכֵלֶת וְאַרְגָּמָן וְתוֹלַעַת שָׁנִי וְשֵׁשׁ מָשְׁזָר כַּאֲשֶׁר צִוָּה יְהוָה אֶת־מֹשֶׁה:
{ס}

ו) וַיַּעֲשׂוּ אֶת־אַבְנֵי הַשֹּׁהַם מֻסַבֹּת מִשְׁבְּצֹת זָהָב מְפֻתָּחֹת פִּתּוּחֵי חוֹתָם עַל־שְׁמוֹת בְּנֵי יִשְׂרָאֵל:

ז) וַיָּשֶׂם אֹתָם עַל כִּתְפֹת הָאֵפֹד אַבְנֵי זִכָּרוֹן לִבְנֵי יִשְׂרָאֵל כַּאֲשֶׁר צִוָּה יְהוָה אֶת־מֹשֶׁה:
{פ}

ח) וַיַּעַשׂ אֶת־הַחֹשֶׁן מַעֲשֵׂה חֹשֵׁב כְּמַעֲשֵׂה אֵפֹד זָהָב תְּכֵלֶת וְאַרְגָּמָן וְתוֹלַעַת שָׁנִי וְשֵׁשׁ מָשְׁזָר:

ט) רָבוּעַ הָיָה כָּפוּל עָשׂוּ אֶת־הַחֹשֶׁן זֶרֶת אָרְכּוֹ וְזֶרֶת רָחְבּוֹ כָּפוּל:

י) וַיְמַלְאוּ־בוֹ אַרְבָּעָה טוּרֵי אָבֶן טוּר אֹדֶם פִּטְדָה וּבָרֶקֶת הַטּוּר הָאֶחָד:

יא) וְהַטּוּר הַשֵּׁנִי נֹפֶךְ סַפִּיר וְיָהֲלֹם:

יב) וְהַטּוּר הַשְּׁלִישִׁי לֶשֶׁם שְׁבוֹ וְאַחְלָמָה:

יג) וְהַטּוּר הָרְבִיעִי תַּרְשִׁישׁ שֹׁהַם וְיָשְׁפֵה מוּסַבֹּת מִשְׁבְּצֹת זָהָב בְּמִלֻּאֹתָם:

יד) וְהָאֲבָנִים עַל־שְׁמֹת בְּנֵי־יִשְׂרָאֵל הֵנָּה שְׁתֵּים עֶשְׂרֵה עַל־שְׁמֹתָם פִּתּוּחֵי חֹתָם אִישׁ עַל־שְׁמוֹ לִשְׁנֵים עָשָׂר שָׁבֶט:

טו) וַיַּעֲשׂוּ עַל־הַחֹשֶׁן שַׁרְשְׁרֹת גַּבְלֻת מַעֲשֵׂה עֲבֹת זָהָב טָהוֹר:

טז) וַיַּעֲשׂוּ שְׁתֵּי מִשְׁבְּצֹת זָהָב וּשְׁתֵּי טַבְּעֹת זָהָב וַיִּתְּנוּ אֶת־שְׁתֵּי הַטַּבָּעֹת עַל־שְׁנֵי קְצוֹת הַחֹשֶׁן:

יז) וַיִּתְּנוּ שְׁתֵּי הָעֲבֹתֹת הַזָּהָב עַל־שְׁתֵּי הַטַּבָּעֹת עַל־קְצוֹת הַחֹשֶׁן:

יח) וְאֵת שְׁתֵּי קְצוֹת שְׁתֵּי הָעֲבֹתֹת נָתְנוּ עַל־שְׁתֵּי הַמִּשְׁבְּצֹת וַיִּתְּנֻם עַל־כִּתְפֹת הָאֵפֹד אֶל־מוּל פָּנָיו:

יט) וַיַּעֲשׂוּ שְׁתֵּי טַבְּעֹת זָהָב וַיָּשִׂימוּ עַל־שְׁנֵי קְצוֹת הַחֹשֶׁן עַל־שְׂפָתוֹ אֲשֶׁר אֶל־עֵבֶר הָאֵפֹד בָּיְתָה:

כ) וַיַּעֲשׂוּ שְׁתֵּי טַבְּעֹת זָהָב וַיִּתְּנֻם עַל־שְׁתֵּי כִתְפֹת הָאֵפֹד מִלְמַטָּה מִמּוּל פָּנָיו לְעֻמַּת מַחְבַּרְתּוֹ מִמַּעַל לְחֵשֶׁב הָאֵפֹד:

כא) וַיִּרְכְּסוּ אֶת־הַחֹשֶׁן מִטַּבְּעֹתָיו אֶל־טַבְּעֹת הָאֵפֹד בִּפְתִיל תְּכֵלֶת לִהְיֹת עַל־חֵשֶׁב הָאֵפֹד וְלֹא־יִזַּח הַחֹשֶׁן מֵעַל הָאֵפֹד כַּאֲשֶׁר צִוָּה יְהוָה אֶת־מֹשֶׁה:
{פ}

כב) וַיַּעַשׂ אֶת־מְעִיל הָאֵפֹד מַעֲשֵׂה אֹרֵג כְּלִיל תְּכֵלֶת:

78

כג) וּפִֽי־הַמְּעִ֥יל בְּתוֹכ֖וֹ כְּפִ֣י תַחְרָ֑א שָׂפָ֧ה לְפִ֛יו סָבִ֖יב לֹ֥א יִקָּרֵֽעַ׃
כד) וַֽיַּעֲשׂוּ֙ עַל־שׁוּלֵ֣י הַמְּעִ֔יל רִמּוֹנֵ֕י תְּכֵ֥לֶת וְאַרְגָּמָ֖ן וְתוֹלַ֣עַת שָׁנִ֑י מָשְׁזָֽר׃
כה) וַיַּעֲשׂ֥וּ פַעֲמֹנֵ֖י זָהָ֣ב טָה֑וֹר וַיִּתְּנ֨וּ אֶת־הַפַּעֲמֹנִ֜ים בְּת֣וֹךְ הָרִמֹּנִ֗ים עַל־שׁוּלֵ֤י הַמְּעִיל֙
סָבִ֔יב בְּת֖וֹךְ הָֽרִמֹּנִֽים׃
כו) פַּעֲמֹ֤ן וְרִמֹּן֙ פַּעֲמֹ֣ן וְרִמֹּ֔ן עַל־שׁוּלֵ֥י הַמְּעִ֖יל סָבִ֑יב לְשָׁרֵ֕ת כַּאֲשֶׁ֛ר צִוָּ֥ה יְהוָ֖ה אֶת־מֹשֶֽׁה׃
{ס}
כז) וַיַּעֲשׂ֛וּ אֶת־הַכָּתְנֹ֥ת שֵׁ֖שׁ מַעֲשֵׂ֣ה אֹרֵ֑ג לְאַהֲרֹ֖ן וּלְבָנָֽיו׃
כח) וְאֵת֙ הַמִּצְנֶ֣פֶת שֵׁ֔שׁ וְאֶת־פַּאֲרֵ֥י הַמִּגְבָּעֹ֖ת שֵׁ֑שׁ וְאֶת־מִכְנְסֵ֥י הַבָּ֖ד שֵׁ֥שׁ מָשְׁזָֽר׃
כט) וְֽאֶת־הָאַבְנֵ֞ט שֵׁ֣שׁ מָשְׁזָ֗ר וּתְכֵ֧לֶת וְאַרְגָּמָ֛ן וְתוֹלַ֥עַת שָׁנִ֖י מַעֲשֵׂ֣ה רֹקֵ֑ם כַּאֲשֶׁ֛ר צִוָּ֥ה יְהוָ֖ה
אֶת־מֹשֶֽׁה׃
{ס}
ל) וַיַּעֲשׂ֛וּ אֶת־צִ֥יץ נֵֽזֶר־הַקֹּ֖דֶשׁ זָהָ֣ב טָה֑וֹר וַיִּכְתְּב֣וּ עָלָ֗יו מִכְתַּב֙ פִּתּוּחֵ֣י חוֹתָ֔ם קֹ֖דֶשׁ
לַֽיהוָֽה׃
לא) וַיִּתְּנ֤וּ עָלָיו֙ פְּתִ֣יל תְּכֵ֔לֶת לָתֵ֥ת עַל־הַמִּצְנֶ֖פֶת מִלְמָ֑עְלָה כַּאֲשֶׁ֛ר צִוָּ֥ה יְהוָ֖ה אֶת־מֹשֶֽׁה׃
{ס}
לב) וַתֵּ֕כֶל כָּל־עֲבֹדַ֕ת מִשְׁכַּ֖ן אֹ֣הֶל מוֹעֵ֑ד וַֽיַּעֲשׂוּ֙ בְּנֵ֣י יִשְׂרָאֵ֔ל כְּ֠כֹל אֲשֶׁ֨ר צִוָּ֧ה יְהוָ֛ה
אֶת־מֹשֶׁ֖ה כֵּ֥ן עָשֽׂוּ׃
{פ}
לג) וַיָּבִ֤יאוּ אֶת־הַמִּשְׁכָּן֙ אֶל־מֹשֶׁ֔ה אֶת־הָאֹ֖הֶל וְאֶת־כָּל־כֵּלָ֑יו קְרָסָ֣יו קְרָשָׁ֔יו בְּרִיחָ֖ו
וְעַמֻּדָ֥יו וַאֲדָנָֽיו׃
לד) וְאֶת־מִכְסֵ֞ה עוֹרֹ֤ת הָֽאֵילִם֙ הַמְאָדָּמִ֔ים וְאֶת־מִכְסֵ֖ה עֹרֹ֣ת הַתְּחָשִׁ֑ים וְאֵ֖ת פָּרֹ֥כֶת הַמָּסָֽךְ׃
לה) אֶת־אֲר֥וֹן הָעֵדֻ֖ת וְאֶת־בַּדָּ֑יו וְאֵ֖ת הַכַּפֹּֽרֶת׃
לו) אֶת־הַשֻּׁלְחָן֙ אֶת־כָּל־כֵּלָ֔יו וְאֵ֖ת לֶ֥חֶם הַפָּנִֽים׃
לז) אֶת־הַמְּנֹרָ֨ה הַטְּהֹרָ֜ה אֶת־נֵרֹתֶ֗יהָ נֵרֹ֛ת הַמַּעֲרָכָ֖ה וְאֶת־כָּל־כֵּלֶ֑יהָ וְאֵ֖ת שֶׁ֥מֶן הַמָּאֽוֹר׃
לח) וְאֵת֙ מִזְבַּ֣ח הַזָּהָ֔ב וְאֵת֙ שֶׁ֣מֶן הַמִּשְׁחָ֔ה וְאֵ֖ת קְטֹ֣רֶת הַסַּמִּ֑ים וְאֵ֕ת מָסַ֖ךְ פֶּ֥תַח הָאֹֽהֶל׃
לט) אֵ֣ת ׀ מִזְבַּ֣ח הַנְּחֹ֗שֶׁת וְאֶת־מִכְבַּ֤ר הַנְּחֹ֨שֶׁת֙ אֲשֶׁר־ל֔וֹ אֶת־בַּדָּ֖יו וְאֶת־כָּל־כֵּלָ֑יו אֶת־הַכִּיֹּ֖ר
וְאֶת־כַּנּֽוֹ׃
מ) אֵת֩ קַלְעֵ֨י הֶחָצֵ֜ר אֶת־עַמֻּדֶ֣יהָ וְאֶת־אֲדָנֶ֗יהָ וְאֶת־הַמָּסָךְ֙ לְשַׁ֣עַר הֶחָצֵ֔ר אֶת־מֵיתָרָ֖יו
וִיתֵדֹתֶ֑יהָ וְאֵ֗ת כָּל־כְּלֵ֛י עֲבֹדַ֥ת הַמִּשְׁכָּ֖ן לְאֹ֥הֶל מוֹעֵֽד׃
מא) אֶת־בִּגְדֵ֥י הַשְּׂרָ֖ד לְשָׁרֵ֣ת בַּקֹּ֑דֶשׁ אֶת־בִּגְדֵ֤י הַקֹּ֨דֶשׁ֙ לְאַהֲרֹ֣ן הַכֹּהֵ֔ן וְאֶת־בִּגְדֵ֥י בָנָ֖יו
לְכַהֵֽן׃

מב) כְּכֹ֛ל אֲשֶׁר־צִוָּ֥ה יְהוָ֖ה אֶת־מֹשֶׁ֑ה כֵּ֤ן עָשׂוּ֙ בְּנֵ֣י יִשְׂרָאֵ֔ל אֵ֖ת כָּל־הָעֲבֹדָֽה׃
מג) וַיַּ֨רְא מֹשֶׁ֜ה אֶת־כָּל־הַמְּלָאכָ֗ה וְהִנֵּה֙ עָשׂ֣וּ אֹתָ֔הּ כַּאֲשֶׁ֛ר צִוָּ֥ה יְהוָ֖ה כֵּ֣ן עָשׂ֑וּ וַיְבָ֥רֶךְ אֹתָ֖ם
מֹשֶֽׁה׃
{פ}

פרק מ

א) וַיְדַבֵּ֥ר יְהוָ֖ה אֶל־מֹשֶׁ֥ה לֵּאמֹֽר׃
ב) בְּיֽוֹם־הַחֹ֥דֶשׁ הָרִאשׁ֖וֹן בְּאֶחָ֣ד לַחֹ֑דֶשׁ תָּקִ֕ים אֶת־מִשְׁכַּ֖ן אֹ֥הֶל מוֹעֵֽד׃
ג) וְשַׂמְתָּ֣ שָׁ֔ם אֵ֖ת אֲר֣וֹן הָעֵד֑וּת וְסַכֹּתָ֥ עַל־הָאָרֹ֖ן אֶת־הַפָּרֹֽכֶת׃
ד) וְהֵבֵאתָ֙ אֶת־הַשֻּׁלְחָ֔ן וְעָרַכְתָּ֖ אֶת־עֶרְכּ֑וֹ וְהֵבֵאתָ֙ אֶת־הַמְּנֹרָ֔ה וְהַעֲלֵיתָ֖ אֶת־נֵרֹתֶֽיהָ׃
ה) וְנָתַתָּ֞ה אֶת־מִזְבַּ֤ח הַזָּהָב֙ לִקְטֹ֔רֶת לִפְנֵ֖י אֲר֣וֹן הָעֵדֻ֑ת וְשַׂמְתָּ֛ אֶת־מָסַ֥ךְ הַפֶּ֖תַח לַמִּשְׁכָּֽן׃
ו) וְנָ֣תַתָּ֔ה אֵ֖ת מִזְבַּ֣ח הָעֹלָ֑ה לִפְנֵ֕י פֶּ֖תַח מִשְׁכַּ֥ן אֹֽהֶל־מוֹעֵֽד׃
ז) וְנָתַתָּ֙ אֶת־הַכִּיֹּ֔ר בֵּין־אֹ֥הֶל מוֹעֵ֖ד וּבֵ֣ין הַמִּזְבֵּ֑חַ וְנָתַתָּ֥ שָׁ֖ם מָֽיִם׃
ח) וְשַׂמְתָּ֥ אֶת־הֶחָצֵ֖ר סָבִ֑יב וְנָ֣תַתָּ֔ אֶת־מָסַ֖ךְ שַׁ֥עַר הֶחָצֵֽר׃
ט) וְלָקַחְתָּ֙ אֶת־שֶׁ֣מֶן הַמִּשְׁחָ֔ה וּמָשַׁחְתָּ֥ אֶת־הַמִּשְׁכָּ֖ן וְאֶת־כָּל־אֲשֶׁר־בּ֑וֹ וְקִדַּשְׁתָּ֥ אֹת֛וֹ
וְאֶת־כָּל־כֵּלָ֖יו וְהָ֥יָה קֹֽדֶשׁ׃
י) וּמָשַׁחְתָּ֛ אֶת־מִזְבַּ֥ח הָעֹלָ֖ה וְאֶת־כָּל־כֵּלָ֑יו וְקִדַּשְׁתָּ֙ אֶת־הַמִּזְבֵּ֔חַ וְהָיָ֥ה הַמִּזְבֵּ֖חַ קֹ֥דֶשׁ
קָֽדָשִֽׁים׃
יא) וּמָשַׁחְתָּ֥ אֶת־הַכִּיֹּ֖ר וְאֶת־כַּנּ֑וֹ וְקִדַּשְׁתָּ֖ אֹתֽוֹ׃
יב) וְהִקְרַבְתָּ֤ אֶת־אַהֲרֹן֙ וְאֶת־בָּנָ֔יו אֶל־פֶּ֖תַח אֹ֣הֶל מוֹעֵ֑ד וְרָחַצְתָּ֥ אֹתָ֖ם בַּמָּֽיִם׃
יג) וְהִלְבַּשְׁתָּ֙ אֶת־אַהֲרֹ֔ן אֵ֖ת בִּגְדֵ֣י הַקֹּ֑דֶשׁ וּמָשַׁחְתָּ֥ אֹת֛וֹ וְקִדַּשְׁתָּ֥ אֹת֖וֹ וְכִהֵ֥ן לִֽי׃
יד) וְאֶת־בָּנָ֖יו תַּקְרִ֑יב וְהִלְבַּשְׁתָּ֥ אֹתָ֖ם כֻּתֳּנֹֽת׃
טו) וּמָשַׁחְתָּ֣ אֹתָ֗ם כַּאֲשֶׁ֤ר מָשַׁ֙חְתָּ֙ אֶת־אֲבִיהֶ֔ם וְכִהֲנ֖וּ לִ֑י וְ֠הָיְתָה לִהְיֹ֨ת לָהֶ֧ם מָשְׁחָתָ֛ם
לִכְהֻנַּ֥ת עוֹלָ֖ם לְדֹרֹתָֽם׃
טז) וַיַּ֖עַשׂ מֹשֶׁ֑ה כְּ֠כֹל אֲשֶׁ֨ר צִוָּ֧ה יְהוָ֛ה אֹת֖וֹ כֵּ֥ן עָשָֽׂה׃
{ס}
יז) וַיְהִ֞י בַּחֹ֧דֶשׁ הָרִאשׁ֛וֹן בַּשָּׁנָ֥ה הַשֵּׁנִ֖ית בְּאֶחָ֣ד לַחֹ֑דֶשׁ הוּקַ֖ם הַמִּשְׁכָּֽן׃
יח) וַיָּ֨קֶם מֹשֶׁ֜ה אֶת־הַמִּשְׁכָּ֗ן וַיִּתֵּן֙ אֶת־אֲדָנָ֔יו וַיָּ֨שֶׂם֙ אֶת־קְרָשָׁ֔יו וַיִּתֵּ֖ן אֶת־בְּרִיחָ֑יו וַיָּ֖קֶם
אֶת־עַמּוּדָֽיו׃
יט) וַיִּפְרֹ֤שׂ אֶת־הָאֹ֙הֶל֙ עַל־הַמִּשְׁכָּ֔ן וַיָּ֜שֶׂם אֶת־מִכְסֵ֥ה הָאֹ֛הֶל עָלָ֖יו מִלְמָ֑עְלָה כַּאֲשֶׁ֛ר צִוָּ֥ה
יְהוָ֖ה אֶת־מֹשֶֽׁה׃

{ס}
כ) וַיִּקַּ֞ח וַיִּתֵּ֤ן אֶת־הָֽעֵדֻת֙ אֶל־הָ֣אָרֹ֔ן וַיָּ֥שֶׂם אֶת־הַבַּדִּ֖ים עַל־הָֽאָרֹ֑ן וַיִּתֵּ֧ן אֶת־הַכַּפֹּ֛רֶת
עַל־הָאָרֹ֖ן מִלְמָֽעְלָה׃
כא) וַיָּבֵ֣א אֶת־הָאָרֹן֮ אֶל־הַמִּשְׁכָּן֒ וַיָּ֗שֶׂם אֵ֚ת פָּרֹ֣כֶת הַמָּסָ֔ךְ וַיָּ֕סֶךְ עַ֖ל אֲר֣וֹן הָעֵד֑וּת כַּאֲשֶׁ֛ר
צִוָּ֥ה יְהוָ֖ה אֶת־מֹשֶֽׁה׃
{ס}
כב) וַיִּתֵּ֤ן אֶת־הַשֻּׁלְחָן֙ בְּאֹ֣הֶל מוֹעֵ֔ד עַ֛ל יֶ֥רֶךְ הַמִּשְׁכָּ֖ן צָפֹ֑נָה מִח֖וּץ לַפָּרֹֽכֶת׃
כג) וַיַּעֲרֹ֥ךְ עָלָ֛יו עֵ֥רֶךְ לֶ֖חֶם לִפְנֵ֣י יְהוָ֑ה כַּאֲשֶׁ֛ר צִוָּ֥ה יְהוָ֖ה אֶת־מֹשֶֽׁה׃
{ס}
כד) וַיָּ֤שֶׂם אֶת־הַמְּנֹרָה֙ בְּאֹ֣הֶל מוֹעֵ֔ד נֹ֖כַח הַשֻּׁלְחָ֑ן עַ֛ל יֶ֥רֶךְ הַמִּשְׁכָּ֖ן נֶֽגְבָּה׃
כה) וַיַּ֥עַל הַנֵּרֹ֖ת לִפְנֵ֣י יְהוָ֑ה כַּאֲשֶׁ֛ר צִוָּ֥ה יְהוָ֖ה אֶת־מֹשֶֽׁה׃
{ס}
כו) וַיָּ֛שֶׂם אֶת־מִזְבַּ֥ח הַזָּהָ֖ב בְּאֹ֣הֶל מוֹעֵ֑ד לִפְנֵ֖י הַפָּרֹֽכֶת׃
כז) וַיַּקְטֵ֥ר עָלָ֖יו קְטֹ֣רֶת סַמִּ֑ים כַּאֲשֶׁ֛ר צִוָּ֥ה יְהוָ֖ה אֶת־מֹשֶֽׁה׃
{ס}
כח) וַיָּ֛שֶׂם אֶת־מָסַ֥ךְ הַפֶּ֖תַח לַמִּשְׁכָּֽן׃
כט) וְאֵת֙ מִזְבַּ֣ח הָעֹלָ֔ה שָׂ֕ם פֶּ֖תַח מִשְׁכַּ֣ן אֹֽהֶל־מוֹעֵ֑ד וַיַּ֣עַל עָלָ֗יו אֶת־הָֽעֹלָה֙ וְאֶת־הַמִּנְחָ֔ה
כַּאֲשֶׁ֛ר צִוָּ֥ה יְהוָ֖ה אֶת־מֹשֶֽׁה׃
{ס}
ל) וַיָּ֙שֶׂם֙ אֶת־הַכִּיֹּ֔ר בֵּֽין־אֹ֥הֶל מוֹעֵ֖ד וּבֵ֣ין הַמִּזְבֵּ֑חַ וַיִּתֵּ֥ן שָׁ֛מָּה מַ֖יִם לְרָחְצָֽה׃
לא) וְרָחֲצ֣וּ מִמֶּ֔נּוּ מֹשֶׁ֖ה וְאַהֲרֹ֣ן וּבָנָ֑יו אֶת־יְדֵיהֶ֖ם וְאֶת־רַגְלֵיהֶֽם׃
לב) בְּבֹאָ֞ם אֶל־אֹ֣הֶל מוֹעֵ֗ד וּבְקָרְבָתָ֛ם אֶל־הַמִּזְבֵּ֖חַ יִרְחָ֑צוּ כַּאֲשֶׁ֛ר צִוָּ֥ה יְהוָ֖ה אֶת־מֹשֶֽׁה׃
{ס}
לג) וַיָּ֣קֶם אֶת־הֶחָצֵ֗ר סָבִיב֙ לַמִּשְׁכָּ֣ן וְלַמִּזְבֵּ֔חַ וַיִּתֵּ֕ן אֶת־מָסַ֖ךְ שַׁ֣עַר הֶחָצֵ֑ר וַיְכַ֥ל מֹשֶׁ֖ה
אֶת־הַמְּלָאכָֽה׃
{פ}
לד) וַיְכַ֥ס הֶעָנָ֖ן אֶת־אֹ֣הֶל מוֹעֵ֑ד וּכְב֣וֹד יְהוָ֔ה מָלֵ֖א אֶת־הַמִּשְׁכָּֽן׃
לה) וְלֹא־יָכֹ֣ל מֹשֶׁ֗ה לָבוֹא֙ אֶל־אֹ֣הֶל מוֹעֵ֔ד כִּֽי־שָׁכַ֥ן עָלָ֖יו הֶעָנָ֑ן וּכְב֣וֹד יְהוָ֔ה מָלֵ֖א
אֶת־הַמִּשְׁכָּֽן׃
לו) וּבְהֵעָל֤וֹת הֶֽעָנָן֙ מֵעַ֣ל הַמִּשְׁכָּ֔ן יִסְע֖וּ בְּנֵ֣י יִשְׂרָאֵ֑ל בְּכֹ֖ל מַסְעֵיהֶֽם׃
לז) וְאִם־לֹ֥א יֵעָלֶ֖ה הֶעָנָ֑ן וְלֹ֣א יִסְע֔וּ עַד־י֖וֹם הֵעָלֹתֽוֹ׃

לח) כִּ֠י עֲנַ֨ן יְהוָ֤ה עַֽל־הַמִּשְׁכָּן֙ יוֹמָ֔ם וְאֵ֕שׁ תִּהְיֶ֥ה לַ֖יְלָה בּ֑וֹ לְעֵינֵ֥י כָל־בֵּֽית־יִשְׂרָאֵ֖ל
בְּכָל־מַסְעֵיהֶֽם׃
{ש}

חזק חזק ונתחזק

SHEMÓT

CAPÍTULO 1

1 Y estos son los nombres de los hijos de Israel que vinieron a Egipto con Iaakób; cada uno entró con su familia:

2 Reubén, Shimón, Leví, Iehudáh,

3 Isajár, Zebulún, Biniamín,

4 Dan, Naftalí, Gad y Ásher.

5 Y todas las almas que salieron del muslo de Iaakób fueron setenta almas. Y Ioséf estaba en Egipto.

6 Y murió Ioséf, y todos sus hermanos, y toda esa generación.

7 Y los hijos de Israel se fructificaron y se multiplicaron, y fueron aumentados y se fortalecieron mucho, y se llenó la tierra de ellos.

8 Y se levantó un nuevo rey sobre Egipto que no conoció a Ioséf;

9 Y dijo a su pueblo, el pueblo de los hijos de Israel es más numeroso y fuerte que nosotros.

10 Vamos y tramemos algo para con él, para que no se multiplique, y suceda que cuando hubiese una guerra, se una a nuestros enemigos y pelee contra nosotros, y nos expulse de la tierra.

11 Entonces pusieron sobre ellos recaudadores de impuestos que los afligiesen con sus cargas; y edificaron para Faraón las ciudades de almacenaje, Pitón y Ramsés.

12 Pero cuanto más los oprimían, más se multiplicaban y crecían, de manera que los egipcios aborrecían a los hijos de Israel.

13 Y los egipcios hicieron servir a los hijos de Israel con dureza,

14 y amargaron sus vida con dura servidumbre, en hacer barro y ladrillo, y en toda labor del campo y todo trabajo al cual los obligaban, era con dureza.

15 Y habló el rey de Egipto a las parteras hebreas, una de las cuales se llamaba Shifráh, y otra Puáh,

16 Y les dijo: cuando den a luz las hebreas, y vean el asiento (donde la mujer esta dando a luz), si es hijo, mátenlo; y si es hija, entonces déjenla viva.

17 Pero las parteras temieron a Dios, y no hicieron como les mandó el rey de Egipto, sino que preservaron la vida a los niños.

18 Y el rey de Egipto hizo llamar a las parteras y les dijo: ¿Por qué hicieron esto, que han dejado a los niños vivos?

19 Y las parteras respondieron a Faraón: Porque las mujeres hebreas no son como las egipcias; sino que son de gran vitalidad, y dan a luz antes que la partera venga a ellas.

20 Y Dios hizo bien a las parteras; y el pueblo se multiplicó y se fortaleció en gran manera.

21 Y por haber las parteras temido a Dios, les hizo casas (linajes).

22 Y ordeno a todo su pueblo, diciendo: Echen al río a todo hijo que nazca, y a toda hija déjenla vida.

CAPÍTULO 2

1 Y fue un hombre de la casa de Leví y tomó (por mujer) a una hija de Leví,

2 Y la mujer concibió, y dio a luz un hijo; y vio que era bueno, y lo escondió por tres meses.

3 Pero no pudiendo ocultarle más tiempo, tomó un canasto de juncos y lo recubrió con asfalto y brea, y colocó en ella al niño y lo puso entre los juncos a la orilla del río.

4 Y su hermana se paro a lo lejos, para ver lo que le sucedería.

5 Y descendió la hija de Faraón a bañarse al río, y sus doncellas se paseaban por la orilla del río, y vio ella el canasto entre los juncos, y envió una criada suya a que lo tomase.

6 Y cuando la abrió, vio al niño; y he aquí que el niño lloraba. Y teniendo compasión de él, dijo: Este es de los niños de los hebreos.

7 Entonces su hermana dijo a la hija de Faraón: ¿Iré a llamarte una nodriza de las hebreas, para que te críe este niño?

8 Y la hija de Faraón respondió: Ve. Entonces fue la doncella, y llamó a la madre del niño,

9 a la cual dijo la hija de Faraón: Lleva a este niño y críamelo, y yo te lo pagaré. Y la mujer tomó al niño y lo crió.

10 Y creció el niño, y ella lo trajo a la hija de Faraón, y fue para ella como un hijo, y le puso por nombre Moshéh, diciendo: Porque de las aguas lo saqué.

11 En aquellos días, cuando Moshéh creció, que salió a donde estaban sus hermanos, y los vio en sus sufrimientos, y vio a un egipcio que golpeaba a un hebreo, de sus hermanos.

12 Entonces miró a todas partes, y viendo que no había ningún hombre, mató al egipcio y lo ocultó en la arena.

13 Al día siguiente salió y vio a dos hebreos que peleaban; entonces dijo (al agresor): Malvado, ¿Por qué vas a golpear a tu prójimo?

14 Y él respondió: ¿Quién te ha puesto a ti por gobernador y juez sobre nosotros? ¿Piensas matarme como mataste al egipcio? Entonces Moshéh tuvo miedo, y dijo: ¡Seguramente se ha divulgado este asunto!

15 Oyendo Faraón acerca de este hecho, y quiso matar a Moshéh; pero Moshéh huyó de delante de Faraón, y habitó en la tierra de Midián y se sentó junto al pozo.

16 Y sacerdote de Midián tenía siete hijas que vinieron a sacar agua para llenar los bebederos y dar de beber a las ovejas de su padre.

17 Mas los pastores vinieron y las echaron de allí; entonces Moshéh se levantó y las defendió, y dio de beber a sus ovejas.

18 Y volviendo ellas a Reuél su padre, él les dijo: ¿Por qué han vuelto tan pronto, hoy?

19 Ellas respondieron: Un hombre egipcio nos defendió de mano de los pastores, y también nos sacó el agua, y dio de beber a las ovejas.

20 Y dijo a sus hijas: ¿Dónde está? ¿Por qué han dejado a ese hombre? Llámenlo para que coma pan.

21 Y aceptó Moshéh quedarse con aquel hombre; y él dio su hija Tziporáh (por mujer) a Moshéh.

22 Y ella dio a luz un hijo; y él le puso por nombre Guershón, porque dijo: Forastero soy en tierra extraña.

23 Aconteció que después de muchos días murió el rey de Egipto, y los hijos de Israel gemían a causa de la servidumbre, y clamaron; y subió a Dios el clamor de ellos desde su servidumbre.

24 Y escucho Dios la lamentación, y se acordó de su pacto con Abrahám, Itzják y Iaakób.

25 Y miró Dios a los hijos de Israel, y los tomó en cuenta.

CAPÍTULO 3

1 Moshéh estaba apacentando las ovejas de Itró su suegro, sacerdote de Midián, y llevó las ovejas a través del desierto, y llegó hasta Joréb, monte de Dios.

2 Y se le apareció el Ángel de El Eterno en una llama de fuego en medio de una zarza; y él miró, y vio que la zarza ardía en fuego, y la zarza no se consumía.

3 Entonces Moshéh dijo: Me aproximaré para contemplar esta gran visión, por qué causa no se quema la zarza.

4 Viendo El Eterno que él iba a ver, lo llamó Dios de en medio de la zarza, y dijo: ¡Moshéh, Moshéh! Y él respondió: Heme aquí.

5 Y dijo: No te acerques; quita tu calzado de tus pies, porque el lugar en que tú estás parado, es tierra santa.

6 Y dijo: Yo soy el Dios de tu padre, el Dios de Abrahám, el Dios de Itzják, y el Dios de Iaakób. Entonces Moshéh cubrió su rostro, porque tuvo miedo de mirar a Dios.

7 Dijo luego El Eterno: Ciertamente he visto la aflicción de Mi pueblo que está en Egipto, y he oído su clamor a causa de sus opresores; pues he conocido sus sufrimientos,

8 y por eso he descendido para librarlos de mano de los egipcios, y sacarlos de aquella tierra a una tierra buena y ancha, a una tierra que fluye leche y miel, a los lugares del kenaaní, del jití, del emorí, del perizí, del jiví y del iebusí.

9 Y ahora, he aquí que el clamor, de los hijos de Israel ha venido delante de mí, y también he visto la opresión con que los egipcios los oprimen.

10 Y ahora, ve y te enviaré a Faraón, para que saques a Mi pueblo, a los hijos de Israel de Egipto.

11 Y Moshéh dijo a Dios: ¿Quién soy yo para que vaya a Faraón, y saque de Egipto a los hijos de Israel?

12 Y El respondió: Porque Yo estaré contigo; y esto te será a ti por señal de que Yo te he enviado: cuando hayas sacado de Egipto al pueblo, servirán a Dios en este monte.

13 Dijo Moshéh a Dios: He aquí que yo voy a ir a los hijos de Israel, y les voy a decir: El Dios de sus padres me ha enviado a ustedes. Si ellos me preguntaren: ¿Cuál es su nombre?, ¿qué les responderé?

14 Y respondió Dios a Moshéh: Ehiéh Ashér Ehiéh (seré el que seré). Y dijo: Así dirás a los hijos de Israel: Ehiéh me envió a ustedes.

15 Además dijo Dios a Moshéh: Así dirás a los hijos de Israel: El Eterno, el Dios de vuestros padres, el Dios de Abrahám, Dios de Itzják y Dios de Iaakób, me ha enviado a ustedes. Este es Mi nombre para siempre; con él se me recordará de generación en generación.

16 Ve, y reúne a los ancianos de Israel, y diles: El Eterno, el Dios de vuestros padres, se me apareció, el Dios de Abrahám, de Itzják y de Iaakób, diciendo: Ciertamente los he recordado, y he visto lo que les han hecho en Egipto;

17 Y He dicho: Yo los sacaré de la aflicción de Egipto a la tierra del kenaaní, del jití, del emorí, del perizí, del jiví y del iebusí, a una tierra que fluye leche y miel.

18 Y escucharán tu voz; e irás tú, y los ancianos de Israel, al rey de Egipto, y le dirán: El Eterno, el Dios de los hebreos se nos ha aparecido; Ahora permítenos por favor que vayamos camino de tres días en el desierto para ofrecer sacrificios al Eterno, nuestro Dios.

19 Mas yo sé que el rey de Egipto no los dejará ir sino por mano fuerte.

20 Y yo extenderé Mi mano, y golpearé a Egipto con todas mis maravillas que haré en él, y después de esto los dejará ir.

21 Y yo daré a este pueblo gracia en los ojos de los egipcios, para que cuando salgan, no se vayan con las manos vacías;

22 sino que pedirá cada mujer a su vecina y a la que se aloje en su casa, utensilios de plata, utensilios de oro, y vestidos, los cuales pondrán sobre sus hijos y sus hijas; y despojarán a Egipto.

CAPÍTULO 4

1 Entonces Moshéh respondió diciendo: Ellos no me creerán, ni oirán mi voz; porque dirán: No se te ha aparecido El Eterno.

2 Y le dijo El Eterno: ¿Qué es eso que tienes en tu mano? Y él respondió: Una vara.

3 El le dijo: Échala a la tierra. Y él la echó a la tierra, y se hizo una serpiente; y Moshéh se escapó de ella.

4 Entonces dijo El Eterno a Moshéh: Extiende tu mano, y tómala por la cola. Y él extendió su mano, y la tomó, y se volvió vara en su mano.

5 Para que crean que se te ha aparecido El Eterno, el Dios de sus padres, el Dios de Abrahám, Dios de Itzják y Dios de Iaakób.

6 Le dijo además El Eterno: Mete ahora tu mano en tu pecho. Y él metió la mano en su pecho; y cuando la sacó, he aquí que su mano tenía tzaráat (lepra) y estaba como la nieve.

7 Y le dijo El Eterno: Vuelve a meter tu mano en tu pecho. Y él volvió a meter su mano en su pecho; y al sacarla de nuevo del pecho, se había vuelto como el resto de su carne.

8 Si sucediera que no te creyeren ni escucharan la voz de la primera señal, creerán a la voz de la última señal.

9 Y si aún no creyeren a estas dos señales, ni oyeren tu voz, tomarás de las aguas del río y las derramarás en la tierra; y se cambiarán aquellas aguas que tomarás del río y se harán sangre en la tierra.

10 Entonces dijo Moshéh a El Eterno: ¡Ay, Señor! nunca he sido hombre de fácil palabra, ni de ayer ni anteayer, ni desde que hablaste a Tu siervo; porque soy pesado de boca y pesado de lengua.

11 Y El Eterno le respondió: ¿Quién dio la boca al hombre? ¿O quién lo hace mudo, sordo, vidente o ciego? ¿Acaso no Yo, El Eterno?

12 Ahora ve, y yo estaré con tu boca, y te enseñaré lo que hayas de hablar.

13 Y él dijo: ¡Ay, Señor! envía, te ruego, por mano de (otro) que quieras enviar.

14 Entonces El Eterno se enojó con Moshéh, y dijo: ¿No conozco yo a tu hermano Aharón el leví, y que él habla bien? Y he aquí que él saldrá a recibirte, y al verte se alegrará en su corazón.

15 Tú hablarás a él, y pondrás en su boca las palabras, y yo estaré con tu boca y con la suya, y les enseñaré lo que tenga que hacer.

16 Y él hablará por ti al pueblo; él te será a ti en lugar de boca, y tú serás su líder.

17 Y tomarás en tu mano esta vara, con la cual harás las señales.

18 Se fue Moshéh, y volviendo a su suegro Iéter, le dijo: Iré ahora, y volveré a mis hermanos que están en Egipto, para ver si aún viven. Y dijo Itró a Moshéh: Ve en paz.

19 Y dijo El Eterno a Moshéh en Midián: Ve y vuélvete a Egipto, porque han muerto todos los que buscaban tu vida.

20 Entonces Moshéh tomó su mujer y sus hijos, y los puso sobre un burro, y volvió a la tierra de Egipto. Y tomó también Moshéh la vara de Dios en su mano.

21 Y dijo El Eterno a Moshéh: En tu camino de vuelta a Egipto, observa todas las maravillas que he puesto en tu mano y las harás delante de Faraón; pero Yo endureceré su corazón, de modo que no dejará ir al pueblo.

22 Y le dirás a Faraón: El Eterno ha dicho así: Israel es Mi hijo, Mi primogénito.

23 Ya te he dicho que dejes ir a Mi hijo, para que me sirva, mas no has querido dejarlo ir; he aquí yo voy a matar a tu hijo, tu primogénito.

24 Y aconteció en el camino, que en una posada, El Eterno le salió al encuentro, y quiso matarlo.

25 Entonces Tziporáh tomó una piedra filosa y cortó el prepucio de su hijo, y lo echó a sus pies, diciendo (en relación a su hijo): eres un esposo de sangre para mí.

26 Así le dejó luego ir. Y ella dijo: Mi esposo estuvo a punto de morir a causa de la circuncisión.

27 Y El Eterno dijo a Aharón: Ve a recibir a Moshéh al desierto. Y él fue, y lo encontró en el monte de Dios, y le besó.

28 Entonces le dijo Moshéh a Aharón todas las palabras de El Eterno que le enviaba, y todas las señales que le había encomendado.

29 Y fueron Moshéh y Aharón, y reunieron a todos los ancianos de los hijos de Israel.

30 Y habló Aharón acerca de todas las cosas que El Eterno había dicho a Moshéh, e hizo las señales delante de los ojos del pueblo.

31 Y el pueblo creyó; y escucho que El Eterno había visitado a los hijos de Israel, y que había visto su aflicción, se inclinaron y prosternaron.

CAPÍTULO 5

1 Después Moshéh y Aharón fueron y dijeron a Faraón: El Eterno, el Dios de Israel dice así: Deja ir a Mi pueblo para que me celebren en el desierto.

2 Y respondió Faraón: ¿Quién es El Eterno, para que yo escuche su voz y deje ir a Israel? Yo no conozco a El Eterno, ni tampoco dejaré ir a Israel.

3 Y ellos dijeron: El Dios de los hebreos se nos ha presentado; Permítenos por favor que vayamos por un camino de tres días por el desierto, y ofrezcamos sacrificios a El Eterno nuestro Dios, para que no nos mate a nosotros con peste o con espada.

4 Entonces el rey de Egipto les dijo: Moshéh y Aharón, ¿por qué distraen al pueblo de su trabajo? Vuelvan a sus tareas.

5 Dijo también Faraón: El pueblo de la tierra es ahora mucho, y ustedes les hacen cesar de sus tareas.

6 Y mandó Faraón aquel mismo día a los opresores del pueblo que lo tenían a su cargo, y a sus capataces, diciendo:

7 De aquí en adelante no darán más paja al pueblo para hacer ladrillo, como hasta ahora; sino que vayan ellos y recojan por sí mismos la paja.

8 Y les impondrán la misma cuota de ladrillos que hacían antes, y no les disminuirán nada; porque están ociosos, por eso claman diciendo: Vamos y ofrezcamos sacrificios a nuestro Dios.

9 Hagan más pesado el trabajo sobre los hombres, para que se ocupen en ella, y no hagan caso a palabras mentirosas.

10 Y salieron los opresores del pueblo y sus capataces, hablaron al pueblo, diciendo: Así dijo Faraón: Ya no se les dará más paja.

11 Ustedes vayan y recojan la paja donde la hallen; pero nada se disminuirá nada de su trabajo.

12 Entonces se esparció el pueblo por toda la tierra de Egipto para recoger rastrojo en lugar de paja.

13 Y los opresores los apremiaban, diciendo: Acaben su obra, la tarea de cada día en su día, como cuando había paja.

14 Y fueron golpeados los capataces de los hijos de Israel, a quienes los opresores del Faraón habían puesto sobre ellos, diciéndoles: ¿Por qué no han acabado vuestra tarea de hacer ladrillos como antes, ni ayer ni hoy?

15 Y los capataces de los hijos de Israel vinieron a Faraón y se quejaron a él, diciendo:

¿Por qué haces así con tus siervos?

16 Paja no se da a tus siervos, y con todo nos dicen: Hagan el ladrillo. Y he aquí tus siervos son golpeados, mas la culpa la tiene tu propia gente.

17 Y él respondió: Están ociosos, sí, ociosos, y por eso dicen: Vamos y ofrezcamos sacrificios a El Eterno.

18 Ahora, vayan y trabajen. No se les dará paja, mas han de entregar la misma cuota de ladrillos.

19 Entonces los capataces de los hijos de Israel se dieron cuenta de su mala situación de sus hermanos, al decírseles: No se disminuirá nada de vuestra cuota diaria de ladrillos.

20 Y se encontraron con Moshéh y Aharón, que estaban de pie frente a ellos, cuando salían de la presencia de Faraón,

21 Les dijeron: Mire El Eterno sobre ustedes, y juzgue; pues nos han hecho odiosos a los ojos de Faraón y a los ojos de sus siervos, poniéndoles la espada en su mano para que nos maten.

22 Entonces Moshéh se volvió a El Eterno, y dijo: Señor, ¿por qué afliges a este pueblo? ¿Para qué me enviaste?

23 Porque desde que yo vine a Faraón para hablarle en tu nombre, ha afligido a este pueblo; y Tú ciertamente no has librado a Tu pueblo.

CAPÍTULO 6

1 Y dijo El Eterno a Moshéh: Ahora verás lo que haré a Faraón; porque con mano fuerte los dejará ir, y con mano fuerte los expulsará de su tierra.

VAERÁ

2 Habló Dios a Moshéh, y le dijo: Yo soy EL ETERNO.

3 Y aparecí a Abrahám, a Itzják y a Iaakób como El Shadái (Dios Todopoderoso), mas en Mi nombre EL ETERNO no me di a conocer a ellos.

4 También establecí Mi pacto con ellos, de darles la tierra de Kenáan, la tierra de sus peregrinaciones, donde habían morado como extranjeros.

5 Asimismo yo he escuchado el clamor de los hijos de Israel, a quienes hacen servir los egipcios, y recordé Mi pacto.

6 Por lo tanto, di a los hijos de Israel: Yo soy EL ETERNO; y los sacaré de debajo de las tareas pesadas de Egipto, y los salvaré de su servidumbre, y los redimiré con brazo extendido, y con juicios grandes;

7 y los tomaré por Mi pueblo y seré su Dios; y ustedes sabrán que yo soy El Eterno su Dios, que los sacó de debajo de las tareas pesadas de Egipto.

8 Y los llevaré a la tierra por la cual alcé Mi mano que la daría a Abrahám, a Itzják y a Iaakób; y yo se las daré como herencia. Yo EL ETERNO.

9 Habló Moshéh de esta manera a los hijos de Israel; pero ellos no escucharon a Moshéh a causa de su estrechez de espíritu, y de la dureza de su servidumbre.

10 Y habló El Eterno a Moshéh, diciendo:

11 Entra y habla a Faraón rey de Egipto, que deje ir de su tierra a los hijos de Israel.

12 Y respondió Moshéh delante de El Eterno, diciendo: He aquí, los hijos de Israel no me escuchan; ¿cómo, pues, me escuchará Faraón, teniendo yo dificultad para hablar?

13 Entonces El Eterno habló a Moshéh y a Aharón y les dio instrucciones para los hijos de Israel, y para Faraón rey de Egipto, a fin de sacar a los hijos de Israel de la tierra de Egipto.

14 Estos son los jefes de sus casas paternas: Los hijos de Reubén, el primogénito de Israel: Janój, Palú, Jetzrón y Karmí; estas son las familias de Reubén.

15 Los hijos de Shimón: Iemuél, Iamín, Óhad, Iajín, Tzójar, y Shaúl hijo de la kenaaní. Estas son las familias de Shimón.

16 Estos son los nombres de los hijos de Leví por sus generaciones: Guershón, Kehát y Merarí. Y los años de la vida de Leví fueron ciento treinta y siete años.

17 Los hijos de Guershón: Libní y Shimí, por sus familias.

18 Y los hijos de Kehát: Amrám, Itzhár, Jebrón y Uziél. Y los años de la vida de Kehát fueron ciento treinta y tres años.

19 Y los hijos de Merarí: Majlí y Mushí. Estas son las familias de Leví por sus generaciones.

20 Y tomó Amrám a Iojébed su tía por mujer, la cual dio a luz a Aharón y a Moshéh. Y los años de la vida de Amrám fueron ciento treinta y siete años.

21 Los hijos de Itzhár: Kóraj, Néfeg y Zijrí.

22 Y los hijos de Uziél: Mishaél, Eltzafán y Sitrí.

23 Y tomó Aharón a Elishéba hija de Aminadáb, hermana de Najshón por mujer; la cual dio a luz a Nadáb, Abihú, Elazár e Itamár.

24 Los hijos de Kóraj: Asír, Elkanáh y Abiasáf. Estas son las familias de los karjí.

25 Y Elazár hijo de Aharón tomó para sí mujer de las hijas de Putiél, la cual dio a luz a Pínjas. Y estos son los jefes de los padres de los leviím por sus familias.

26 Estos son Aharón y Moshéh, a los cuales El Eterno dijo: Saquen a los hijos de Israel de la tierra de Egipto según sus congregaciones.

27 Estos son los que hablaron a Faraón rey de Egipto, para sacar de Egipto a los hijos de Israel. Estos son Moshéh y Aharón.

28 Y fue en el día en que habló El Eterno a Moshéh en la tierra de Egipto,

29 Y El Eterno habló a Moshéh, diciendo: Yo soy EL ETERNO; di a Faraón rey de Egipto todas las cosas que yo te digo a ti.

30 Y respondió Moshéh delante de El Eterno: He aquí, yo tengo dificultad para hablar; ¿cómo, pues, me ha de escuchar Faraón?

CAPÍTULO 7

1 El Eterno dijo a Moshéh: Mira, yo te he puesto como juez y castigador sobre Faraón, y tu hermano Aharón será tu vocero.

2 Tú dirás todas las cosas que yo te mande, y Aharón tu hermano hablará a Faraón, para que envíe de su tierra a los hijos de Israel.

3 Y yo endureceré el corazón de Faraón, y multiplicaré mis señales y mis maravillas en la tierra de Egipto.

4 Y no los escuchara Faraón; mas yo pondré Mi mano sobre Egipto, y sacaré a mis congregaciones, Mi pueblo, los hijos de Israel, de la tierra de Egipto, con grandes juicios.

5 Y sabrán los egipcios que yo soy El Eterno, cuando extienda Mi mano sobre Egipto, y saque a los hijos de Israel de en medio de ellos.

6 E hizo Moshéh y Aharón como El Eterno les mandó; así lo hicieron.

7 Era Moshéh de edad de ochenta años, y Aharón de edad de ochenta y tres, cuando hablaron a Faraón.

8 Habló El Eterno a Moshéh y a Aharón, diciendo:

9 Si Faraón les dijere: Muéstrenme una señal; dirás a Aharón: Toma tu vara, y échala delante de Faraón, y se convertirá en serpiente.

10 Y fueron Moshéh y Aharón a Faraón, e hicieron como El Eterno lo había mandado. Y echó Aharón su vara delante de Faraón y de sus siervos, y se hizo serpiente.

11 Entonces llamó también Faraón a sabios y hechiceros, e hicieron también los hechiceros de Egipto con sus magias, lo mismo;

12 Y echó cada uno su vara, las cuales se convirtieron en serpientes; mas la vara de Aharón devoró las varas de ellos.

13 Y el corazón de Faraón se endureció, y no los escuchó, como El Eterno lo había dicho.

14 Entonces El Eterno dijo a Moshéh: El corazón de Faraón está endurecido, y no quiere dejar ir al pueblo.

15 Ve por la mañana a Faraón, he aquí que él sale al agua; y tú párate en la orilla delante de él, y la vara que se volvió serpiente toma en tu mano,

16 y dile: El Eterno el Dios de los hebreos me ha enviado a ti, para decirte: Deja ir a Mi pueblo, para que me sirva en el desierto; y he aquí que hasta ahora no has escuchado.

17 Así ha dicho El Eterno: En esto conocerás que yo soy El Eterno: he aquí, yo golpearé con la vara que tengo en mi mano el agua que está en el río, y se convertirá en sangre.

18 Y los peces que hay en el río morirán, y apestará el río, y se cansarán los egipcios por no poder beber agua del río.

19 Y El Eterno dijo a Moshéh: Di a Aharón: Toma tu vara, y extiende tu mano sobre las aguas de Egipto, sobre sus ríos, sobre sus arroyos y sobre sus lagunas, y sobre todos sus depósitos de aguas, para que se conviertan en sangre, y habrá sangre por toda la tierra de Egipto, así en los vasos de madera como en los de piedra.

20 E hicieron así, Moshéh y Aharón como El Eterno lo mandó; y alzando la vara golpeó las aguas que había en el río, a los ojos de Faraón y de sus siervos; y todas las aguas que había en el río se convirtieron en sangre.

21 Asimismo los peces que había en el río murieron; y apestó el río, tanto que los egipcios no podían beber de él. Y hubo sangre por toda la tierra de Egipto.

22 E hicieron lo mismo los hechiceros de Egipto con sus encantamientos; y el corazón de Faraón se endureció, y no los escuchó; como lo había dicho El Eterno.

23 Y Faraón se volvió y fue a su casa, y no dio atención tampoco a esto.

24 Y en todo Egipto hicieron pozos alrededor del río para beber, porque no podían beber de las aguas del río.

25 Y se completaron siete días después que golpeo El Eterno el río.

26 Y dijo El Eterno a Moshéh: Ve a Faraón y dile: Así ha dicho El Eterno: Deja ir a Mi pueblo, para que me sirva.

27 Y si no lo quisieres dejar ir, he aquí que voy a herir todos tus territorios con ranas.

28 Y el río criará ranas, las cuales subirán y entrarán en tu casa, en la habitación donde duermes, y sobre tu cama, y en las casas de tus siervos, en tu pueblo, en tus hornos y en el resto de tus provisiones.

29 Y sobre ti, sobre tu pueblo, y sobre todos tus siervos subirán las ranas.

CAPÍTULO 8

1 Y El Eterno dijo a Moshéh: Di a Aharón: Extiende tu mano con tu vara sobre los ríos, canales y lagunas, y haz subir ranas sobre la tierra de Egipto.

2 Y extendió Aharón su mano sobre las aguas de Egipto, y subieron ranas que cubrieron la tierra de Egipto.

3 E hicieron lo mismo los hechiceros con sus encantamientos, e hicieron subir ranas sobre la tierra de Egipto.

4 Y llamó Faraón a Moshéh y a Aharón, y les dijo: Rueguen a El Eterno para que quite las ranas de mí y de mi pueblo, y dejaré ir a tu pueblo para que ofrezca sacrificios a El Eterno.

5 Y dijo Moshéh a Faraón: Pide gloriosamente (libremente), e dime cuándo debo orar por ti, por tus siervos y por tu pueblo, para que las ranas sean quitadas de ti y de tus casas, y que solamente queden en el río.

6 Y él dijo: Mañana. Y (Moshéh) respondió: Se hará conforme a tu palabra, para que sepas que no hay como El Eterno nuestro Dios.

7 Y se irán las ranas de ti, y de tus casas, de tus siervos y de tu pueblo, y solamente en el río quedarán.

8 Entonces salieron Moshéh y Aharón de la presencia de Faraón. Y clamó Moshéh a El Eterno acerca de las ranas que había mandado a Faraón.

9 E hizo El Eterno conforme a la palabra de Moshéh, y murieron las ranas de las casas, de los patios y de los campos.

10 Y las juntaron en montones, y apestaba la tierra.

11 Pero viendo Faraón que le habían dado reposo, endureció su corazón y no los escuchó, como El Eterno lo había dicho.

12 Y dijo El Eterno a Moshéh: Di a Aharón: Extiende tu vara y golpea el polvo de la tierra, para que se vuelva piojos por toda la tierra de Egipto.

13 Y ellos lo hicieron así; y Aharón extendió su mano con su vara, y golpeó el polvo de la tierra, el cual se volvió piojos, así en los hombres como en las bestias; todo el polvo de la tierra se volvió piojos en toda la tierra de Egipto.

14 E hicieron así también los hechiceros con sus encantamientos, para sacar piojos; pero no pudieron. Y hubo piojos tanto en los hombres como en las bestias.

15 Y dijeron los hechiceros a Faraón: Dedo de Dios es éste. Mas el corazón de Faraón se endureció, y no los escuchó, como lo había dicho El Eterno.

16 El Eterno dijo a Moshéh: Levántate de mañana y ponte delante de Faraón, he aquí él sale al río; y dile: El Eterno ha dicho así: Deja ir a Mi pueblo, para que me sirva.

17 Porque si no dejas ir a Mi pueblo, he aquí yo enviaré sobre ti, sobre tus siervos, sobre tu pueblo y sobre tus casas toda clase de animales salvajes; y se llenarán las casas de los egipcios de toda clase de animales salvajes, y asimismo la tierra sobre la cual ellos estén.

18 Y aquel día haré distinción de la tierra de Góshen, en la cual habita Mi pueblo, para que ninguna clase de animales salvajes haya en ella, a fin de que sepas que yo soy El Eterno en medio de la tierra.

19 Y pondré una separación entre Mi pueblo y el tuyo. Mañana será esta señal.

20 Y lo hizo El Eterno así, y vino toda clase de animales salvajes dañinos sobre la casa de Faraón, sobre las casas de sus siervos, y sobre todo la tierra de Egipto; y la tierra fue devastada a causa de los animales salvajes.

21 Y llamó Faraón a Moshéh y a Aharón, y les dijo: Vayan, ofrezcan sacrificio a vuestro Dios en la tierra.

22 Y Moshéh respondió: No es correcto que hagamos así, porque ofreceríamos a El Eterno nuestro Dios la abominación de los egipcios. Acaso, si sacrificáramos la abominación de los egipcios delante de ellos, ¿no nos apedrearían?

23 Iremos camino de tres idas en el desierto, y ofreceremos sacrificios a El Eterno nuestro Dios, como él nos dirá.

24 Dijo Faraón: Yo los dejaré ir para que ofrezcan sacrificios a El Eterno su Dios en el desierto, con tal que no vayan más lejos; rueguen (a El Eterno) por mí.

25 Y respondió Moshéh: He aquí, al salir yo de tu presencia, rogaré a El Eterno que los animales salvajes se vayan de Faraón, y de sus siervos, y de su pueblo mañana; mas no vuelva el Faraón a mentir no dejando ir al pueblo para que ofrezca sacrificios a El Eterno.

26 Entonces Moshéh salió de la presencia de Faraón, y rogó a El Eterno.

27 Y El Eterno hizo conforme a la palabra de Moshéh, y quitó todos aquellos animales salvajes de Faraón, de sus siervos y de su pueblo, no quedó ni uno.

28 Mas Faraón endureció esta vez también su corazón, y no dejó ir al pueblo.

CAPÍTULO 9

1 Y dijo El Eterno dijo a Moshéh: Entra a la presencia de Faraón, y dile: El Eterno, el Dios de los hebreos, dice así: Deja ir a Mi pueblo, para que me sirva.

2 Porque si no lo quieres dejar ir, y todavía los detienes,

3 he aquí la mano de El Eterno estará sobre tus ganados que están en el campo, caballos, asnos, camellos, vacas y ovejas, con una epidemia muy grave.

4 Y El Eterno hará distinción entre los ganados de Israel y los de Egipto, de modo que nada muera de todo lo de los hijos de Israel.

5 Y El Eterno fijó plazo, diciendo: Mañana hará El Eterno esta cosa en la tierra.

6 Al día siguiente El Eterno hizo aquello, y murió todo el ganado de Egipto; mas del ganado de los hijos de Israel no murió ni uno.

7 Y envió Faraón, y he aquí que del ganado de los hijos de Israel no había muerto ni uno. Mas el corazón de Faraón se endureció, y no envió al pueblo.

8 Y El Eterno dijo a Moshéh y a Aharón: Tomen puñados de ceniza de un horno, y lo arrojará Moshéh hacia el cielo ante los ojos de Faraón;

9 y vendrá a ser polvo sobre toda la tierra de Egipto, y producirá sarna que causará llagas en los hombres y en los animales, por toda la tierra de Egipto.

10 Y tomaron ceniza del horno, y se pusieron delante de Faraón, y las arrojó Moshéh hacia el cielo; y hubo sarna que causó llagas tanto en los hombres como en los animales.

11 Y los hechiceros no podían estar delante de Moshéh a causa de la sarna, porque hubo sarna en los hechiceros y en todos los egipcios.

12 Pero El Eterno endureció el corazón de Faraón, y no los escuchó, como El Eterno le había dicho a Moshéh.

13 Y dijo El Eterno a Moshéh: Levántate de mañana, y ponte delante de Faraón, y dile:

El Eterno, el Dios de los hebreos, dice así: Deja ir a Mi pueblo, para que me sirva.

14 Porque Yo enviaré esta vez todas mis plagas a tu corazón, sobre tus siervos y sobre tu pueblo, para que sepas que no hay otro como Yo en toda la tierra.

15 Porque ahora, si Yo hubiese extendido Mi mano para golpearte a ti y a tu pueblo con plaga, habrías sido borrado de la tierra.

16 Sin embargo, Yo te he mantenido en pie, para hacerte ver Mi poder y para que Mi nombre sea anunciado en toda la tierra.

17 Todavía oprimes a Mi pueblo, impidiéndoles salir.

18 He aquí que mañana a estas horas yo haré llover un granizo muy grave, como el cual nunca hubo en Egipto, desde el día que se fundó hasta ahora.

19 Y ahora, envía a recoger tu ganado, y todo lo que tienes en el campo; porque todo hombre o animal que se halle en el campo, y no sea recogido a casa, el granizo caerá sobre él, y morirá.

20 De los siervos de Faraón, el que tuvo temor de la palabra de El Eterno, hizo que sus siervos y su ganado huyesen a las casas;

21 mas el que no puso en su corazón la palabra de El Eterno, dejó sus criados y sus ganados en el campo.

22 Y El Eterno dijo a Moshéh: Extiende tu mano hacia el cielo, para que venga granizo en toda la tierra de Egipto sobre los hombres, y sobre los animales, y sobre toda la hierba del campo en la tierra de Egipto.

23 Y extendió Moshéh su vara hacia el cielo, y El Eterno hizo tronar y granizar, y el fuego se descargó sobre la tierra; y El Eterno hizo llover granizo sobre la tierra de Egipto.

24 Hubo granizo, y fuego mezclado con el granizo muy gravemente, como el cual nunca hubo en toda la tierra de Egipto desde que fue una nación.

25 Y golpeó el granizo en toda la tierra de Egipto todo lo que estaba en el campo, así hombres como animales; asimismo destrozó el granizo toda la hierba del campo, y quebró todos los árboles del campo.

26 Solamente en la tierra de Góshen, donde estaban los hijos de Israel, no hubo granizo.

27 Entonces Faraón envió a llamar a Moshéh y a Aharón, y les dijo: He pecado esta vez; El Eterno es justo, y yo y mi pueblo somos malvados.

28 Rueguen a El Eterno para que cesen los truenos Divinos y el granizo, y yo los dejaré ir, y no se detendrán más.

29 Y le respondió Moshéh: Tan pronto salga yo de la ciudad, extenderé mis manos a El Eterno, los truenos cesarán, y no habrá más granizo; para que sepas que de El Eterno es la tierra.

30 Mas en cuanto a ti y a tus siervos, yo sé que no temen todavía al Eterno Dios.

31 El lino y la cebada fueron destrozados, porque la cebada estaba ya espigada, y el lino en flor.

32 Mas el trigo y el centeno no fueron destrozados, porque maduran tarde.

33 Y salio Moshéh de la presencia de Faraón, fuera de la ciudad, y extendió sus manos

a El Eterno, y cesaron los truenos y el granizo, y la lluvia no cayó más sobre la tierra.
34 Y viendo Faraón que la lluvia había cesado, y el granizo y los truenos, volvió a pecar, y endurecieron su corazón él y sus siervos.
35 Y el corazón de Faraón se endureció, y no dejó ir a los hijos de Israel, como El Eterno lo había dicho por medio de Moshéh.

BO

CAPÍTULO 10

1 El Eterno dijo a Moshéh: Ve a la presencia de Faraón; porque yo he endurecido su corazón, y el corazón de sus siervos, para poner estas, mis señales entre ellos,

2 y para que cuentes a tus hijos y a tus nietos las cosas que yo hice en Egipto, y mis señales que hice entre ellos; para que sepan que yo soy El Eterno.

3 Y vinieron Moshéh y Aharón a Faraón, y le dijeron: El Eterno el Dios de los hebreos ha dicho así: ¿Hasta cuándo te negarás a humillarte delante de Mí? Deja ir a Mi pueblo, para que me sirvan.

4 Pues si rehúsas dejarlo ir, he aquí que mañana Yo traeré langostas dentro de tu territorio,

5 la cual cubrirá la faz de la tierra, de modo que no pueda verse la tierra; y ella comerá el residuo que escapó, lo que les quedó del granizo; comerá asimismo todo árbol que les crece en el campo.

6 Y llenará tus casas, y las casas de todos tus siervos, y las casas de todos los egipcios, como no vieron tus padres ni tus abuelos, desde que ellos fueron sobre la tierra hasta hoy. Y se volvió y salió de delante de Faraón.

7 Y los siervos de Faraón le dijeron: ¿Hasta cuándo será éste una amenaza para nosotros? Envía a estos hombres, para que sirvan a El Eterno su Dios. ¿Acaso no sabes todavía que Egipto está ya perdido?

8 E hicieron volver a Moshéh y Aharón ante Faraón, el cual les dijo: Vayan y sirvan a El Eterno, su Dios. ¿Quiénes son los que irán?

9 Y Moshéh respondió: Iremos con nuestros niños y con nuestros ancianos, con nuestros hijos y con nuestras hijas; con nuestras ovejas y con nuestras vacas iremos; porque es nuestra fiesta para El Eterno.

10 Y él les dijo: ¡Así sea, que El Eterno este con ustedes! ¿Cómo los voy a dejar ir a ustedes y a vuestros niños? ¡Miren cómo el mal está delante de ustedes!

11 No será así; que vayan sólo los hombres y sirvan a El Eterno, pues esto es lo que ustedes pidieron. Y los expulsaron de la presencia de Faraón.

12 Y dijo El Eterno a Moshéh: Extiende tu mano sobre la tierra de Egipto para traer la langosta, a fin de que suba sobre la tierra de Egipto y consuma toda la hierba de la tierra, todo lo que el granizo dejó.

13 Y extendió Moshéh su vara sobre la tierra de Egipto, y El Eterno trajo un viento oriental sobre la tierra (de Egipto) todo aquel día y toda aquella noche; y cuando llego la mañana el viento de oriente trajo la langosta.

14 Y subió la langosta sobre toda la tierra de Egipto, y se posó en todos los límites de Egipto, (la plaga era) muy grave, como ella no hubo antes ni la habrá después;

15 y cubrió la faz de todo la tierra (de Egipto), y oscureció la tierra (de Egipto); y consumió toda la hierba de la tierra (de Egipto), y todo el fruto de los árboles que había dejado el granizo; no quedó cosa verde en árboles ni en hierba del campo, en toda la tierra de Egipto.

16 Y se apresuró Faraón a llamar a Moshéh y a Aharón, y dijo: He pecado contra El Eterno vuestro Dios, y contra ustedes.

17 Mas ahora perdonen por favor mi pecado solamente esta vez, y rueguen a El Eterno vuestro Dios que quite de mí al menos esta plaga mortal.

18 Y salió Moshéh de delante de Faraón, y rogó a El Eterno.

19 Entonces El Eterno hizo tornar un viento occidental muy fuerte, y quitó la langosta y la arrojó en el Iám Suf (mar rojo); ni una langosta quedó en todos los límites de Egipto.

20 Pero El Eterno endureció el corazón de Faraón, y éste no dejó ir a los hijos de Israel.

21 Y dijo El Eterno a Moshéh: Extiende tu mano hacia el cielo, para que haya oscuridad sobre la tierra de Egipto, y se palpará la oscuridad.

22 Y extendió Moshéh su mano hacia el cielo, y hubo densas tinieblas sobre toda la tierra de Egipto, por tres días.

23 Ninguno vio a su prójimo, ni nadie se levantó de su lugar en tres días; mas todos los hijos de Israel tenían luz en sus habitaciones.

ishí   **10:24** Entonces Faraón hizo llamar a Moshéh, y dijo: Vayan, sirvan a El Eterno; solamente queden sus ovejas y sus vacas; vayan también sus niños con ustedes.

25 Y Moshéh respondió: Tú también nos darás sacrificios y holocaustos que sacrifiquemos para El Eterno nuestro Dios.

26 También nuestros ganados irán con nosotros; no quedará ni una pezuña; porque de ellos tomaremos para servir a El Eterno nuestro Dios, y no sabemos con qué serviremos a El Eterno hasta que lleguemos allá.

27 Pero El Eterno endureció el corazón de Faraón, y no quiso dejarlos ir.

28 Y le dijo Faraón: Retírate de mí; Cuídate de no volver a ver mi rostro, porque el día que veas mi rostro, morirás.

29 Y Moshéh respondió: Bien dijiste; no volveré a ver tu rostro.

CAPÍTULO 11

1 Y dijo El Eterno a Moshéh: Otra plaga traeré sobre Faraón y sobre Egipto, después de la cual él los dejará ir de aquí; y los expulsará de aquí.

2 Habla por favor al pueblo, y que cada uno pida a su compañero (egipcio), y cada una a su compañera (egipcio), utensilios de plata y utensilios de oro.

3 Y dio El Eterno gracia al pueblo en los ojos de los egipcios. También Moshéh era muy grande en la tierra de Egipto, a los ojos de los siervos del Faraón y a los ojos del pueblo.

4 Entonces dijo Moshéh: Así ha dicho El Eterno: Como a medianoche saldré en medio de Egipto,

5 y morirá todo primogénito en la tierra de Egipto, desde el primogénito de Faraón que se sienta en su trono, hasta el primogénito de la sierva que está tras el molino, y todo primogénito de los animales.

6 Y habrá gran clamor por toda la tierra de Egipto, como el cual nunca hubo, ni jamás habrá.

7 Pero contra los hijos de Israel no ladrará un perro, desde el hombre hasta animal, para que sepan que El Eterno hace diferencia entre los egipcios y los israelitas.

8 Y descenderán a mí todos estos tus siervos, e inclinados delante de mí dirán: Andante, tú y todo el pueblo que te sigue; y después de esto yo saldré. Y salió de la presencia de Faraón muy enojado.

9 Y El Eterno dijo a Moshéh: Faraón no los escuchara, para que se multipliquen mis maravillas en la tierra de Egipto.

10 Moshéh y Aharón hicieron todas estas maravillas delante de Faraón; Y endureció El Eterno el corazón de Faraón, y no envió a los hijos de Israel de su tierra.

CAPÍTULO 12

1 Y dijo El Eterno a Moshéh y a Aharón en la tierra de Egipto, diciendo:

2 Este mes será para ustedes principio de los meses; será para ustedes el primero de los meses del año.

3 Háblenle a toda la congregación de Israel, diciendo: En el diez de este mes tomen cada uno un cordero según su casa paterna, un cordero por casa.

4 Mas si la familia fuere tan pequeña que no baste para comer el cordero, entonces él y su vecino más cercano a su casa tomarán uno según el número de las personas; conforme a lo que come cada uno, harás la cuenta sobre el cordero.

5 El cordero será sin defecto, macho de un año; lo tomarán de los corderos o de las cabras.

6 Y lo guardaran hasta el día catorce de este mes, y lo degollará toda la congregación del pueblo de Israel a la tarde.

7 Y tomarán de la sangre, y la pondrán en los dos marcos y en el dintel de las casas en que lo coman.

8 Y comerán la carne aquella noche asada al fuego, y panes sin levadura; con hierbas amargas lo comerán.

9 No coman de ella a medio asar, ni cocida en agua, sino asada al fuego; su cabeza con sus patas y sus entrañas.

10 Ninguna cosa dejarán de él hasta la mañana; y lo que quedare hasta la mañana, lo quemarán en el fuego.

11 Y lo comerán así: con sus cinturones ajustados a la cintura, el calzado en sus pies, y el bastón en su mano; y lo comerán apresuradamente; es el (sacrificio de) Pésaj de El Eterno.

12 Pasaré por la tierra de Egipto aquella noche, y golpearé a todo primogénito en la tierra de Egipto, así de los hombres como de los animales; y haré juicios a todos los dioses de Egipto. Yo El Eterno.

13 Y la sangre les será por señal en las casas donde ustedes estén; y veré la sangre y los pasaré por alto, y no habrá en ustedes plaga de mortandad cuando golpee la tierra de Egipto.

14 Y este día les será en recuerdo, y lo celebrarán como fiesta solemne para El Eterno durante sus generaciones; por decreto perpetuo lo celebrarán.

15 Siete días comerán panes sin levadura; pero el primer día harán que no haya levadura en sus casas; porque cualquiera que comiese leudado desde el primer día hasta el séptimo, será cortada su alma de Israel.

16 El primer día habrá santa convocación, y asimismo en el séptimo día tendrán una santa convocación; ningún trabajo se hará en ellos, excepto que prepararán cada cual lo que haya de comer.

17 Y cuidaran los panes sin levadura, porque en este mismo día saqué sus huestes de la tierra de Egipto; por tanto, guardarán este día en vuestras generaciones por decreto eterno.

18 En el mes primero comerán los panes sin levadura, desde el día catorce del mes por la tarde hasta el veintiuno del mes por la tarde.

19 Por siete días no se hallará levadura en vuestras casas; porque cualquiera que comiere leudado, tanto el converso como el nativo, será cortada su alma de la congregación de Israel.

20 Ninguna cosa leudada comerán; en todas sus habitaciones comerán panes sin levadura.

21 Y llamó Moshéh a todos los ancianos de Israel, y les dijo: Saquen y tomen del ganado por sus familias, y degüellen el (sacrificio de) Pésaj.

22 Y tomen un atado de hisopo, y sumérjanlo en la sangre que estará en el recipiente, y tocarán el dintel y los dos marcos con la sangre que estará en el recipiente. Y ninguno de ustedes salga de la puerta de su casa hasta la mañana.

23 Y pasará El Eterno hiriendo a los egipcios; y cuando vea la sangre en el dintel y en los dos marcos, pasará El Eterno aquella puerta, y no dejará entrar al destructor en vuestras casas para herir.

24 Cuidarán esto por estatuto para vosotros y para sus hijos para siempre.

25 Y cuando entren en la tierra que El Eterno les dará a ustedes, como dijo, cuidaran este servicio.

26 Y cuando les dijeren sus hijos: ¿Qué es este servicio de ustedes?,

27 ustedes responderán: Es la ofrenda del Pésaj, de El Eterno el cual pasó por encima de las casas de los hijos de Israel en Egipto, cuando hirió a los egipcios, y libró nuestras casas. Entonces el pueblo se inclinó y se prosternó.

28 Y los hijos de Israel fueron e hicieron como El Eterno había mandado a Moshéh y a Aharón, así lo hicieron.

29 Y aconteció que a la medianoche El Eterno golpeó a todo primogénito en la tierra de Egipto, desde el primogénito de Faraón que se sentaba sobre su trono hasta el primogénito del cautivo que estaba en la cárcel, y todo primogénito de los animales.

30 Y se levantó aquella noche Faraón, él y todos sus siervos, y todos los egipcios; y hubo un gran clamor en Egipto, porque no había casa donde no hubiese un muerto.

31 Y llamó a Moshéh y a Aharón de noche, y les dijo: Levántense y salgan de en medio de mi pueblo ustedes y los hijos de Israel, vayan y sirvan a El Eterno, como dijeron.

32 Tomen también su rebaño y su ganado, como dijeron, y váyanse; y bendíganme también a mí.

33 Y los egipcios apremiaban al pueblo, dándose prisa a echarlos de la tierra; porque decían: ¡Todos moriremos!

34 Y llevó el pueblo su masa antes que leudase, el resto de sus masas envueltas en sus ropas sobre sus hombros.

35 E hicieron los hijos de Israel conforme al mandamiento de Moshéh, pidiendo de los egipcios utensilios de plata, y de oro, y vestidos.

36 Y El Eterno dio gracia al pueblo delante de los egipcios, y les dieron cuanto pedían; así despojaron a los egipcios.

37 Partieron los hijos de Israel de Ramsés a Sukót, como seiscientos mil hombres a pie, sin contar los niños.

38 También subió con ellos una gran multitud mixta, y rebaño, y muchísimo ganado.

39 Y cocieron pan sin levadura de la masa que habían sacado de Egipto, pues no había leudado, porque al echarlos fuera los egipcios, no habían tenido tiempo ni para prepararse comida.

40 El tiempo que los hijos de Israel habitaron en Egipto fue cuatrocientos treinta años.

41 Y pasados los cuatrocientos treinta años, en el mismo día todas las huestes de El Eterno salieron de la tierra de Egipto.

42 Es noche de protección de El Eterno, por haberlos sacado en ella de la tierra de Egipto. Es esta noche para El Eterno, de protección para todos los hijos de Israel en todas sus generaciones.

43 Y El Eterno dijo a Moshéh y a Aharón: Esta es el decreto del (sacrificio de) Pésaj; ningún extraño comerá de el.

44 Y todo esclavo de hombre comprado por dinero, que lo hubieres circuncidado comerá de el.

45 El residente y el jornalero no comerán de el.

46 Se comerá en una casa, no sacarás de la carne fuera de la casa, ni quebrarán (ningún) hueso.

47 Toda la congregación de Israel lo hará.

48 Mas si algún extranjero morare contigo, y quisiere hacer (el sacrificio de) Pésaj para El Eterno, será circuncidado todo hombre, y entonces lo acercara (el sacrificio de Pésaj), y será como uno de su nación; pero ningún incircunciso comerá de el.

49 La misma ley será para el nativo, y para el converso que habitare entre ustedes.

50 Así lo hicieron todos los hijos de Israel; como mandó El Eterno a Moshéh y a Aharón, así lo hicieron.

51 Y en aquel mismo día sacó El Eterno a los hijos de Israel de la tierra de Egipto por sus huestes.

CAPÍTULO 13

1 El Eterno habló a Moshéh, diciendo:

2 Santifícame todo primogénito que abra el vientre de su madre entre los hijos de Israel, así de los hombres como de los animales, mío es.

3 Y Moshéh dijo al pueblo: Acuérdense de este día, en el cual salieron de Egipto, de la casa de servidumbre, pues El Eterno los sacó de aquí con mano fuerte; por tanto, no comerán leudado.

4 Ustedes salen hoy en el mes de Abíb.

5 Y cuando El Eterno te lleve a la tierra del kenaaní, del jití, del emorí, del jiví y del iebusí, la cual juró a tus padres que te daría, tierra que fluye leche y miel, harás este servicio en este mes.

6 Siete días comerás pan sin leudar, y el séptimo día será fiesta para El Eterno.

7 Por siete días comerán panes sin levadura, y no se verá contigo nada leudado, ni levadura, en todo tu territorio.

8 Y lo contarás en aquel día a tu hijo, diciendo: Por esto, me hizo El Eterno salir de Egipto.

9 Y te será como una señal sobre tu mano, y como recuerdo delante de tus ojos, para que la ley de El Eterno esté en tu boca; pues con mano fuerte te sacó El Eterno de Egipto.

10 Por tanto, tú guardarás este decreto en su tiempo, en los días (fijados).

11 Y cuando El Eterno te llevé a la tierra del kenaaní, como te ha jurado a ti y a tus padres, y cuando te la hubiere dado,

12 apartarás todo aquel que abriere matriz a El Eterno, y asimismo todo primer nacido de tus animales; los machos serán de El Eterno.

13 Mas todo primogénito de burro redimirás con un cordero; y si no lo redimieres, lo desnucarás. También redimirás al primogénito de tus hijos.

14 Y cuando mañana te pregunte tu hijo, diciendo: ¿Qué es esto?, le dirás: El Eterno nos sacó con mano fuerte de Egipto, de casa de servidumbre,

15 y aconteció que cuando el Faraón se endureció no dejándonos ir, El Eterno hizo morir en la tierra de Egipto a todo primogénito, desde el primogénito humano hasta el primogénito del animal; y por esta causa yo sacrifico para El Eterno todo primogénito macho, y redimo al primogénito de mis hijos.

16 Te será como una señal sobre tu mano, y por filacterias delante de tus ojos, por cuanto El Eterno nos sacó de Egipto con mano fuerte.

BESHALAJ

17 Y fue cuando Faraón envió al pueblo, Dios no los llevó por el camino de la tierra de los pelishtím, que estaba cerca; porque dijo Dios: Para que no se arrepienta el pueblo cuando vea la guerra, y se vuelva a Egipto.

18 Mas hizo Dios que el pueblo rodease el camino del desierto del Iám Suf (Mar Rojo). Y armados subieron los hijos de Israel de Egipto.

19 Tomó Moshéh consigo los huesos de Ioséf, el cual había hecho jurar a los hijos de Israel, diciendo: Dios ciertamente los recordará, y harán llevar de aquí mis huesos con ustedes.

20 Y partieron de Sukót y acamparon en Etám, al extremo del desierto.

21 Y El Eterno iba delante de ellos de día en una columna de nube para guiarlos por el camino, y de noche en una columna de fuego para alumbrarles, a fin de que anduviesen de día y de noche.

22 No se apartó de delante del pueblo la columna de nube de día, ni de noche la columna de fuego.

CAPÍTULO 14

1 Y Habló El Eterno a Moshéh, diciendo:

2 Di a los hijos de Israel que den la vuelta y acampen delante de Pi Hajirót, entre Migdól y el mar. Frente a Baal Tzefón; delante de él acamparán junto al mar.

3 Y dirá Faraón de los hijos de Israel: Perdidos están en la tierra, el desierto los ha encerrado.

4 Y yo endureceré el corazón de Faraón para que los siga; y seré honrado por Faraón y por todo su ejército, y sabrán los egipcios que yo soy El Eterno. Y ellos lo hicieron así.

5 Y fue dicho al rey de Egipto, que el pueblo huía; y el corazón de Faraón y de sus siervos se volvió contra el pueblo, y dijeron: ¿Cómo hemos hecho esto, de haber dejado ir a Israel para que deje de servirnos?

6 Y preparó su carro, y tomó consigo su pueblo;

7 y tomó seiscientos carros escogidos, y todos los carros de Egipto, y los capitanes sobre ellos.

8 Y endureció El Eterno el corazón de Faraón rey de Egipto, y él siguió a los hijos de Israel; pero los hijos de Israel habían salido con mano poderosa.

Shení **9** Los persiguieron los egipcios, con toda la caballería y carros de Faraón, su gente de a caballo, y todo su ejército, los alcanzaron acampados junto al mar, al lado de Pi Hajirót, delante de Baal Tzefón.

10 Y cuando Faraón se acercó, los hijos de Israel alzaron sus ojos, y he aquí que los egipcios venían tras ellos; por lo que los hijos de Israel temieron en gran manera, y clamaron a El Eterno.

11 Y dijeron a Moshéh: ¿No habían tumbas en Egipto, que nos has sacado para que muramos en el desierto? ¿Por qué has hecho así con nosotros, que nos has sacado de Egipto?

12 Es esto lo que te hablamos en Egipto, diciendo: Déjanos servir a los egipcios, porque preferimos servir a los egipcios, que morir en el desierto.

13 Y Moshéh dijo al pueblo: No teman; manténgase firmes, y verán la salvación que El Eterno hará hoy con ustedes; porque los egipcios que hoy han visto, nunca más los verán.

14 El Eterno peleará por ustedes, y ustedes permanecerán en silencio.

15 Entonces El Eterno dijo a Moshéh: ¿Por qué clamas a mí? Di a los hijos de Israel que marchen.

16 Y tú alza tu vara, y extiende tu mano sobre el mar, y divídelo, y que entren los hijos de Israel por en medio del mar, en lo seco.

17 Yo endureceré el corazón de los egipcios para que los sigan; y Yo seré honrado en Faraón y en todo su ejército, en sus carros y en su caballería;

18 y sabrán los egipcios que Yo soy El Eterno, cuando sea honrado en Faraón, en sus carros y en su caballería.

19 Y el ángel de Dios que iba delante del campamento de Israel, se apartó y fue tras ellos; y asimismo la columna de nube que iba delante de ellos se apartó y se puso a sus espaldas,

20 e iba entre el campamento de los egipcios y el campamento de Israel; y era nube y oscuridad para aquéllos, y alumbraba (a Israel) de noche, y en toda aquella noche no se acercaron los unos a los otros.

21 Y extendió Moshéh su mano sobre el mar, e hizo El Eterno que el mar se retirase por fuerte viento oriental toda aquella noche; y volvió el mar en seco, y las aguas quedaron divididas.

22 Entonces los hijos de Israel entraron por en medio del mar, en lo seco, teniendo las aguas como un muro a su derecha y a su izquierda.

23 Y los siguieron los egipcios, entraron tras ellos dentro del mar, toda la caballería de Faraón, sus carros y caballería.

24 Aconteció cuando amaneció, que El Eterno miró el campamento de los egipcios desde la columna de fuego y nube, y confundió el campamento de los egipcios,

25 y quitó las ruedas de sus carros, y los condujo con dificultad. Entonces los egipcios dijeron: Huyamos de delante de Israel, porque El Eterno pelea por ellos contra los egipcios.

26 Y El Eterno dijo a Moshéh: Extiende tu mano sobre el mar, para que las aguas vuelvan sobre los egipcios, sobre sus carros, y sobre su caballería.

27 Entonces Moshéh extendió su mano sobre el mar, y cuando amanecía, el mar se volvió con toda su fuerza, y los egipcios al huir se encontraban con el mar; y El Eterno hundió a los egipcios en medio del mar.

28 Y volvieron las aguas, y cubrieron los carros y la caballería, y todo el ejército de Faraón que había entrado tras ellos en el mar; no quedó de ellos ni uno.

29 Y los hijos de Israel fueron por en medio del mar, en lo seco, teniendo las aguas por muro a su derecha y a su izquierda.

30 Así salvó El Eterno en ese día a Israel de mano de los egipcios; e Israel vio a los egipcios muertos a la orilla del mar.

31 Y vio Israel la gran mano que El Eterno ejecutó contra los egipcios; y el pueblo temió a El Eterno, y creyeron en El Eterno y en Moshéh su siervo.

CAPÍTULO 15

1 Entonces cantó Moshéh y los hijos de Israel este cántico a El Eterno, y dijeron: Cantaré yo a El Eterno, porque se ha magnificado grandemente; Ha echado en el mar al caballo y al jinete.

2 El Eterno es mi fortaleza y mi cántico, y ha sido mi salvación. Este es mi Dios, y lo embelleceré; Dios de mi padre, y lo enalteceré.

3 El Eterno es el Amo de guerra; El Eterno es Su nombre.

4 Echó en el mar los carros de Faraón y su ejército. Y sus capitanes escogidos fueron hundidos en el Iám Suf (Mar Rojo).

5 Los abismos los cubrieron. Descendieron a las profundidades como piedra.

6 Tu diestra, oh El Eterno, ha sido majestuosa en poder. Tu diestra, oh El Eterno, ha quebrantado al enemigo.

7 Y con la grandeza de tu poder has derribado a los que se levantaron contra ti. Enviaste tu ira; los consumió como paja.

8 Al soplo de tu aliento se amontonaron las aguas; se juntaron las corrientes como una pared; Los abismos se congelaron en medio del mar.

9 Dijo el enemigo: Los perseguiré, los alcanzaré y repartiré sus despojos; mi alma se quedará satisfecha de ellos; sacaré mi espada, los debilitará mi mano.

10 Soplaste con tu viento; los cubrió el mar; se hundieron como plomo en las impetuosas aguas.

11 ¿Quién como tú, oh El Eterno, entre los poderosos? ¿Quién como tú, magnífico en santidad, reverenciad en alabanzas, hacedor de milagros?

12 Extendiste tu diestra; la tierra los tragó.

13 Condujiste en tu misericordia a este pueblo que redimiste; lo llevaste con tu poder a tu santa morada.

14 Oyeron los pueblos, y temblaron; el terror se apoderó de los habitantes de Peláshet.

15 Entonces los jefes de Edóm quedaron confundidos; los valientes de Moáb fueron sobrecogidos por temblor; se acobardaron todos los habitantes de Kenáan.

16 Cayó sobre ellos temor y espanto. A la grandeza de tu brazo enmudecen como una piedra. Hasta que haya pasado tu pueblo, oh El Eterno, hasta que haya pasado este pueblo que hiciste Tuyo.

17 Tú los introducirás y los plantarás en el monte de tu heredad, en el lugar de tu morada, que tú has preparado, oh El Eterno, en el santuario que tus manos, oh mi Señor, han afirmado.

18 El Eterno reinará por toda la eternidad.

19 Porque Faraón entró cabalgando con sus carros y su gente de a caballo en el mar, y El Eterno hizo volver las aguas del mar sobre ellos; mas los hijos de Israel pasaron en seco por en medio del mar.

20 Y Miriám la profetisa, hermana de Aharón, tomó un pandero en su mano, y todas las mujeres salieron en pos de ella con panderos y danzas.

21 Y Miriám les respondía: cantad a El Eterno, porque se ha magnificado grandemente.

Ha echado en el mar al caballo y al jinete.

22 E hizo Moshéh que partiese Israel del Iám Suf (Mar Rojo), y salieron al desierto de Shur; y anduvieron tres días por el desierto sin hallar agua.

23 Y llegaron a Maráh, y no pudieron beber las aguas de Maráh, porque eran amargas; por eso le pusieron el nombre de Maráh.

24 Entonces el pueblo murmuró contra Moshéh, diciendo: ¿Qué hemos de beber?

25 Y (Moshéh) clamó a El Eterno, y El Eterno le mostró un árbol; y lo echó en las aguas, y las aguas se endulzaron. Allí les dio estatutos y ordenanzas, y allí los probó;

26 y dijo: Si escucharas atentamente la voz de El Eterno tu Dios, e hicieres lo recto delante de sus ojos, y escucharas sus mandamientos, y guardares todos sus estatutos, ninguna enfermedad de las que envié a los egipcios te enviaré a ti; porque yo soy El Eterno tu sanador.

27 Y llegaron a Elím, donde había doce fuentes de aguas, y setenta palmeras; y acamparon allí junto a las aguas.

CAPÍTULO 16

1 Partió luego de Elím toda la congregación de los hijos de Israel, y vino al desierto de Sin, que está entre Elím y Sinaí, a los quince días del segundo mes después que salieron de la tierra de Egipto.

2 Y toda la congregación de los hijos de Israel murmuró contra Moshéh y Aharón en el desierto;

3 y les decían los hijos de Israel: Ojalá hubiéramos muerto por mano de El Eterno en la tierra de Egipto, cuando nos sentábamos a las ollas de carne, cuando comíamos pan hasta saciarnos; pues han sacado a este desierto para matar de hambre a toda esta congregación.

4 Y El Eterno dijo a Moshéh: He aquí que Yo haré llover pan desde el cielo; y el pueblo saldrá, y recogerá diariamente la porción de un día, para que yo lo pruebe si anda en mi ley, o no.

5 Mas en el sexto día prepararán para guardar el doble de lo que suelen recoger cada día.

6 Entonces dijeron Moshéh y Aharón a todos los hijos de Israel: Esta tarde sabrán que El Eterno los sacó de la tierra de Egipto,

7 y a la mañana verán la gloria de El Eterno; porque él ha escuchado sus murmuraciones contra El Eterno; porque nosotros, ¿qué somos para que se quejen contra nosotros?

8 Dijo (también) Moshéh: El Eterno les dará en la tarde carne para comer, y en la mañana pan hasta que queden satisfechos; porque El Eterno ha escuchado sus murmuraciones que han murmurado contra él; porque nosotros, ¿qué somos? Sus murmuraciones no son contra nosotros, sino contra El Eterno.

9 Y dijo Moshéh a Aharón: Di a toda la congregación de los hijos de Israel: Acérquense delante de El Eterno, porque ha escuchado sus murmuraciones.

10 Y hablando Aharón a toda la congregación de los hijos de Israel, miraron hacia el desierto, y he aquí la gloria de El Eterno apareció en la nube. hí **11** Y El Eterno habló a Moshéh, diciendo:

12 Yo he escuchado las murmuraciones de los hijos de Israel; háblales, diciendo: Al caer la tarde comerán carne, y por la mañana quedaran satisfechos del pan, y sabrán que yo soy El Eterno, su Dios.

13 Y en la tarde, subieron codornices que cubrieron el campamento; y por la mañana descendió rocío en derredor del campamento.

14 Y cuando el rocío cesó de descender, he aquí sobre la faz del desierto una cosa fina, como la escarcha sobre la tierra.

15 Y viéndolo los hijos de Israel, se dijeron unos a otros: ¿Esto es comida? porque no sabían qué era. Entonces Moshéh les dijo: Es el pan que El Eterno les da para comer.

16 Esto es lo que El Eterno ha ordenado: Recojan de él cada uno según lo que pudiere comer; un ómer por cabeza, conforme al número de vuestras personas, tomarán cada uno para los que están en su tienda.

17 Y los hijos de Israel lo hicieron así; y recogieron unos más, otros menos;

18 y cuando midieron por ómer, y no le sobró al que había recogido mucho, ni le faltó al que había recogido poco; cada uno recogió conforme a lo que había de comer.

19 Y les dijo Moshéh: Nadie deje sobras de ello para la mañana.

20 Mas no escucharon a Moshéh, sino que algunos dejaron de ello para la mañana, y crió gusanos, y se pudrió; y se enojó contra ellos Moshéh.

21 Y lo recogían cada mañana, cada uno según lo que había de comer; y luego que el sol calentaba, se derretía.

22 En el sexto día recogieron doble porción de comida, dos ómer para cada uno; y todos los príncipes de la congregación vinieron y se lo hicieron saber a Moshéh.

23 Y él les dijo: Esto es lo que ha dicho El Eterno: Mañana es el santo día de descanso, el Shabát sagrado a El Eterno; lo que han de hornear, deben hornearlo hoy, y lo que han de cocinar, cocínenlo; y todo lo que les sobre, guárdenlo hasta la mañana.

24 Y ellos lo dejaron hasta la mañana, según lo que Moshéh había ordenado, y no se agusanó, ni se pudrió.

25 Y dijo Moshéh: Cómanlo hoy, porque hoy es día de descanso para El Eterno; hoy no encontraran en el campo.

26 Seis días lo recogerán, mas el séptimo día es día de reposo; en él no se hallará.

27 Y aconteció que algunos del pueblo salieron en el séptimo día a recoger, y no encontraron.

28 Y El Eterno dijo a Moshéh: ¿Hasta cuándo se niegan a guardar mis mandamientos y mis leyes?

29 Miren que El Eterno les dio el día de reposo, y por eso en el sexto día les da pan para dos días. Que cada uno este en su lugar, y nadie salga de él en el séptimo día.

30 Así el pueblo reposó el séptimo día.

31 Y la casa de Israel lo llamaron Man; y era como semilla de cilantro, blanco, y su sabor como de una torta con miel.

32 Y dijo Moshéh: Esto es lo que El Eterno ha mandado: Llenen un ómer de él, y guárdenlo por sus generaciones, a fin de que vean el pan que yo les de comer en el desierto, cuando los saqué de la tierra de Egipto.

33 Y dijo Moshéh a Aharón: Toma una vasija y pon en ella un ómer de Man, y ponlo delante de El Eterno, para que sea guardado por sus generaciones.

34 Y Aharón lo puso delante del Testimonio para guardarlo, como El Eterno le ordeno a Moshéh.

35 Los hijos de Israel comieron Man por cuarenta años, hasta que llegaron a tierra habitada. Comieron Man hasta que llegaron a los límites de la tierra de Kenáan.

36 Y un ómer es la décima parte de una efá.

CAPÍTULO 17

1 Toda la congregación de los hijos de Israel partió del desierto de Sin por sus viajes, conforme al mandamiento de El Eterno, y acamparon en Refidím; y no había agua para que el pueblo bebiese.

2 Y peleo el pueblo con Moshéh, y dijeron: Danos agua para que bebamos. Y Moshéh les dijo: ¿Por qué pelean conmigo? ¿Por qué prueban a El Eterno?

3 Así que el pueblo tuvo allí sed, y murmuró contra Moshéh, y dijo: ¿Por qué nos hiciste subir de Egipto para matarnos a nosotros, a nuestros hijos y a nuestros ganados de sed?

4 Entonces clamó Moshéh a El Eterno, diciendo: ¿Qué haré con este pueblo? Un poco mas y me apedrearán.

5 Y El Eterno dijo a Moshéh: Pasa delante del pueblo, y toma contigo de los ancianos de Israel; y toma también en tu mano tu vara con que golpeaste el río, y ve.

6 He aquí que yo estaré delante de ti allí sobre la roca en Joréb; y golpearás la roca, y saldrá de ella agua, y beberá el pueblo. Y Moshéh lo hizo así en presencia de los ancianos de Israel.

7 Y llamó el nombre de aquel lugar Masáh y Meribáh, por la pelea de los hijos de Israel, y porque probaron a El Eterno, diciendo: ¿Está El Eterno entre nosotros, o no?

8 Entonces vino Amalék y peleó contra Israel en Refidím.

9 Y dijo Moshéh a Iehoshúa: Escógenos hombres, y sal a pelear contra Amalék;

mañana yo estaré sobre la cumbre de la colina, y la vara de Dios en mi mano.

10 E hizo Iehoshúa como le dijo Moshéh, peleando contra Amalék; y Moshéh, Aharón y Jur subieron a la cumbre del colina.

11 Y sucedía que cuando alzaba Moshéh su mano, Israel vencía; mas cuando él bajaba su mano, vencía Amalék.

12 Y las manos de Moshéh se cansaban; por lo que tomaron una piedra, y la pusieron debajo de él, y se sentó sobre ella; y Aharón y Jur sostenían sus manos, uno de un lado y el otro de otro; así se mantuvieron sus manos firmes (para rezar) hasta que se puso el sol.

13 Y Iehoshúa debilito a Amalék y a su pueblo a filo de espada.

Maftír **14** Y El Eterno dijo a Moshéh: Escribe esto para memoria en un libro, y di a Iehoshúa que borraré del todo la memoria de Amalék de debajo del cielo.

15 Y Moshéh edificó un altar, y llamó su nombre El Eterno-es mi milagro;

16 y dijo: Por la mano que esta sobre el trono de El Eterno, El Eterno tendrá guerra con Amalék de generación en generación.

CAPÍTULO 18

1 Escuchó Itró sacerdote de Midián, suegro de Moshéh, todo lo que hizo Dios con Moshéh, y con Israel su pueblo, y cómo El Eterno había sacado a Israel de Egipto.

2 Y tomó Itró suegro de Moshéh a Tziporáh la mujer de Moshéh, después que él la envió,

3 y a sus dos hijos; el nombre de uno era Guershón, porque dijo: Extranjero he sido en una tierra extraña;

4 y el nombre del otro era Eliécer, porque dijo: El Dios de mi padre me ayudó, y me libró de la espada de Faraón.

5 Y vino Itró el suegro de Moshéh, con los hijos y la mujer de éste, a Moshéh al desierto, donde estaba acampado junto al monte de Dios;

6 y dijo a Moshéh: Yo soy tu suegro Itró que voy hacia ti, con tu mujer, y sus dos hijos con ella.

7 Y Moshéh salió a recibir a su suegro, y se inclinó, y lo besó; y se preguntaron el uno al otro cómo estaban, y vinieron a la tienda.

8 Y contó Moshéh a su suegro todas las cosas que El Eterno había hecho a Faraón y a los egipcios por causa de Israel, y todas las adversidades que habían pasado en el camino, y cómo los había salvado El Eterno.

9 Y se alegró Itró por todo el bien que El Eterno había hecho a Israel, al haberlo salvado de mano de los egipcios.

10 E Itró dijo: Bendito sea El Eterno, que los salvó de la mano de los egipcios, y de la mano de Faraón, pues salvó al pueblo de la mano de los egipcios.

11 Ahora conozco que El Eterno es más grande que todos los dioses; porque en lo que conspiraron (los egipcios) prevaleció contra ellos.

12 Y tomó Itró, suegro de Moshéh, holocaustos y sacrificios para Dios; y vino Aharón y todos los ancianos de Israel para comer pan con el suegro de Moshéh delante de Dios.

13 Aconteció que al día siguiente se sentó Moshéh a juzgar al pueblo; y el pueblo estuvo delante de Moshéh desde la mañana hasta la tarde.

14 Vio el suegro de Moshéh todo lo que él hacía con el pueblo, y dijo: ¿Qué es esto que haces tú con el pueblo? ¿Por qué te sientas tú solo, y todo el pueblo está parado delante de ti desde la mañana hasta la tarde?

15 Y Moshéh respondió a su suegro: Porque el pueblo viene a mí para consultar a Dios.

16 Cuando tienen asuntos, vienen a mí; y yo juzgo entre el uno y el otro, y les doy a conocer las ordenanzas de Dios y sus leyes.

17 Entonces el suegro de Moshéh le dijo: No está bien lo que haces.

18 Te debilitaras tú, y también este pueblo que está contigo; porque el trabajo es demasiado pesado para ti; no podrás hacerlo tú solo.

19 Ahora escucha mi voz; yo te aconsejaré, y Dios estará contigo. Está tú por el pueblo delante de Dios, y trae tú los asuntos a Dios.

20 Y enseña a ellos las ordenanzas y las leyes, y muéstrales el camino por donde deben andar, y lo que han de hacer.

21 Escoge tú de entre todo el pueblo hombres virtuosos, temerosos de Dios, hombres verídicos, que aborrezcan el dinero (mal habido); y ponlos sobre el pueblo por jefes de mil, de ciento, de cincuenta y de diez.

22 Ellos juzgarán al pueblo en todo tiempo; y todo asunto grave lo traerán a ti, y ellos juzgarán todo asunto pequeño. Así aliviarás la carga de sobre ti, y la llevarán ellos contigo.

23 Si esto hicieres, y Dios te lo mandare, tú podrás sostenerte, y también todo este pueblo irá en paz a su lugar. ishí **24** Y escuchó Moshéh la voz de su suegro, e hizo todo lo que dijo.

25 Escogió Moshéh hombre virtuosos de entre todo Israel, y los puso por jefes sobre el pueblo, sobre mil, sobre ciento, sobre cincuenta, y sobre diez.

26 Y juzgaban al pueblo en todo tiempo; el asunto difícil lo traían a Moshéh, y ellos juzgaban todo asunto pequeño.

27 Y envió Moshéh a su suegro, y éste se fue a su tierra.

CAPÍTULO 19

1 En el mes tercero de la salida de los hijos de Israel de la tierra de Egipto, en ese día llegaron al desierto de Sinaí.

2 Habían salido de Refidím, y llegaron al desierto de Sinaí, y acamparon en el desierto; y acampó allí Israel delante del monte.

3 Y Moshéh subió a Dios; y El Eterno lo llamó desde el monte, diciendo: Así dirás a la casa de Iaakób, y anunciarás a los hijos de Israel:

4 Ustedes vieron lo que hice a los egipcios, y cómo los tomé sobre alas de águilas, y los traje a mí.

5 Ahora, si van a escuchar Mi voz, y guardar Mi pacto, ustedes serán para Mí un tesoro especial sobre todos los pueblos; porque mía es toda la tierra.

6 Y ustedes serán para Mí, un reino de sacerdotes, y un pueblo santo. Estas son las palabras que dirás a los hijos de Israel.

7 Entonces vino Moshéh, y llamó a los ancianos del pueblo, y expuso en presencia de ellos todas estas palabras que El Eterno le había mandado.

8 Y todo el pueblo unido respondió y dijeron: Todo lo que El Eterno ha dicho, haremos. Y Moshéh respondió a El Eterno las palabras del pueblo.

9 Entonces El Eterno dijo a Moshéh: He aquí, yo voy a ti en una nube espesa, para que el pueblo escuche mientras yo hablo contigo, y también para que te crean por siempre. Y Moshéh dijo las palabras del pueblo a El Eterno.

10 Y El Eterno dijo a Moshéh: Ve al pueblo, y santifícalos hoy y mañana; y laven sus vestidos,

11 y estén preparados para el día tercero, porque al tercer día El Eterno descenderá a los ojos de todo el pueblo sobre el monte de Sinaí.

12 Y pondrás límites para el pueblo en derredor (del monte), diciendo: Cuídense de no subir al monte, ni tocar sus límites; pues cualquiera que tocare el monte, de seguro morirá.

13 No lo tocará mano, porque será apedreado o abatido; sea animal o sea hombre, no vivirá. (Solo) si se prolongarse mucho el sonido del Iobél (shofár), podrán subir al monte.

14 Y descendió Moshéh del monte al pueblo, y santificó al pueblo; y lavaron sus vestidos.

15 Y dijo al pueblo: Prepárense para el tercer día; No se acerquen a (ninguna) mujer.

16 Aconteció que al tercer día, cuando vino la mañana, vinieron truenos y relámpagos, y una nube espesa sobre el monte, y sonido del shofár era muy fuerte; y se estremeció todo el pueblo que estaba en el campamento.

17 Y Moshéh sacó del campamento al pueblo para recibir a Dios; y se pararon al pie del monte.

18 Todo el monte de Sinaí humeaba, porque El Eterno había descendido sobre él en fuego; y el humo subía como el humo de un horno, y todo el monte temblaba mucho.

19 El sonido del shofar iba aumentando mucho; Moshéh hablaba, y Dios le respondía con voz (alta).

20 Y descendió El Eterno sobre el monte de Sinaí, sobre la cumbre del monte; y llamó El Eterno a Moshéh a la cumbre del monte, y Moshéh subió.

21 Y El Eterno dijo a Moshéh: Desciende, y ordena al pueblo que no traspase los límites para ver a El Eterno, porque caerán muchos de ellos.

22 Y también que se santifiquen los sacerdotes que se acercan a El Eterno, para que El Eterno no los dañe.

23 Moshéh dijo a El Eterno: El pueblo no podrá subir al monte de Sinaí, porque tú nos has mandado diciendo: Señala límites al monte, y santifícalo.

24 Y El Eterno le dijo: Ve, desciende, y subirás tú, y Aharón contigo; mas los sacerdotes y el pueblo no traspasen el límite para subir a El Eterno, no sea que los dañe.

25 Entonces Moshéh descendió y se lo dijo al pueblo.

CAPÍTULO 20

1 Y habló Dios todas estas palabras, diciendo:

2 Yo soy El Eterno tu Dios, que te saqué de la tierra de Egipto, de casa de servidumbre.

No tendrás otros dioses delante de mí.

3 No harás esculturas, ni ninguna semejanza de lo que esté arriba en el cielo, ni abajo en la tierra, ni en las aguas debajo de la tierra.

4 No te inclinarás a ellas, ni las servirás; porque yo soy El Eterno tu Dios celoso, que recuerdo la maldad de los padres sobre los hijos hasta la tercera y cuarta generación de los que me odian,

5 y hago misericordia a millares, a los que me aman y guardan mis mandamientos.

6 No tomarás el nombre de El Eterno tu Dios en vano; porque no dará por inocente El Eterno al que tomare su nombre en vano.

7 Recuerda el día del Shabát para santificarlo.

8 Seis días trabajarás, y harás todo tu trabajo;

9 mas el séptimo día es reposo para El Eterno tu Dios; no hagas en él ningún trabajo, tú, ni tu hijo, ni tu hija, ni tu siervo, ni tu criada, ni tu animal, ni el extranjero que está dentro de tus puertas.

10 Porque en seis días hizo El Eterno los cielos y la tierra, el mar, y todas las cosas que en ellos hay, y reposó en el séptimo día; por tanto, El Eterno bendijo el día del Shabát y lo santificó.

11 Honra a tu padre y a tu madre, para que tus días se alarguen en la tierra que El Eterno tu Dios te da.

12 No matarás; no cometerás adulterio; no robarás; no hablarás contra tu prójimo falso testimonio.

13 No codiciarás la casa de tu prójimo, no codiciarás la mujer de tu prójimo, ni su siervo, ni su criada, ni su toro, ni su burro, ni nada de lo que tenga tu prójimo.

14 Todo el pueblo veía los truenos y los relámpagos, y el sonido del shofar, y el monte que humeaba; y viéndolo el pueblo, temblaron, y se pusieron de lejos.

Shebií **20:15** Y dijeron a Moshéh: Habla tú con nosotros, y nosotros te escucharemos; pero no hable Dios con nosotros, para que no muramos.

16 Y Moshéh respondió al pueblo: No teman; porque para probarlos vino Dios, y para que su temor esté delante de ustedes, para que no pequen.

17 Entonces el pueblo se paró a lo lejos, y Moshéh se acercó a las densas tinieblas en la cual estaba Dios.

18 Y El Eterno dijo a Moshéh: Así dirás a los hijos de Israel: Ustedes han visto que les he hablado desde el cielo.   ftír

19 No hagan junto a mí, dioses de plata, ni dioses de oro, no hagan para ustedes.
20 Un altar de tierra harás para mí, y sacrificarás sobre él tus holocaustos y tus ofrendas de paz, tus ovejas y tus vacas; en todo lugar donde se recuerde Mi nombre, vendré a ti y te bendeciré.
21 Y si me hicieres altar de piedras, no las labres; porque si alzaras tu espada sobre él, lo profanarás.
22 No subirás por escaleras a Mi altar, para que tu desnudez no se descubra sobre él.

CAPÍTULO 21

1 Estas son las leyes que propondrás delante de ellos.
2 Si compras un esclavo hebreo, seis años servirá; mas al séptimo saldrá libre, sin cargos.
3 Si entró solo, solo saldrá; si tenía mujer, saldrá él y su mujer con él.
4 Si su amo le dio una mujer, y a ella le nacieron hijos o hijas, la mujer y sus hijos serán de su amo, y él saldrá solo.
5 Y si el siervo dijere: Yo amo a mi señor, a mi mujer y a mis hijos, no saldré libre;
6 entonces su amo lo llevará ante los jueces, y lo acercara a una puerta o la jamba; y su amo le perforará la oreja con punzón, y será su esclavo para siempre.
7 Y cuando un hombre vendiera a su hija como esclava, no saldrá ella como suelen salir (libres) los esclavos.
8 Si no agradare a su señor, por lo cual no la tomó por esposa, se le permitirá que se rescate. No la podrá vender a pueblo extraño cuando la rechazara.
9 Mas si la hubiere casado con su hijo, hará con ella según la costumbre de las hijas.
10 Si tomare para él otra mujer, no disminuirá su alimento, ni su vestido, ni el deber conyugal.
11 Y si ninguna de estas tres cosas hiciere, ella saldrá libre de pagos, sin dinero.
12 El que golpee a un hombre, y este muriese, él (agresor) morirá.
13 Mas el que no pretendía herirlo, sino que Dios lo puso en sus manos, entonces Yo te señalaré lugar al cual ha de huir.
14 Pero si un hombre obrare premeditadamente contra su prójimo y lo matare con engaño, de Mi altar lo quitarás para que muera.
15 El que golpease a su padre o a su madre, morirá.
16 Asimismo el que robare una persona y la vendiere, o si fuere hallada en sus manos, morirá.
17 Igualmente el que maldijere a su padre o a su madre, morirá.
18 Además, si peleasen hombres, y uno golpeara a su prójimo con una piedra o con el puño, y éste no muriere, pero cayere en cama;
19 si se levantare y anduviere fuera con su bastón, entonces será absuelto el que lo golpeó; solamente le pagará por lo que estuvo sin trabajar, y hará que le curen.
20 Y si alguno golpeare a su esclavo o a su esclava con palo, y muriere bajo su mano, (el muerto) será vengado;
21 mas si sobreviviere por un día o dos, no será castigado, porque es de su

propiedad.

22 Si (algunos) hombres peleasen y golpeasen a una mujer embarazada, y ésta abortare, pero sin haber muerte, serán castigados conforme a lo que les impusiere el marido de la mujer y juzgaren los jueces.

23 Mas si hubiere muerte, entonces pagarán vida por vida,

24 ojo por ojo, diente por diente, mano por mano, pierna por pierna,

25 quemadura por quemadura, herida por herida, golpe por golpe.

26 Si un hombre golpeara el ojo de su esclavo, o el ojo de su esclava, y lo dañare, le dará libertad por su ojo.

27 Y si el diente de su esclavo, o el diente de su esclava hiciere caer, le dará libertad por su diente.

28 Si un toro corneare a hombre o a mujer, y a causa de ello muriere, el toro será apedreado, y no será comida su carne; mas el dueño del toro será absuelto.

29 Pero si el toro fuere corneador desde tiempo atrás, y a su dueño se le hubiere notificado, y no lo hubiere cuidado, y (el toro) matare a hombre o mujer, el toro será apedreado, y también morirá su dueño.

30 Si le fuere impuesto precio de rescate, entonces dará por el rescate de su persona cuanto le fuere impuesto.

31 Haya corneado un a hijo, o haya corneado a una hija, conforme a este juicio se hará con él.

32 Si el toro corneare a un esclavo o a una esclava, pagará a su dueño treinta shekalím de plata, y el toro será apedreado.

33 Y si alguno abriere un pozo, o cavare (un pozo), y no lo cubriere, y cayere allí toro o burro,

34 el dueño del pozo pagará el daño a su dueño, y lo que fue muerto será suyo.

35 Y si el toro de un hombre hiriere al toro de su prójimo de modo que muriere, entonces venderán el toro vivo y partirán el dinero de él, y también partirán el toro muerto.

36 Mas si era notorio que el toro era corneador desde tiempo atrás, y su dueño no lo hubiere cuidado, pagará toro por toro, y el toro muerto será suyo.

37 Si un hombre robara un toro o un cordero, y lo degollare o vendiere, cinco vacunos pagará por aquel toro, y cuatros ovinos por el cordero.

CAPÍTULO 22

1 Si el ladrón fuere hallado haciendo un túnel (para entrar a robar) una casa, y fuere golpeado y muriese, el que lo golpeo no será culpado de su sangre.

2 Mas si el sol hubiere salido sobre él, (el que lo golpee y mate) será culpado de homicidio, (pero si) el ladrón (no muere) pagará (por su robo); y si no tuviera con qué hacerlo será vendido por su robo.

3 Si fuere hallado con el robo en su mano, sea un toro, un burro o un cordero, pagará el doble.

4 Si un hombre hiciere pastar en un campo o en una viña, y devorase (su animal) en un campo de otro, de lo mejor de su campo y de lo mejor de su viña pagará.

5 Cuando se prendiere fuego, y al quemar espinos quemare un montículo (de paja) o lo que esta unido a la tierra, o el campo, el que encendió el fuego pagará lo quemado.

6 Cuando un hombre diere a su prójimo plata o utensilios para cuidar, y fueren robados de la casa de aquel hombre, si el ladrón fuere hallado, pagará el doble.

7 Si el ladrón no fuere hallado, entonces el dueño de la casa será presentado a los jueces, para que se vea si ha metido su mano en los bienes de su prójimo.

8 En toda clase de delito, sobre un toro, sobre un burro, sobre un cordero, sobre un vestido, sobre toda cosa perdida, cuando alguno dijere: Esto es mío, la causa de ambos vendrá delante de los jueces; y el que los jueces encuentren culpable, pagará el doble a su prójimo.

9 Si un hombre hubiere dado a su prójimo un burro, o un toro, o un cordero, o cualquier otro animal para cuidar, y éste muriere o fuere dañado, o fuere llevado sin verlo nadie;

10 juramento de El Eterno habrá entre ambos, de que no metió su mano a los bienes de su prójimo; y su dueño lo aceptará, y el otro no pagará.

11 Mas si le hubiere sido robado, le pagara a su dueño.

12 Y si le hubiere sido devorado por una fiera, traerá testimonio, y no pagará (por el animal que fue) devorado.

13 Pero si alguno hubiere tomado prestado de su prójimo (un animal), y fuere dañado o muerto (el animal), estando ausente su dueño, deberá pagarla.

14 Si el dueño estaba presente no la pagará. Si era alquilada, recibirá el dueño el alquiler.

15 Si un hombre sedujere a una virgen que no fuere desposada, y durmiere con ella, deberá pagar la dote y tomarla por mujer.

16 Si su padre no quisiere dársela, él le pesará plata conforme a la dote de las vírgenes.

17 A la hechicera no dejarás que viva.

18 Cualquiera que cohabitare con una bestia, morirá.

19 El que ofreciere sacrificio a dioses excepto solamente a El Eterno, será destruido.

20 Y al extranjero no engañarás ni angustiarás, porque extranjeros fuisteis vosotros en la tierra de Egipto.

21 A ninguna viuda ni huérfano afligirán.

22 Porque si tú llegas a afligirles, y ellos clamaren a Mí, ciertamente Yo escucharé su clamor;

23 y Mi enojo se encenderá, y los mataré a espada; sus mujeres serán viudas, y sus hijos huérfanos.

24 Cuando ciertamente prestares dinero a uno de Mi pueblo, al pobre que está contigo, no te portarás con él como un usurero, ni le cobrarás intereses.

25 Si tomares en prenda el vestido de tu prójimo, a la puesta del sol se lo devolverás.

26 Porque sólo eso es su cubierta, es su vestido para cubrir su cuerpo. ¿En qué dormirá? Y cuando él clamare a mí, yo lo escuchare, porque soy misericordioso.

27 No maldigas a los jueces, ni injuriarás al príncipe de tu pueblo.

28 No demorarás la primicia de tu cosecha ni tu ofrenda (al sacerdote). Me darás el primogénito de tus hijos.

29 Lo mismo harás con el de tu toro y de tu carnero; siete días estará con su madre, y al octavo día me lo darás.

30 Hombres santos serán para Mí. No comerán carne destrozada por las fieras en el campo; a los perros se la echaran.

CAPÍTULO 23

1 No aceptes un rumor falso. No acompañarás al malvado para ser testigo falso.

2 No seguirás a la mayoría para hacer mal, ni responderás en una disputa inclinándote por la mayoría para desvirtuar (la justicia);

3 Y al pobre no lo favorezcas en su disputa.

4 Si encontraras el toro de tu enemigo o su burro extraviado, se lo devolverás.

5 Si vieres al burro de tu enemigo caído debajo de su carga, ¿acaso no lo vas a ayudar? (Sino que) le ayudarás a levantarlo.

6 No inclinarás el juicio del mendigo en su disputa.

7 De palabra de mentira te alejarás, y no matarás al inocente y justo; porque yo no justificaré al malvado.

8 No recibirás soborno; porque el soborno ciega a los que ven, y corrompe las palabras de los justos.

9 Y no oprimirás al extranjero; porque ustedes saben cómo es el alma del extranjero, ya que ustedes fueron extranjeros en la tierra de Egipto.

10 Seis años sembrarás tu tierra, y recogerás su cosecha;

11 mas el séptimo año la dejarás (descansar) y de cultivar, para que coman los pobres de tu pueblo; y de lo que quedare comerán las bestias del campo; así harás con tu viña y con tu olivar.

12 Seis días trabajarás, y al séptimo día descansarás, para que descanse tu toro y tu burro, y reposen el hijo de tu sierva, y el extranjero.

13 Y todo lo que les he dicho, cuídenlo. Y el nombre de otros dioses no recordarán, ni se escuchara de su boca.

14 Tres veces en el año, celebraran para Mí.

15 La fiesta de los panes sin levadura cuidaran. Siete días comerás los panes sin levadura, como yo te mandé, en el tiempo del mes de Abíb, porque en él saliste de Egipto; y ninguno se presentará delante de Mí con las manos vacías.

16 También la fiesta de la siega, los primeros frutos de tus labores, que hubieres sembrado en el campo, y la fiesta de la cosecha a la salida del año, cuando hayas recogido los frutos de tus labores del campo.

17 Tres veces en el año se presentará todo hombre delante de El Eterno el Señor.

18 No ofrecerás con pan leudado la sangre de Mi sacrificio, ni la grasa del sacrificio quedará hasta la mañana.

19 Las primicias de los primeros frutos de tu tierra traerás a la casa de El Eterno tu Dios. No cocinarás el cabrito en la leche de su madre.

20 He aquí, que Yo envío un Ángel delante de ti para que te cuide en el camino, y te traiga a el lugar que Yo he preparado.

21 Ten cuidado delante de El, y escucha Su voz; no te reveles; porque El no perdonará vuestra trasgresión, porque Mi nombre está en él.

22 Pero si en verdad escuchan su voz e hicieres todo lo que Yo te diga, seré enemigo de tus enemigos, y oprimiré a los que te oprimen.

23 Porque Mi Ángel irá delante de ti, y te llevará a (la tierra de) el emorí, el jití, el perizí, el kenaaní, el jiví y el iebusí, a los cuales exterminaré.

24 No te inclinarás a sus dioses, ni los servirás, ni harás como ellos hacen; antes los destruirás del todo, y quebrarás totalmente sus altares.

25 Servirán a El Eterno vuestro Dios, y él bendecirá tu pan y tus aguas; y Yo quitaré toda enfermedad de en medio de ti.

26 No habrá mujer que aborte, ni estéril en tu tierra; y yo completaré el número de tus días.

27 Enviaré el temor a Mí delante de ti, y confundiré a todo pueblo donde entres, y haré que todos tus enemigos vuelvan la nuca ante ti.

28 Enviaré delante de ti la avispa, (para) que eche al jiví, al kenaaní y al jití, de delante de ti.

29 No los echaré de delante de ti en un año, para que no quede la tierra desierta, y se aumenten contra ti las fieras del campo.

30 Poco a poco los echaré de delante de ti, hasta que te multipliques y tomes posesión de la tierra.

31 Y fijaré tus límites desde el Iám Suf (Mar Rojo) hasta el mar de los Pelishtím, y desde el desierto hasta el río; porque pondré en tus manos a los moradores de la tierra, y tú los echarás de delante de ti.

32 No hagas pacto con ellos, ni con sus dioses.

33 En tu tierra no habitarán, no sea que te hagan pecar contra Mí sirviendo a sus dioses, porque te será por tropiezo.

CAPÍTULO 24

1 Y El le Dijo a Moshéh: Sube ante El Eterno, tú, Aharón, Nadáb, Abihú, y setenta de los ancianos de Israel; y se prosternarán desde lejos.

2 Pero solo Moshéh se acercará a El Eterno; y ellos no se acercarán, ni tampoco el pueblo subirá con él.

3 Y Moshéh vino y contó al pueblo todas las palabras de El Eterno, y todas las leyes; y todo el pueblo respondió a una sola voz, y dijo: Todas las palabras que El Eterno ha dicho haremos.

4 Y Moshéh escribió todas las palabras de El Eterno, y se levantó en la mañana, y construyo un altar al pie del monte, y doce columnas, según las doce tribus de Israel.

5 Y envió a los jóvenes de los hijos de Israel, los cuales ofrecieron ofrendas y toros como sacrificios de paz a El Eterno.

6 Y Moshéh tomó la mitad de la sangre, y la puso en tazones, y roció la otra mitad de la sangre sobre el altar.

7 Y tomó el libro del pacto y lo leyó a oídos del pueblo, el cual dijo: Todas las cosas que El Eterno ha dicho, haremos y escucharemos.

8 Entonces Moshéh tomó la sangre y la roció sobre el pueblo, y dijo: He aquí la sangre del pacto que El Eterno ha hecho con ustedes sobre todas estas cosas.

9 Y subieron Moshéh, Aharón, Nadáb, Abihú, y setenta de los ancianos de Israel;

10 y vieron al Dios de Israel; y había debajo de sus pies como una obra de piedra de zafiro, y como la visión de los cielos en su pureza.

11 Mas no extendió Su mano sobre los hombres importantes de los hijos de Israel; y vieron a Dios, y comieron y bebieron.

12 Entonces El Eterno dijo a Moshéh: Sube a mí al monte, y espera allá, y te daré tablas de piedra, la ley, y los mandamientos que he escrito para enseñarles.

13 Y se levantó Moshéh con Iehoshúa su servidor, y Moshéh subió al monte de Dios.

14 Y dijo a los ancianos: Esperen aquí hasta que volvamos a ustedes; y he aquí que Aharón y Jur están con ustedes; el que tuviere algunos asuntos, que acuda a ellos.

Maftír **15** Entonces Moshéh subió al monte, y una nube cubrió el monte.

16 Y la gloria de El Eterno reposó sobre el monte de Sinaí, y la nube lo cubrió por seis días; y al séptimo día llamó a Moshéh de en medio de la nube.

17 Y la apariencia de la gloria de El Eterno era como un fuego devorador en la cumbre del monte, a los ojos de los hijos de Israel.

18 Y entró Moshéh en medio de la nube, y subió al monte; y estuvo Moshéh en el monte cuarenta días y cuarenta noches.

TERUMÁH

CAPÍTULO 25

1 Habló El Eterno a Moshéh, diciendo:

2 Di a los hijos de Israel que tomen para mí una ofrenda; de todo hombre que la diere de corazón, tomarán Mi ofrenda.

3 Esta es la ofrenda que tomarán de ellos: oro, plata, cobre,

4 lana verde, púrpura, carmesí, lino y pelo de cabras,

5 pieles de carneros teñidas de rojo, pieles de tejashím, madera de acacia,

6 aceite para el alumbrado, especias para el aceite de la unción y para el incienso aromático,

7 piedras de ónice, y piedras de engaste para el Efód y para el Pectoral.

8 Y harán un santuario para mí, y moraré en medio de ellos.

9 Conforme a todo lo que Yo te muestre, el diseño de la Tienda, y el diseño de todos sus utensilios, así lo harán.

10 Harán también un arca de madera de acacia, cuya longitud será de dos codos y medio, su ancho de un codo y medio, y su altura de un codo y medio.

11 Y la cubrirás de oro puro por dentro y por fuera, y harás sobre ella un relieve de oro alrededor.

12 Fundirás para ella cuatro anillos de oro, que pondrás en sus cuatro esquinas; dos anillos a un lado de ella, y dos anillos al otro lado.

13 Harás unas varas de madera de acacia, las cuales cubrirás de oro.

14 Y meterás las varas por los anillos a los lados del arca, para transportar el arca con ellas.

15 Las varas quedarán en los anillos del arca; no se quitarán de ella.

16 Y pondrás en el arca el testimonio que Yo te daré.

17 Y harás una cubierta de oro fino, cuya longitud será de dos codos y medio, y su ancho de un codo y medio.

18 Harás también dos querubines de oro; labrados a martillo los harás en los dos extremos de la cubierta.

19 Harás un querubín en un extremo, y un querubín en el otro extremo; de una pieza con la cubierta harás los querubines en sus dos extremos.

20 Y los querubines extenderán por encima sus alas, cubriendo con sus alas la cubierta; sus rostros el uno enfrente del otro, mirando la cubierta (estarán) los rostros de los querubines.

21 Y pondrás la cubierta encima del arca, y en el arca pondrás el testimonio que Yo te daré.

22 Y de allí me revelare a ti, y hablaré contigo desde encima de la cubierta, de entre los dos querubines que están sobre el arca del testimonio, todo lo que Yo te ordenare para los hijos de Israel.

23 Harás asimismo una mesa de madera de acacia; su longitud será de dos codos, y de un codo su ancho, y su altura de un codo y medio.

24 Y la cubrirás de oro puro, y le harás un relieve de oro alrededor.

25 Le harás también una moldura alrededor, de un puño de ancho, y harás a la moldura un relieve de oro alrededor.

26 Y le harás cuatro anillos de oro, los cuales pondrás en las cuatro esquinas que corresponden a sus cuatro patas.

27 Los anillos estarán debajo de la moldura, para lugares de las varas para llevar la mesa.

28 Harás las varas de madera de acacia, y las cubrirás de oro, y con ellas será llevada la mesa.

29 Harás también sus platos, sus cucharas, sus semitubos y sus soportes, con que se libará; de oro fino los harás.

30 Y pondrás sobre la mesa el pan (léjem ha paním) delante de mí continuamente.

31 Harás (también) un candelero de oro puro; labrado a martillo y de una sola pieza se hará el candelero; su base y su tronco, sus esferas y sus adornos en forma de flores procederán del mismo.

32 Y saldrán seis brazos de sus lados; tres brazos del candelero de un lado, y tres brazos de el otro lado.

33 Tres copas en forma de flor de almendro en un brazo, una manzanita y una flor; y tres copas en forma de flor de almendro en otro brazo, una manzanita y una flor; así en los seis brazos que salen del candelero;

34 y en la caña central del candelero cuatro copas en forma de flor de almendro, sus esferas y sus flores.

35 Habrá una esfera debajo de los dos brazos del mismo, y otra esfera debajo de otros dos brazos del mismo, y otra esfera debajo de los otros dos brazos del mismo, así para los seis brazos que salen del candelero.

36 Sus esferas y sus brazos serán de una pieza, todo ello una pieza labrada a martillo, de oro puro.

37 Y le harás siete lámparas, las cuales encenderás para que alumbren hacia adelante.

38 También sus pinzas y sus palas, de oro puro.

39 De un talento de oro fino lo harás, con todos estos utensilios.

40 Mira y hazlos conforme al modelo que te ha sido mostrado en el monte.

CAPÍTULO 26

1 Harás el Tienda de diez cortinas de lino torcido, verde, púrpura y carmesí; y los querubines, serán hechos artísticamente.

2 El largo de una cortina será de veintiocho codos, y el ancho de la cortina será de cuatro codos; todas las cortinas tendrán una misma medida.

3 Cinco cortinas estarán unidas una con la otra, y las otras cinco cortinas unidas una con la otra.

4 Y harás lazos verdes en la orilla de la última cortina de la primera unión; lo mismo harás en la orilla de la cortina de la segunda unión.

5 Cincuenta lazos harás en la primera cortina, y cincuenta lazos harás en la orilla de la cortina que está en la segunda unión; los lazos estarán contrapuestos unos con los otros.

6 Harás también cincuenta broches de oro, con los cuales unirás las cortinas la una con la otra, y se formará un Tienda.

7 Harás asimismo cortinas de pelo de cabra para una cubierta sobre el Tienda; once cortinas harás.

8 El largo de cada cortina será de treinta codos, y el ancho de cada cortina de cuatro codos; las once cortinas tendrán una misma medida.

9 Y unirás cinco cortinas aparte y las otras seis cortinas aparte; y doblarás la sexta cortina en el frente de la Tienda.

10 Y harás cincuenta lazos en la orilla de la cortina, al borde en la unión, y cincuenta lazos en la orilla de la cortina de la segunda unión.

11 Harás asimismo cincuenta broches de cobre, los cuales meterás por los lazos; y enlazarás las uniones haciéndolas una.

12 Y la parte que sobra en las cortinas de la tienda, la mitad de la cortina que sobra, colgará en la parte de atrás de la Tienda.

13 Y un codo de un lado, y otro codo del otro lado, que sobra a lo largo de las cortinas de la tienda, colgará sobre los lados de la Tienda a un lado y al otro, para cubrirlo.

14 Harás también una cubierta para la tienda, de pieles de carneros teñidas de rojo, y una cubierta de pieles de tejashím por encima.

15 Y harás para el Tienda tablas de madera de acacia, que se coloquen verticalmente.

16 La longitud de cada tabla será de diez codos, y de un codo y medio su ancho.

17 Dos espigas tendrá cada tabla, para unirlas una con otra; así harás todas las tablas de la Tienda.

18 Harás las tablas para el Tienda; veinte tablas orientadas hacia el sur.

19 Y harás cuarenta pedestales de plata debajo de las veinte tablas; dos pedestales debajo de una tabla para sus dos ensambladuras, y dos pedestales debajo de otra tabla para sus dos espigas.

20 Y al otro lado de la Tienda, al lado del norte, veinte tablas;

21 y sus cuarenta pedestales de plata; dos pedestales debajo de una tabla, y dos bases debajo de otra tabla.

22 Y para el lado posterior de la Tienda, al occidente, harás seis tablas.

23 Harás además dos tablas para las esquinas de la Tienda en los dos ángulos posteriores;

24 las cuales se unirán desde abajo, y asimismo se juntarán por su alto con un anillo; así será con las otras dos; serán para las dos esquinas.

25 Serán ocho tablas, con sus pedestales de plata, dieciséis pedestales; dos pedestales debajo de una tabla, y dos pedestales debajo de otra tabla.

26 Harás también cinco barras de madera de acacia, para las tablas de un lado de la Tienda,

27 y cinco barras para las tablas del otro lado de la Tienda, y cinco barras para las tablas del lado posterior de la Tienda, al occidente.

28 Y la barra de en medio pasará por en medio de las tablas, de un extremo al otro.

29 Y cubrirás de oro las tablas, y harás sus anillos de oro para meter por ellos las barras; también cubrirás de oro las barras.

30 Y levantaras el Tienda conforme a la ley que te fue mostrada en el monte.

31 También harás un velo verde, púrpura, carmesí y lino torcido; con querubines; obra de artista, lo harás.

32 y lo pondrás sobre cuatro columnas de madera de acacia cubiertas de oro; sus extremidades de oro, sobre sus bases de plata.

33 Y pondrás el velo debajo de los broches, y meterás allí, del velo adentro, el arca del testimonio; y aquel velo les hará separación entre el lugar santo y el santísimo.

34 Pondrás la cubierta sobre el arca del testimonio en el lugar santísimo.

35 Y pondrás la mesa fuera del velo, y el candelero enfrente de la mesa al lado sur de la Tienda; y pondrás la mesa al lado del norte.

36 Harás una cortina para la puerta de la Tienda verde, púrpura, carmesí y lino torcido, obra de bordador.

37 Y harás para la cortina cinco columnas de madera de acacia, las cuales cubrirás de oro, con sus extremidades de oro; y fundirás cinco bases de cobre para ellas.

CAPÍTULO 27

1 Harás el altar de madera de acacia de cinco codos de longitud, y de cinco codos de ancho; el altar será cuadrado, y de tres codos su altura.

2 Y le harás astas en sus cuatro esquinas; los astas serán parte del mismo; y lo cubrirás de cobre.

3 Harás también recipientes para recoger la ceniza, y sus paletas, sus tazones, sus tenedores y sus braseros; harás todos sus utensilios de cobre.

4 Y le harás un enrejado de cobre de obra de rejilla, y sobre la rejilla harás cuatro anillos de cobre a sus cuatro esquinas.

5 Y la pondrás dentro del cerco del altar abajo; y llegará la rejilla hasta la mitad del altar.

6 Harás también varas para el altar, varas de madera de acacia, las cuales cubrirás de cobre.

7 Y las varas se meterán por los anillos, y estarán aquellas varas a ambos lados del altar cuando sea llevado.

8 Lo harás hueco, de tablas; como te fue mostrado en el monte, así lo harás.

9 Asimismo harás el patio de la Tienda. Al lado sur, tendrá el patio cortinas de lino torcido, de cien codos de longitud para un lado.

10 Sus veinte columnas y sus veinte bases serán de cobre; las extremidades de las columnas y sus adornos, de plata.

11 De la misma manera al lado del norte habrá a lo largo cortinas de cien codos de longitud, y sus veinte columnas con sus veinte bases de cobre; las extremidades de sus columnas y sus adornos, de plata.

12 El ancho del patio, del lado occidental, tendrá cortinas de cincuenta codos; y diez columnas, con sus diez bases.

13 Y en el ancho del patio por el lado del oriente, al este, habrá cincuenta codos.

14 Las cortinas a un lado de la entrada serán de quince codos; sus columnas tres, con sus tres bases.

15 Y al otro lado, quince codos de cortinas; sus columnas tres, con sus tres bases.

16 Y para la puerta del patio habrá una cortina de veinte codos; verde, púrpura y carmesí, y lino torcido, de obra de bordador; sus columnas (serán) cuatro, con sus cuatro bases.

17 Todas las columnas alrededor del patio estarán ceñidas de plata; sus extremidades de plata, y sus bases de cobre.

18 El largo del patio será de cien codos, y el ancho cincuenta por un lado y cincuenta por el otro, y la altura de cinco codos; sus cortinas de lino torcido, y sus bases de cobre.

19 Todos los utensilios de la Tienda en todo su servicio, y todas sus estacas, y todas las estacas del patio, serán de cobre.

TZAVÉH

20 Y tú mandarás a los hijos de Israel que te traigan aceite puro de olivas machacadas, para el alumbrado, para encender las lámparas permanentes.

21 En la Tienda de Reunión, afuera del velo que está delante del testimonio, las arreglaran Aharón y sus hijos delante de El Eterno desde la tarde hasta la mañana, como un decreto eterno de los hijos de Israel por sus generaciones.

CAPÍTULO 28

1 Y acercarás a Aharón tu hermano, y a sus hijos consigo, de entre los hijos de Israel, para que sean mis sacerdotes; a Aharón y a Nadáb, Abihú, Elazár e Itamár los hijos de Aharón.

2 Y harás ropas sagradas a Aharón tu hermano, para honra y esplendor.

3 Y tú hablarás a todos los sabios de corazón, a quienes yo he llenado de espíritu de sabiduría, para que hagan las ropas de Aharón, para santificarlo para que sea Mi sacerdote.

4 Estas son las ropas que harán: el pectoral, el Efód, un manto, la túnica bordada, el turbante y el cinturón. Hagan las ropas sagradas para Aharón tu hermano, y para sus hijos, para que sean mis sacerdotes.

5 Tomarán oro; verde, púrpura, carmesí y lino torcido,

6 y harán el Efód de oro; verde, púrpura, carmesí y lino torcido, de obra de artista.

7 Tendrá dos hombreras que se junten a sus dos extremos, y así se juntará.

8 Y su cinto de obra primorosa que estará sobre él, será de la misma obra, parte del mismo; de oro, verde, púrpura, carmesí y lino torcido.

9 Y tomarás dos piedras de ónice, y grabarás en ellas los nombres de los hijos de Israel;

10 seis de sus nombres en una piedra, y los otros seis nombres en la otra piedra, según el orden de sus nacimientos.

11 De obra de grabador en piedra, como grabaduras de sello, harás grabar las dos piedras con los nombres de los hijos de Israel; les harás alrededor engastes de oro.

12 Y pondrás las dos piedras sobre las hombreras del Efód, piedras de recordación para los hijos de Israel; y Aharón llevará los nombres de ellos delante de El Eterno sobre sus dos hombros para recuerdo.

í **13** Harás los engarces de oro,

14 y dos cadenillas de oro fino, los cuales harás en forma de trenza; y fijarás los cordones de forma de trenza en los engarces.

15 Harás asimismo el pectoral del juicio de obra de artesanos, lo harás conforme a la obra del Efód, de oro, verde, púrpura, carmesí y lino torcido.

16 Será cuadrado y doble, de un palmo de largo y un palmo de ancho;

17 y lo llenarás con cuatro hileras de piedras preciosas; una hilera de odém, pitdáh y una baréjet;

18 la segunda hilera, noféj, un sapír y iaalóm;

19 la tercera hilera, léshem, shebó y ajlamáh;

20 la cuarta hilera, tarshísh, shoám y iashféh. Todas (estas piedras) estarán montadas en engarces de oro.

21 Y las piedras serán según los nombres de los hijos de Israel, doce según sus nombres; con grabados de sello cada una con su nombre, serán según las doce tribus.

22 Harás también en el pectoral cadenillas en forma de trenzas de oro fino.

23 Y harás en el pectoral dos anillos de oro, los cuales pondrás a los dos extremos del pectoral.

24 Y fijarás los dos cordones de oro en los dos anillos a los dos extremos del pectoral;

25 y pondrás los dos extremos de las cadenillas sobre los dos engarces, y los fijarás a las hombreras del Efód en su parte delantera.

26 Harás también dos anillos de oro, los cuales pondrás a los dos extremos del pectoral, en su orilla que está al lado del Efód hacia adentro.

27 Harás asimismo los dos anillos de oro, los cuales fijarás en la parte delantera de las dos hombreras del Efód, hacia abajo, delante de la unión sobre el cinto del Efód.

28 Y juntarán el pectoral por sus anillos a los dos anillos del Efód con un cordón verde, para que esté sobre el cinto del Efód, y no se separe el pectoral del Efód.

29 Y llevará Aharón los nombres de los hijos de Israel en el pectoral del juicio sobre su corazón, cuando entre en el santuario, para recuerdo delante de El Eterno continuamente.

30 Y pondrás en el pectoral del juicio Urím y Tumím, para que estén sobre el corazón de Aharón cuando entre delante de El Eterno; y llevará siempre Aharón el juicio de los hijos de Israel sobre su corazón delante de El Eterno.

31 Harás el manto del Efód (de color) verde;

32 y en medio de él por arriba habrá una abertura para la cabeza, la cual tendrá un borde alrededor de obra tejida, con la fortaleza necesaria para que no se rompa.

33 Y en sus bordes harás granadas verdes, púrpura y carmesí alrededor, y entre ellas campanillas de oro alrededor.

34 Una campanilla de oro y una granada, otra campanilla de oro y otra granada, en la orilla del manto alrededor.

35 Y estará sobre Aharón cuando haga el servicio; y se escuchará su sonido cuando él entre en el santuario delante de El Eterno y cuando salga, para que no muera.

36 Harás además una lámina de oro fino, y grabarás en ella como grabadura de sello, Santidad a El Eterno.

37 Y la pondrás con un hilo verde, y estará sobre el turbante; por la parte delantera de el turbante estará.

38 Y estará sobre la frente de Aharón, y llevará Aharón las faltas cometidas en todas las ofrendas santas, que los hijos de Israel hubieren consagrado en todas sus santas ofrendas; y sobre su frente estará continuamente, para que obtengan gracia delante de El Eterno.

39 Y bordarás una túnica de lino, y harás un turbante de lino; harás también un cinto de obra de bordador.

40 Y para los hijos de Aharón harás túnicas; también les harás cinturones, y les harás gorro para honra y hermosura.

41 Y con ellos vestirás a Aharón tu hermano, y a sus hijos con él; y los ungirás, y los consagrarás y santificarás, para que sean mis sacerdotes.

42 Y les harás pantaloncillos de lino para cubrir su desnudez; serán desde los lomos hasta los muslos.

43 Y estarán sobre Aharón y sobre sus hijos cuando entren en el Tienda de Reunión, o cuando se acerquen al altar para servir en el santuario, para que no lleven pecado y mueran. Es un decreto perpetuo para él, y para su descendencia después de él.

CAPÍTULO 29

1 Esto es lo que les harás para santificarlos, para que sean mis sacerdotes: Tomarás un novillo joven y dos carneros sin defecto;

2 y panes sin levadura, y tortas sin levadura amasadas con aceite, y masas sin levadura untadas con aceite; las harás de la mejor harina de trigo.

3 Y las pondrás en un canasto, y en el canasto las ofrecerás, con el novillo joven y los dos carneros.

4 Y llevarás a Aharón y a sus hijos a la puerta de la Tienda de Reunión, y los lavarás con agua.

5 Y tomarás las ropas, y vestirás a Aharón la túnica, el manto del Efód, el Efód y el pectoral, y le apretarás con el cinto del Efód;

6 y pondrás el turbante sobre su cabeza, y pondrás la lamina santa sobre el turbante.

7 Luego tomarás el aceite de la unción, y lo derramarás sobre su cabeza, y lo ungirás.

8 Y harás que se acerquen sus hijos, y les vestirás las túnicas.

9 Les amarraras el cinturón a Aharón y a sus hijos, y les atarás los gorros, y tendrán el sacerdocio por derecho perpetuo. Así consagrarás a Aharón y a sus hijos.

10 Después llevarás el novillo delante de la Tienda de Reunión, y Aharón y sus hijos pondrán sus manos sobre la cabeza del becerro.

11 Y degollarás el novillo delante de El Eterno, a la puerta de la Tienda de Reunión.

12 Y de la sangre del novillo tomarás y pondrás sobre las astas del altar con tu dedo, y derramarás toda la demás sangre en la base del altar.

13 Tomarás también toda la grasa que cubre los intestinos, y el diafragma con el lóbulo del hígado, los dos riñones, y la grasa que está sobre ellos, y lo quemarás sobre el altar.

14 Pero la carne del novillo, y su piel y su excremento, los quemarás a fuego fuera del campamento; es una ofrenda por el pecado.

15 Asimismo tomarás uno de los carneros, y Aharón y sus hijos pondrán sus manos sobre la cabeza del carnero.

16 Y degollarás al carnero, y con su sangre rociarás sobre el altar alrededor.

17 Cortarás al carnero en pedazos, y lavarás sus intestinos y sus piernas, y las pondrás sobre sus trozos y sobre su cabeza.

18 Y quemarás todo el carnero sobre el altar; es una ofrenda de olor grato para El Eterno, es ofrenda quemada a El Eterno.

19 Tomarás luego el otro carnero, y Aharón y sus hijos apoyarán sus manos sobre la cabeza del carnero.

20 Y degollarás al carnero, y tomarás de su sangre y la pondrás sobre el lóbulo de la oreja derecha de Aharón, sobre la parte media de la oreja de sus hijos, sobre el dedo pulgar de las manos derechas de ellos, y sobre el dedo pulgar derecho de los pies de ellos, y rociarás la sangre sobre el altar alrededor.

21 Y tomarás de la sangre que estará sobre el altar, y el aceite de la unción, rociarás sobre Aharón y sobre sus vestiduras, sobre sus hijos, y sobre las ropas de sus hijos que están con él; y él será santificado, y sus vestiduras, y sus hijos, y las ropas de sus hijos con él.

22 Luego tomarás del carnero la grasa, y la cola, y la grasa que cubre las entrañas, y el diafragma con el lóbulo del hígado, y los dos riñones, y la grasa que está sobre ellos, y el muslo derecho; porque es carnero de perfección.

23 También una torta de pan, y una torta de pan de aceite, y una masa del canastillo de los panes sin levadura presentado a El Eterno,

24 y lo pondrás todo en las manos de Aharón, y en las manos de sus hijos; y lo mecerás delante de El Eterno.

25 Después lo tomarás de sus manos y harás que asciendan en humo sobre el altar, sobre la ofrenda de elevación, por olor grato delante de El Eterno. Es ofrenda encendida a El Eterno.

26 Y tomarás el pecho del carnero de inauguración, que es de Aharón, y lo mecerás delante de El Eterno; y será porción tuya.

27 Y santificaras el pecho de la ofrenda tenufá, y el muslo de la ofrenda, lo que fue mecido y lo que fue elevado del carnero de la inauguración de Aharón y de sus hijos,

28 y será para Aharón y para sus hijos como un decreto perpetuo, de los hijos de Israel, porque es ofrenda; y será una ofrenda de los hijos de Israel, de sus sacrificios de paz, su ofrenda para El Eterno.

29 Y las ropas santas, que son de Aharón, serán de sus hijos después de él, para ser ungidos en ellas, y para ser en ellas consagrados.

30 Por siete días las vestirá el que de sus hijos tome su lugar como sacerdote, cuando venga a la Tienda de Reunión para servir en el santuario.

31 Y tomarás el carnero de la inauguración, y cocinarás su carne en un lugar santo.

32 Y Aharón y sus hijos comerán la carne del carnero, y el pan que estará en el canasto, a la puerta de la Tienda de Reunión.

33 Y comerán aquellas cosas con las cuales se hizo expiación, para consagrarlos; mas el extraño no las comerá, porque son santas.

34 Si a la mañana quedara algo de la carne de la ofrenda de inauguración y del pan, quemarás al fuego lo que hubiere sobrado; no se comerá, porque es santo.

35 Así harás a Aharón y a sus hijos, conforme a todo lo que Yo te he ordenado; por siete días los consagrarás.

36 Cada día ofrecerás un toro de sacrificio por el pecado, para las expiaciones; y purificarás el altar cuando hagas expiación por él, y lo ungirás para santificarlo.

37 Por siete días harás expiación por el altar, y lo santificarás, y será un altar santísimo: todo lo que toque el altar, será santificado.

38 Esto es lo que harás sobre el altar: dos corderos de un año cada día, continuamente.

39 Ofrecerás uno de los corderos por la mañana, y el otro cordero ofrecerás en la tarde.

40 Además, con cada cordero un décimo de efá de harina fina amasada con un cuarto de hin de aceite de olivas machacadas; y para la libación, un cuarto de hin de vino.

41 Y ofrecerás el otro cordero en la tarde, como la ofrenda de la mañana, y como la libación, para que sea olor grato; ofrenda encendida a El Eterno.

42 Esto será la ofrenda de elevación constante por sus generaciones, a la puerta de la Tienda de Reunión, delante de El Eterno, donde estableceré Mi reunión con ustedes para hablarte allí.

43 Allí me presentaré a los hijos de Israel; y (el lugar) será santificado con Mi gloria.

44 Y santificaré el Tienda de Reunión y el altar; (también) santificaré a Aharón y a sus hijos, para que sean mis sacerdotes.

45 Y habitaré entre los hijos de Israel, y seré su Dios.

46 Y sabrán que yo soy El Eterno su Dios, que los saqué de la tierra de Egipto, para habitar en medio de ellos. Yo El Eterno su Dios.

CAPÍTULO 30

1 Harás un altar sobre el que harás subir humo de incienso; de madera de acacia lo harás.

2 Su largo será de un codo, y su ancho de un codo; será cuadrado, y su altura de dos codos; y sus astas serán parte del mismo.

3 Y lo cubrirás de oro puro, su techo, sus paredes en derredor y sus astas; y le harás en derredor un resalte de oro.

4 Le harás también dos anillos de oro debajo de su resalte, a sus dos esquinas a ambos lados suyos, para meter las varas con que será llevado.

5 Harás las varas de madera de acacia, y las cubrirás de oro.

6 Y lo pondrás delante de la cortina que está junto al arca del testimonio, delante de la cubierta que está sobre el testimonio, donde me encontraré contigo.

7 Y Aharón quemará incienso aromático sobre él; cada mañana cuando limpie las lámparas lo quemará.

8 Y cuando Aharón encienda las lámparas a la tarde, quemará el incienso continuamente delante de El Eterno por vuestras generaciones.

9 No ofrecerán sobre él incienso extraño, ni un ofrenda de elevación, ni ofrenda vegetal; ni tampoco derramaran sobre él libación.

10 Y sobre sus astas hará Aharón expiación una vez en el año con la sangre del sacrificio por el pecado para expiación; una vez en el año hará expiación sobre él por sus generaciones; es santo de santos para El Eterno.

11 Y hablo El Eterno a Moshéh, diciendo:

12 Cuando hagas un censo de los hijos de Israel conforme a sus números, cada uno dará a El Eterno expiación de su alma, cuando los cuentes, para que no haya en ellos una plaga cuando los hayas contado.

13 Esto dará todo aquel que sea contado; medio shekel del shekel sagrado. El shekel es de veinte geráh. La mitad de un shekel será la ofrenda para El Eterno.

14 Todo el que sea contado, de veinte años arriba, dará la ofrenda a El Eterno.

15 Ni el rico aumentará, ni el pobre disminuirá del medio shekel, cuando dieren la ofrenda a El Eterno para hacer expiación por sus almas.

16 Y tomarás de los hijos de Israel el dinero de las expiaciones, y lo darás para el servicio de la Tienda de Reunión; y será un recordatorio a los hijos de Israel delante de El Eterno, para hacer expiación por sus almas.

17 Habló El Eterno a Moshéh, diciendo:

18 También harás una fuente de cobre, con su base de cobre, para lavar; y la colocarás entre la Tienda de Reunión y el altar, y pondrás en ella agua.

19 Y de ella se lavarán Aharón y sus hijos las manos y los pies.

20 Cuando entren en la Tienda de Reunión, se lavarán con agua, para que no mueran; o cuando se acerquen al altar para realizar el servicio, para quemar la ofrenda encendida para El Eterno,

21 se lavarán las manos y los pies, para que no mueran. Y lo tendrán por estatuto perpetuo él y su descendencia por sus generaciones.

22 Y habló El Eterno a Moshéh, diciendo:

23 Tomarás especias finas: de mirra pura quinientos (shekalím), y de canela aromática la mitad, (esto es) doscientos cincuenta, de caña aromática doscientos cincuenta,

24 de casia quinientos shekalím, según el shekel del santuario, y de aceite de olivas un hin.

25 Y harás de ello el aceite de la unción sagrada; un compuesto mezclado, artesanía de

Perfumista, será el aceite de la unción sagrada.

26 Con él ungirás la Tienda de Reunión, el arca del testimonio,

27 la mesa con todos sus utensilios, el candelero con todos sus utensilios, el altar del incienso,

28 el altar de la ofrenda de elevación con todos sus utensilios, y la fuente y su base.

29 Así los consagrarás, y serán cosas santísimas; todo lo que tocare en ellos, será santificado.

30 Ungirás también a Aharón y a sus hijos, y los consagrarás para que sean mis sacerdotes.

31 Y hablarás a los hijos de Israel, diciendo: Este será Mi aceite de la unción sagrada por sus generaciones.

32 Sobre carne humana no será untado, ni harán otro semejante, conforme a su composición; santo es, y santo será para ustedes.

33 Cualquiera que compusiere ungüento semejante, y que pusiere de él sobre un extraño, será cortado de entre su pueblo.

34 Dijo además El Eterno a Moshéh: Toma especias aromáticas, bálsamo, clavo de olor y gálbano; especias e incienso puro; de todo en igual peso,

35 y harás de ello el incienso, un perfume según el arte del perfumador, bien mezclado, puro y santo.

36 Y molerás parte de él en polvo fino, y lo pondrás delante del testimonio en la Tienda de Reunión, donde Yo me mostraré a ti. Será para ustedes algo santísimo.

37 Como este incienso que harás, no harán otro según su composición; te será cosa sagrada para El Eterno.

38 Cualquiera que hiciere otro como este para olerlo, será cortado de entre su pueblo.

CAPÍTULO 31

1 Habló El Eterno a Moshéh, diciendo:

2 Mira, he llamado por el nombre a Bezaleél hijo de Úri, hijo de Hur, de la tribu de Iehudáh;

3 y lo he llenado del espíritu de Dios, en sabiduría y en inteligencia, en ciencia y en todas las artes,

4 para realizar diseños, para trabajar en oro, en plata y en cobre,

5 y labrar las piedras para los engarces, y grabar la madera; para trabajar en toda clase de labor.

6 Y he aquí que Yo he puesto con él a Aholiáb hijo de Ahisamáj, de la tribu de Dan; y he puesto sabiduría en el corazón de todo sabio de corazón, para que hagan todo lo que te he mandado;

7 la Tienda de Reunión, el arca del testimonio, la cubierta que está sobre ella, y todos los utensilios de la Tienda,

8 la mesa y sus utensilios, el candelero puro y todos sus utensilios, el altar del incienso,

9 el altar de la ofrenda de elevación y todos sus utensilios, la fuente y su base,

10 los vestidos del servicio, las vestiduras santas para Aharón el sacerdote, las vestiduras de sus hijos para (que ejerzan) el sacerdocio,

11 el aceite de la unción, y el incienso aromático para el santuario; harán conforme a todo lo que te he mandado.

12 Habló El Eterno a Moshéh, diciendo:

13 Tú hablarás a los hijos de Israel, diciendo: Ciertamente ustedes guardaran mis días de Shabát; porque es una señal entre Mí y ustedes por sus generaciones, para que sepan que Yo soy El Eterno que los santifico.

14 Así que cuidaran el día de Shabát, porque es santo para ustedes; el que lo profanare, de cierto morirá; porque cualquiera que hiciere un trabajo alguna en él, aquella persona será cortada de en medio de su pueblo.

15 Seis días trabajarás, mas el día séptimo es día de reposo, es santo para El Eterno;

cualquiera que trabaje en el día de reposo, ciertamente morirá.

16 Y cuidarán el día de Shabát los hijos de Israel, para hacer el Shabát por sus generaciones por pacto perpetuo.

17 Es una señal para siempre entre Mí y los hijos de Israel; porque en seis días hizo El Eterno los cielos y la tierra, y en el séptimo día cesó y reposó.

18 Y dio a Moshéh, cuando acabó de hablar con él en el monte de Sinaí, dos tablas del testimonio, tablas de piedra escritas con el dedo de Dios.

CAPÍTULO 32

1 El pueblo vio que Moshéh tardaba en descender del monte, se reunió el pueblo en torno a Aharón, y le dijeron: Levántate, haznos dioses que vayan delante de nosotros; porque a este Moshéh, el hombre que nos sacó de la tierra de Egipto, no sabemos qué le ha ocurrido.

2 Y Aharón les dijo: Quiten los anillos de oro que están en las orejas de sus mujeres, de sus hijos y de sus hijas, y tráiganmelos.

3 Entonces todo el pueblo quitó los anillos de oro que tenían en sus orejas, y los trajeron a Aharón;

4 y él los tomó de las manos de ellos, y le dio forma en un molde, e hizo de ello un becerro de fundición. Entonces dijeron: Israel, estos son tus dioses, que te sacaron de la tierra de Egipto.

5 Aharón vio y edificó un altar delante de él (becerro); y llamó Aharón, y dijo: Mañana será fiesta para El Eterno.

6 Y al día siguiente madrugaron, y ofrecieron ofrendas de elevación, y acercaron ofrendas de paz; y se sentó el pueblo a comer y a beber, y se levantó a divertirse.

7 Entonces El Eterno dijo a Moshéh: Anda, desciende, porque tu pueblo que sacaste de la tierra de Egipto se ha corrompido.

8 Rápidamente se han apartado del camino que Yo les ordené; se han hecho un becerro de fundición, y se han prosternado ante él, y le han ofrecido sacrificios, y han dicho: Estos son tus dioses Israel, que te sacaron de la tierra de Egipto.

9 Y dijo El Eterno a Moshéh: Yo he visto a este pueblo, y he aquí que es un pueblo obstinado.

10 Ahora déjame, y que Mi enojo se encienda contra ellos, y los consuma; y de ti haré un gran pueblo.

11 Entonces Moshéh rogó delante de El Eterno su Dios, y dijo:¿Por qué, El Eterno habría de encenderse tu enojo contra tu pueblo, que tu sacaste de la tierra de Egipto con gran poder y con mano fuerte?

12 ¿Por qué habría de decir Egipto lo siguiente: Con mala intención los sacó, para matarlos en las montañas y para exterminarlos de sobre la faz de la tierra? Vuelve de Tu enojo y reconsidera el mal (que atentas) contra Tu pueblo.

13 Recuerda a Abrahám, a Itzják y a Israel tus siervos, a los cuales has jurado por ti mismo, y les has dicho: Aumentaré su descendencia como las estrellas del cielo; y toda esta tierra de que he hablado daré a su descendencia, y la heredarán para siempre.

14 Entonces El Eterno reconsideró el mal que había dicho que haría a su pueblo.

15 Volvió Moshéh y descendió del monte, trayendo en su mano las dos tablas del testimonio, las tablas estaban escritas por ambos lados; de un lado y del otro estaban escritas.

16 Y las tablas eran obra de Dios, y la escritura era escritura de Dios grabada sobre las tablas.

17 Escuchó Iehoshúa la voz del pueblo que gritaba, y dijo a Moshéh: Hay sonido de batalla en el campamento.

18 Y él respondió: No son gritos de fuerza, ni gritos de debilidad; gritos de aflicción oigo yo.

19 Y aconteció que cuando se acercó al campamento, y vio el becerro y las danzas, se encendió la ira de Moshéh, y arrojó las tablas de sus manos, y las quebró al pie del monte.

20 Y tomó el becerro que habían hecho, y lo quemó en el fuego, y lo molió hasta reducirlo a polvo, que esparció sobre las aguas, e hizo que lo bebieran los hijos de Israel.

21 Y dijo Moshéh a Aharón: ¿Qué te ha hecho este pueblo, que has traído sobre él tan gran pecado?

22 Y respondió Aharón: No se enoje mi señor; tú conoces al pueblo, que se inclina hacia el mal.

23 Porque me dijeron: Haznos dioses que vayan delante de nosotros; porque a este Moshéh, el hombre que nos sacó de la tierra de Egipto, no sabemos qué le ha sucedido.

24 Y les respondí: ¿Quién tiene oro? Apártenlo. Y me lo dieron, y lo eché en el fuego, y salió este becerro.

25 Y viendo Moshéh que el pueblo estaba expuesto, porque Aharón lo había expuesto en deshonra entre aquellos que se alzan en su contra

26 se paró Moshéh en la puerta del campamento, y dijo: ¡Quién está por El Eterno, júntese conmigo! Y se juntaron con él todos los hijos de Leví.

27 Y él les dijo: Así ha dicho El Eterno, el Dios de Israel: Que ponga cada uno su espada sobre su muslo; pasen y vuelvan de puerta a puerta por el campamento, y que mate cada uno a su hermano, a su amigo, y a su pariente.

28 Y los hijos de Leví hicieron de acuerdo a lo dicho por Moshéh; y cayeron del pueblo en aquel día como tres mil hombres.

29 Entonces Moshéh dijo: Hoy se han consagrado a El Eterno, pues cada uno se ha opuesto a su hijo y a su hermano, para que El dé bendición hoy sobre ustedes.

30 Y aconteció que al día siguiente dijo Moshéh al pueblo: Ustedes han cometido un gran pecado, pero yo subiré ahora a El Eterno; quizá pueda obtener expiación por su pecado.

31 Entonces volvió Moshéh a El Eterno, y dijo: Te ruego, pues este pueblo ha cometido un gran pecado, porque hicieron dioses de oro,

32 Y ahora por favor perdona su pecado, y si no, bórrame por favor de tu libro que has escrito.

33 Y dijo El Eterno a Moshéh: Quien haya pecado contra Mí, lo borraré de Mi libro.
34 Ahora, anda y conduce a este pueblo a donde te he dicho. He aquí que Mi ángel irá delante de ti; pero en el día de las cuentas, Yo haré que su pecado cuente en su contra.
35 Y El Eterno envió una plaga al pueblo, porque habían hecho el becerro que formó Aharón.

CAPÍTULO 33

1 El Eterno dijo a Moshéh: Anda, sube de aquí, tú y el pueblo que sacaste de la tierra de Egipto, a la tierra de la cual juré a Abrahám, Itzják y Iaakób diciendo: A tu descendencia la daré;
2 y enviaré delante de ti el ángel, y expulsaré al kenaaní, al emorí, al jití, al perizí, al jiví y al iebusí
3 a la tierra que fluye leche y miel. Pero Yo no subiré en medio de ti, porque eres pueblo obstinado, no sea que te consuma en el camino.
4 Y oyendo el pueblo esta mala noticia, hicieron luto, y ninguno se puso sus joyas.
5 Porque El Eterno había dicho a Moshéh: Di a los hijos de Israel: Ustedes son un pueblo obstinado; en un momento subiré en medio de ti, y te consumiré. Y ahora quítate tus joyas, y Yo sabré lo que te he de hacer.
6 Entonces los hijos de Israel fueron desprovistos de sus joyas desde el monte Joréb.
7 Y Moshéh tomó la Tienda, y la puso lejos, fuera del campamento, y la llamó la Tienda de Reunión. Y cualquiera que buscaba a El Eterno, salía a la Tienda de Reunión que estaba fuera del campamento.
8 Y sucedía que cuando salía Moshéh a la Tienda, todo el pueblo se levantaba, y cada cual estaba en pie a la puerta de su tienda, y miraban como Moshéh entraba en la Tienda.
9 Cuando Moshéh entraba en el Tienda, la columna de nube descendía y se ponía a la puerta de la Tienda, y (El Eterno) hablaba con Moshéh.
10 Y viendo todo el pueblo la columna de nube que estaba a la puerta de la Tienda, se levantaba cada uno a la puerta de su tienda y se prosternaba.
11 Y hablaba El Eterno a Moshéh cara a cara, como habla un hombre a su compañero. Y él volvía al campamento; pero el joven Iehoshúa hijo de Nun, su servidor, nunca se apartaba de en medio de la Tienda.
12 Y dijo Moshéh a El Eterno: Mira, Tú me dices a mí: Haz subir a este pueblo; y Tú no me has declarado a quién enviarás conmigo. Sin embargo, Tú dices: Yo te he conocido por tu nombre, y has hallado también gracia en Mis ojos.
13 Ahora si he hallado gracia en Tus ojos, te ruego que me hagas conocer tu camino, para que te conozca, y halle gracia en tus ojos; y mira que esta gente es Tu pueblo.
14 Y él dijo: Mi presencia irá contigo, y te daré descanso.
15 Y Moshéh respondió: Si tu presencia no ha de ir conmigo, no nos hagas subir de aquí.
16 ¿Y en qué se sabrá que he hallado gracia en Tus ojos, yo y tu pueblo?, sino en que Tú andes con nosotros, y yo y tu pueblo seamos apartados de todos los pueblos que

están sobre la faz de la tierra.

17 Y El Eterno dijo a Moshéh: También haré esto que has dicho, por cuanto has hallado gracia en mis ojos, y te he conocido por tu nombre.

18 Entonces dijo (Moshéh): Te ruego que me muestres tu gloria.

19 Y le respondió: Yo haré pasar todo Mi bien delante de tu rostro, y proclamaré el nombre de El Eterno delante de ti; y mostraré gracia cuando elija mostrar gracia y tendré misericordia con quien Yo tenga misericordia.

20 Dijo Él: No podrás ver Mi rostro; porque no me verá un hombre, y vivirá.

21 Y dijo aún El Eterno: He aquí hay un lugar junto a Mí, y tú te pararás sobre la roca;

22 y cuando pase Mi gloria, Yo te pondré en una grieta de la roca, y te cubriré con Mi mano hasta que haya pasado.

23 Después apartaré Mi mano, y verás Mis espaldas; mas no verás Mi rostro.

CAPÍTULO 34

1 Y El Eterno dijo a Moshéh: Graba dos tablas de piedra como las primeras, y escribiré sobre esas tablas las palabras que estaban en las tablas primeras que quebraste.

2 Prepárate para mañana, y sube de mañana al monte de Sinaí, y preséntate ante mí sobre la cumbre del monte.

3 Y no suba ningún hombre contigo, ni se aparezca ningún hombre en todo el monte; ni ovejas ni bueyes pasten delante del monte.

4 Y Moshéh grabó dos tablas de piedra como las primeras; y Moshéh se levantó de mañana y subió al monte de Sinaí, como le mandó El Eterno, y llevó en su mano las dos tablas de piedra.

5 Y El Eterno descendió en la nube, y estuvo allí con él, y llamó el nombre de El Eterno.

6 Y pasando El Eterno por delante de él, proclamó: ¡El Eterno! ¡El Eterno! Dios, compasivo y clemente, lento para enojarse y generoso en benevolencia y verdad

7 que guarda benevolencia para miles, que perdona el pecado, la iniquidad y el error, y que de ningún modo absolverá (a los que no se arrepienten); que recuerda la iniquidad de los padres sobre los hijos y sobre los hijos de los hijos, hasta la tercera y cuarta generación.

8 Entonces Moshéh, apresurándose, bajó la cabeza hacia el suelo y se prosternó.

9 Y dijo: Si ahora, Señor, he hallado gracia en tus ojos, vaya ahora el Señor en medio de nosotros; porque es un pueblo obstinado; y perdona nuestra iniquidad y nuestro pecado, y tómanos por tu heredad.

10 Y él contestó: He aquí, que Yo hago un pacto delante de todo tu pueblo; haré maravillas que no han sido hechas en toda la tierra, ni en ninguna nación, y verá todo el pueblo en el que tú estas en medio, la obra de El Eterno; porque será cosa tremenda la que Yo haré contigo.

11 Cuida lo que Yo te mando hoy; he aquí que Yo echo de delante de tu presencia al emorí, al kenaaní, al jití, al perizí, al jiví y al iebusí.

12 Cuídate de hacer un pacto con los moradores de la tierra donde vas, para que no sean un tropiezo en medio de ti.

13 Derribarás sus altares, y destruirás sus pilares, y cortarás sus árboles sagrados.

14 Porque no te prosternarás a ningún otro dios, pues el Nombre Mismo de El Eterno es Celoso, Él es un Dios Celoso.

15 Por tanto, no harás alianza con los moradores de aquella tierra; porque se desviaran tras sus dioses, y ofrecerán sacrificios a sus dioses, y te invitarán, y comerás de sus sacrificios;

16 o tomarás de sus hijas para tus hijos, y se prostituirán sus hijas tras sus dioses, harán prostituirse también a tus hijos tras los dioses de ellas.

17 No te harás dioses de fundición.

18 La fiesta de los panes sin levadura (Pésaj) guardarás; siete días comerás pan sin levadura, según te he ordenado, en el tiempo señalado del mes de Abíb; porque en el mes de Abíb saliste de Egipto.

19 Todo primer nacido, mío es; y de tu ganado todo primogénito de vaca o de oveja, que sea macho.

20 Pero redimirás con un cordero el primogénito del burro; y si no lo redimieres, lo desnucarás. Redimirás todo primogénito de tus hijos; y ninguno se presentará delante de mí con las manos vacías.

21 Seis días trabajarás, y en el séptimo día cesarás, debes cesar de sembrar y cosechar.

22 También celebrarás la fiesta de las semanas (Shabuót), la de las primicias de la cosecha del trigo, y la fiesta de la recolección será con el cambio de año.

23 Tres veces en el año se presentará todo hombre delante del Señor, El Eterno, el Dios de Israel.

24 Porque Yo expulsaré a los pueblos de tu presencia, y ensancharé tu territorio; y ninguno codiciará tu tierra, cuando subas para presentarte delante de El Eterno tu Dios tres veces en el año.

25 No sacrificarás cosa leudada junto con la sangre de Mi sacrificio, ni se dejará hasta la mañana nada del sacrificio de la fiesta de Pésaj.

26 Las primicias de los primeros frutos de tu tierra llevarás a la casa de El Eterno tu Dios. No cocerás el cabrito en la leche de su madre.

27 Y El Eterno dijo a Moshéh: Escribe estas palabras; porque conforme a estas palabras he hecho pacto contigo y con Israel.

28 Y él estuvo allí con El Eterno cuarenta días y cuarenta noches; no comió pan, ni bebió agua; y escribió en tablas las palabras del pacto, las diez palabras.

29 Y sucedió que cuando descendiendo Moshéh del monte de Sinaí con las dos tablas del testimonio en su mano, al descender del monte, no sabía Moshéh que la piel de su rostro resplandecía, después que hubo hablado con Él.

30 Y Aharón y todos los hijos de Israel miraron a Moshéh, y he aquí la piel de su rostro era resplandeciente; y tuvieron miedo de acercarse a él.

31 Entonces Moshéh los llamó; y Aharón y todos los príncipes de la congregación volvieron a él, y Moshéh les habló.

32 Después se acercaron todos los hijos de Israel, a los cuales ordeno todo lo que El

Eterno le había dicho en el monte de Sinaí.

33 Y cuando acabó Moshéh de hablar con ellos, puso una máscara sobre su rostro.

34 Cuando venía Moshéh delante de El Eterno para hablar con Él, se quitaba la mascara hasta que salía; y saliendo, decía a los hijos de Israel lo que le había ordenado.

35 Y al mirar los hijos de Israel el rostro de Moshéh, veían que la piel de su rostro era resplandeciente; y volvía Moshéh a poner la mascara sobre su rostro, hasta que entraba a hablar con Dios.

VAYAKÉL

CAPÍTULO 35

1 Moshéh reunió a toda la congregación de los hijos de Israel y les dijo: Estas son las cosas que El Eterno ha ordenado que sean hechas:

2 Seis días se trabajará, mas el día séptimo será santo, día de reposo para El Eterno; cualquiera que en él hiciere trabajo, morirá.

3 No encenderán fuego en ninguna de sus moradas en el día de Shabát.

4 Y habló Moshéh a toda la congregación de los hijos de Israel, diciendo: Esto es lo que El Eterno ha ordenado:

5 Tomen de entre ustedes ofrenda para El Eterno; todo generoso de corazón la traerá a El Eterno; oro, plata, cobre,

6 verde, púrpura, carmesí, lino fino, pelo de cabras,

7 pieles de carneros teñidas de rojo, pieles de tejashím, madera de acacia,

8 aceite para alumbrar, especias para el aceite de la unción y para el incienso aromático,

9 y piedras de shoám y piedras de engaste para el Efód y para el pectoral.

10 Todo sabio de corazón de entre ustedes vendrá y hará todas las cosas que El Eterno ha ordenado:

11 El Tabernáculo que es su Tienda, su cubierta, sus broches, sus tablas, sus barras, sus columnas y sus bases;

12 el arca y sus varas, la cubierta, el velo de la tienda;

13 la mesa y sus varas, y todos sus utensilios, y el pan de la proposición;

14 la Menoráh de la iluminación y sus utensilios, sus lámparas, y el aceite para alumbrar;

15 el altar del incienso y sus varas, el aceite de la unción, el incienso aromático, la cortina de la puerta para la entrada de la Tienda;

16 el altar de la ofrenda de elevación, su enrejado de cobre y sus varas, y todos sus utensilios, y la fuente con su base;

17 las cortinas del patio, sus columnas y sus bases, la cortina de la puerta del patio;

18 las estacas de la Tienda, y las estacas del patio y sus cuerdas;

19 las vestiduras para el oficio destinadas a hacer el servicio en el santuario, las sagradas ropas de Aharón el sacerdote, y las vestiduras de sus hijos para el sacerdocio.

20 Y salió toda la congregación de los hijos de Israel de delante de Moshéh.

21 Y vino todo hombre a quien su corazón se inspiró, y todo aquel a quien su espíritu le dio voluntad, con ofrenda a El Eterno para la obra de la Tienda de Reunión y para toda su obra, y para las sagradas vestiduras.

22 Vinieron así hombres como mujeres, todos los voluntarios de corazón, y trajeron pulseras, aros, anillos, cinturones de castidad y todo objeto de oro; y todos presentaban ofrenda de oro a El Eterno.

23 Todo hombre que tenía verde, púrpura, carmesí, lino fino, pelo de cabras, pieles de carneros teñidas de rojo, o pieles de tejones, lo traía.

24 Todo el que ofrecía ofrenda de plata o de cobre traía a El Eterno la ofrenda; y todo el que tenía madera de acacia la traía para toda la obra del servicio.

25 Además todas las mujeres sabias de corazón hilaban con sus manos, y traían lo que habían hilado: verde, púrpura, carmesí o lino fino.

26 Y todas las mujeres cuyo corazón las impulsó en sabiduría hilaron (pelo de) cabras.

27 Los príncipes trajeron piedras de shoám, y las piedras de los engastes para el Efód y el pectoral,

28 y las especias aromáticas, y el aceite para el alumbrar, y para el aceite de la unción, y para el incienso aromático.

29 Todos los hombres y las mujeres, que tuvieron corazón voluntario para traer para toda la obra, que El Eterno había ordenado por medio de Moshéh que hiciesen, trajeron ofrenda voluntaria a El Eterno.

30 Y dijo Moshéh a los hijos de Israel: Miren, El Eterno ha llamado por sunombre a Bezaleél hijo de Úri, hijo de Jur, de la tribu de Iehudáh;

31 y lo ha llenado del Espíritu de Dios, en sabiduría, en inteligencia, en ciencia y en todo trabajo,

32 para inventar diseños, para trabajar en oro, en plata y en cobre,

33 y en la talla de piedras de engaste, y en obra de madera, para trabajar en toda labor de diseño.

34 Y ha puesto en su corazón el que pueda enseñar, así él como Ahaliáb hijo de Ajisamáj, de la tribu de Dan;

35 los ha llenado de sabiduría de corazón, para que hagan toda obra de arte y de invención, y de bordado con verde, púrpura, carmesí, lino fino y en telar, para que hagan toda labor, e inventen todo diseño.

CAPÍTULO 36

1 Y harán Bezaleél y Aholiáb, y todo hombre sabio de corazón a quien El Eterno dio sabiduría e inteligencia para saber hacer toda la obra del servicio del santuario, harán todas las cosas que ha ordenado El Eterno.

2 Y Moshéh llamó a Bezaleél y a Aholiáb y a todo hombre sabio de corazón, en cuyo corazón había puesto El Eterno sabiduría, todo hombre a quien su corazón le movió a venir a la obra para trabajar en ella.

3 Y tomaron de delante de Moshéh toda la ofrenda que los hijos de Israel habían traído para la obra del servicio del santuario, a fin de hacerla. Y ellos seguían trayéndole ofrenda voluntaria cada mañana.

4 Vinieron todos los sabios que hacían toda la obra del santuario, cada uno de la obra que hacía,

5 y hablaron a Moshéh, diciendo: El pueblo trae mucho más de lo que se necesita para la obra que El Eterno ha mandado que se haga.

6 Entonces Moshéh ordenó proclamar por el campamento, diciendo: Ningún hombre ni mujer haga más para la ofrenda del santuario, y el pueblo dejo de traer más;

7 pues tenían material abundante para hacer toda la obra, y sobraba.

8 Todos los sabios de corazón de entre los que hacían la obra, hicieron el Tienda de diez cortinas de lino torcido, verde, púrpura y carmesí; las hicieron con querubines de obra artista.

9 El largo de una cortina era de veintiocho codos, y el ancho de cuatro codos; todas las cortinas eran de igual medida.

10 Cinco de las cortinas las unió entre sí, y asimismo unió las otras cinco cortinas entre sí.

11 E hizo amarres verdes en la orilla de la cortina que estaba al extremo de la primera serie; e hizo lo mismo en la orilla de la cortina final de la segunda serie.

12 Cincuenta amarres hizo en la primera cortina, y otras cincuenta en la orilla de la cortina de la segunda serie; los amarres de la una correspondían a las de la otra.

13 Hizo también cincuenta broches de oro, con los cuales enlazó las cortinas una con otra, y así quedó formado una Tienda.

14 Hizo asimismo cortinas de pelo de cabra para la Tienda del Tabernáculo; once cortinas hizo.

15 El largo de una cortina era de treinta codos, y el ancho de cuatro codos; las once cortinas tenían una misma medida.

16 Y unió cinco de las cortinas aparte, y las otras seis cortinas aparte.

17 Hizo además cincuenta amarres en la orilla de la cortina que estaba al extremo de la primera serie, y otros cincuenta amarres en la orilla de la cortina final de la segunda serie.

18 Hizo también cincuenta broches de cobre para unir la tienda, de modo que fuese una.

19 E hizo para la Tienda una cubierta de pieles de carneros teñidas de rojo, y otra cubierta de pieles de tejashím encima.

20 Además hizo para la Tienda las tablas de madera de acacia, verticales.

21 El largo de cada tabla era de diez codos, y de un codo y medio el ancho.

22 Cada tabla tenía dos ensambladuras, para unirlas una con la otra; así hizo todas las tablas de la Tienda.

23 Hizo las tablas para la Tienda; veinte tablas para el costado meridional, hacia el sur;

24 Hizo también cuarenta bases de plata debajo de las veinte tablas: dos bases debajo de una tabla, para sus dos ensambladuras, y dos bases debajo de otra tabla para sus dos ensambladuras.

25 Y para el otro lado de la Tienda, al lado norte, hizo otras veinte tablas,

26 con sus cuarenta bases de plata; dos bases debajo de una tabla, y dos bases debajo de otra tabla.

27 Y para el lado occidental de la Tienda hizo seis tablas.

28 Para las esquinas de la Tienda en los dos lados hizo dos tablas,

29 las cuales se unían desde abajo, y por arriba se ajustaban con un anillo; así hizo a la una y a la otra en las dos esquinas.

30 Eran ocho tablas, y sus bases de plata dieciséis; dos bases debajo de cada tabla.

31 Hizo también las barras de madera de acacia; cinco para las tablas de un lado de la Tienda,

32 cinco barras para las tablas del otro lado de la Tienda, y cinco barras para las tablas del lado posterior de la Tienda hacia el occidente.

33 E hizo que la barra de en medio pasase por en medio de las tablas de un extremo al otro.

34 Y cubrió de oro las tablas, e hizo de oro los anillos de ellas, por donde pasasen las barras; cubrió también de oro las barras.

35 Asimismo hizo el velo de verde, púrpura, carmesí y lino torcido; lo hizo con querubines de obra de artista.

36 Y para él hizo cuatro columnas de madera de acacia, y las cubrió de oro, y sus extremidades eran de oro; y fundió para ellas cuatro bases de plata.

37 Hizo también el velo para la puerta de la Tienda, de verde, púrpura, carmesí y lino torcido, obra de bordador;

38 y sus cinco columnas con sus extremidades; y cubrió de oro las extremidades y las molduras, e hizo de cobre sus cinco bases.

CAPÍTULO 37

1 E hizo Bezaleél el arca de madera de acacia; su largo era de dos codos y medio, su ancho de un codo y medio, y su altura de un codo y medio.

2 Y la cubrió de oro puro por dentro y por fuera, y le hizo un resalte de oro en derredor.

3 Además fundió para ella cuatro anillos de oro a sus cuatro esquinas; en un lado dos anillos y en el otro lado dos anillos.

4 Hizo también varas de madera de acacia, y las cubrió de oro.

5 Y metió las varas por los anillos a los lados del arca, para cargar el arca.

6 Hizo asimismo el propiciatorio de oro puro; su longitud de dos codos y medio, y su ancho de codo y medio.

7 Hizo también los dos querubines de oro, labrados a martillo, en los dos extremos del propiciatorio.

8 Un querubín a un extremo, y otro querubín al otro extremo; de una pieza con el propiciatorio hizo los querubines a sus dos extremos.

9 Y los querubines extendían sus alas por encima, cubriendo con sus alas el propiciatorio; y sus rostros el uno enfrente del otro miraban hacia el propiciatorio.

10 Hizo también la mesa de madera de acacia; su longitud de dos codos, su ancho de un codo, y de codo y medio su altura;

11 y la cubrió de oro puro, y le hizo una cornisa de oro alrededor.

12 Le hizo también una moldura de un palmo menor de ancho alrededor, e hizo en derredor de la moldura una cornisa de oro.

13 Le hizo asimismo de fundición cuatro anillos de oro, y los puso a las cuatro esquinas que correspondían a las cuatro patas de ella.

14 Debajo de la moldura estaban los anillos, por los cuales se metían las varas para llevar la mesa.

15 E hizo las varas de madera de acacia para llevar la mesa, y las cubrió de oro.

16 También hizo los utensilios que habían de estar sobre la mesa, sus platos, sus cucharas, sus cubiertos y sus medias cañitas de separación, y sus soportes que han de servir de techo para ellos; todo de oro puro.

17 Hizo asimismo la Menoráh de oro puro, labrada a martillo; su pie, su caña, sus elishí) copas, sus botones y sus flores eran de lo mismo.

18 De sus lados salían seis brazos; tres brazos de un lado del candelero, y otros tres brazos del otro lado del candelero.

19 En un brazo, tres copas en forma de flor de almendro, un botón y una flor, y en otro brazo tres copas en figura de flor de almendro, un botón y una flor; así en los seis brazos que salían del candelero.

20 Y en la caña del candelabro había cuatro copas en figura de flor de almendro, sus botones y sus flores,

21 y un botón debajo de dos brazos de ella, y otro botón debajo de los otros dos brazos de ella, y otro botón debajo de los otros dos brazos de ella, conforme a los seis brazos que salían de ella.

22 Sus botones y sus brazos eran de lo mismo; todo era una pieza labrada a martillo, de oro puro.

23 Hizo asimismo sus siete lámparas, sus despabiladeras y sus platillos, de oro puro.

24 De un talento de oro puro lo hizo, con todos sus utensilios.

25 Hizo también el altar del incienso, de madera de acacia; de un codo su longitud, y de otro codo su ancho; era cuadrado, y su altura de dos codos; y sus cuernos de la misma pieza.

26 Y lo cubrió de oro puro, su cubierta y sus paredes alrededor, y sus cuernos, y le hizo un resalte de oro alrededor.

27 Le hizo también dos anillos de oro debajo del resalte en las dos esquinas a los dos lados, para meter por ellos las varas con que había de ser llevado.

28 E hizo las varas de madera de acacia, y las cubrió de oro.

29 Hizo asimismo el aceite sagrado de la unción, y el incienso puro, aromático, según el arte del perfumador.

CAPÍTULO 38

1 Igualmente hizo de madera de acacia el altar de la ofrenda de elevación; su largo era de cinco codos, y su ancho de otros cinco codos, cuadrado, y de tres codos su altura.

2 E hizo sus cuernos a sus cuatro esquinas, los cuales eran de la misma pieza, y lo cubrió de cobre.

3 Hizo asimismo todos los utensilios del altar; los recipientes, las palas, tazones, ganchos y las palas; todos sus utensilios los hizo de cobre.

4 E hizo para el altar un enrejado de cobre de obra de rejilla, que puso por debajo de su cerco hasta la mitad del altar.

5 También fundió cuatro anillos a los cuatro extremos del enrejado de cobre, para meter las varas.

6 E hizo las varas de madera de acacia, y las cubrió de cobre.

7 Y metió las varas por los anillos a los lados del altar, para llevarlo con ellas; hueco lo hizo, de tablas.

8 También hizo la fuente de cobre y su base de cobre, de los espejos de las mujeres que se reunían a la puerta de la Tienda de Reunión.

9 Hizo asimismo el patio; del lado sur, las cortinas del patio eran de cien codos, de lino torcido.

10 Sus columnas eran veinte, con sus veinte bases de cobre; las extremidades de las columnas y sus molduras, de plata.

11 Y del lado norte cortinas de cien codos; sus columnas, veinte, con sus veinte bases de cobre; los capiteles de las columnas y sus molduras, de plata.

12 Del lado del occidente, cortinas de cincuenta codos; sus columnas diez, y sus diez bases; los capiteles de las columnas y sus molduras, de plata.

13 Del lado oriental, al este, cortinas de cincuenta codos;

14 a un lado cortinas de quince codos, sus tres columnas y sus tres bases; **15** al otro lado, de uno y otro lado de la puerta del patio, cortinas de quince codos, con sus tres columnas y sus tres bases.

16 Todas las cortinas del patio alrededor eran de lino torcido.

17 Las bases de las columnas eran de cobre; las extremidades de las columnas y sus molduras, de plata; asimismo las cubiertas de las cabezas de ellas, de plata; y todas las columnas del patio tenían molduras de plata.

18 La cortina de la entrada del patio era de obra de bordador, de verde, púrpura, carmesí y lino torcido; era de veinte codos de largo, y su altura, era de cinco codos, lo mismo que las cortinas del patio.

19 Sus columnas eran cuatro, con sus cuatro bases de cobre y sus extremidades de plata; y las cubiertas de las extremidades de ellas, y sus molduras, de plata.

20 Todas las estacas de la Tienda y del patio alrededor eran de cobre.

21 Este es el recuento de la Tienda, de la Tienda del testimonio, las que se hicieron por orden de Moshéh por obra de los leviím bajo la dirección de Itamár hijo del sacerdote Aharón.

22 Y Bezaleél hijo de Úri, hijo de Jur, de la tribu de Iehudáh, hizo todas las cosas que El Eterno mandó a Moshéh.

23 Y con él estaba Aholiáb hijo de Ahisamáj, de la tribu de Dan, artífice, diseñador y bordador en verde, púrpura, carmesí y lino fino.

24 Todo el oro utilizado en la obra, en toda la obra del santuario, el cual fue oro de la ofrenda, fue veintinueve talentos y setecientos treinta shekalím, según el shekel del santuario.

25 Y la plata de la congregación censada cien talentos y mil setecientos setenta y cinco shekalím, según el shekel del santuario;

26 medio shekel por cabeza, según el shekel del santuario; a todos los que pasaron por el censo, de edad de veinte años para arriba, que fueron seiscientos tres mil quinientos cincuenta.

27 Hubo además cien talentos de plata para fundir las bases del santuario y las bases del velo; en cien bases, cien talentos, un talento por base.

28 Y de los mil setecientos setenta y cinco shekalím hizo las extremidades de las columnas, y cubrió las extremidades de ellas, y las revistió.

29 El cobre ofrendado fue setenta talentos y dos mil cuatrocientos shekalím,

30 del cual fueron hechas las bases de la puerta de la Tienda de Reunión, y el altar de cobre y su enrejado de cobre, y todos los utensilios del altar,

31 las bases del patio alrededor, las bases de la puerta del patio, y todas las estacas de la Tienda y todas las estacas del patio alrededor.

CAPÍTULO 39

1 Del verde, púrpura y carmesí hicieron las vestiduras del servicio para servir en el santuario, y asimismo hicieron las vestiduras sagradas para Aharón, como El Eterno lo había ordenado a Moshéh.

2 Hizo también el Efód de oro, de verde, púrpura, carmesí y lino torcido.

3 Y el oro fue laminado, y cortaron hilos para tejerlos entre los (hilos de color) verde, púrpura, carmesí y el lino, con labor de artista.

4 Hicieron las hombreras para que se juntasen, y se unían en sus dos extremos.

5 Y el cinto del Efód que estaba sobre él era de lo mismo, de igual labor; de oro, verde, púrpura, carmesí y lino torcido, como El Eterno lo había ordenado a Moshéh.

6 Y labraron las piedras de shoám montadas en engastes de oro, con grabaduras de sello con los nombres de los hijos de Israel,

7 y las puso sobre las hombreras del Efód, por piedras de recordación para los hijos de Israel, como El Eterno lo había ordenado a Moshéh.

8 Hizo también el pectoral de obra de artista como la obra del Efód, de oro, verde, púrpura, carmesí y lino torcido.

9 Era cuadrado; doble hicieron el pectoral; su largo era de un palmo, y de un palmo su ancho, cuando era doblado.

10 Y engastaron en él cuatro hileras de piedras. La primera hilera era odém, pitdáh y baréket; esta era la primera hilera.

11 La segunda hilera, noféj, un safír y iaalóm.

12 La tercera hilera, léshem, shebóh y ajlamáh.

13 Y la cuarta hilera, tarshísh, shoám y iashféh, todas montadas y encajadas en engastes de oro.

14 Y las piedras eran conforme a los nombres de los hijos de Israel, doce según los nombres de ellos; como grabaduras de sello, cada una con su nombre, según las doce tribus.

15 Hicieron también sobre el pectoral cadenillas en forma de trenza, de oro puro.

16 Hicieron asimismo dos engastes y dos anillos de oro, y pusieron dos anillos de oro en los dos extremos del pectoral,

17 y fijaron los dos cordones de oro en aquellos dos anillos a los extremos del pectoral.

18 Fijaron también los otros dos extremos de los dos cordones de oro en los dos engastes que pusieron sobre las hombreras del Efód por delante.

19 E hicieron otros dos anillos de oro que pusieron en los dos extremos del pectoral, en su orilla, frente a la parte baja del Efód.

20 Hicieron además dos anillos de oro que pusieron en la parte delantera de las dos hombreras del Efód, hacia abajo, cerca de su juntura, sobre el cinto del Efód.

21 Y ataron el pectoral por sus anillos a los anillos del Efód con un cordón de verde, para que estuviese sobre el cinto del mismo Efód y no se separase el pectoral del Efód, como El Eterno lo había mandado a Moshéh.

22 Hizo también el manto del Efód de obra de tejedor, todo de verde,

23 con su abertura en medio de él, con un borde alrededor de la abertura, para que no se rompiese.

24 E hicieron en las orillas del manto granadas de verde, púrpura, carmesí y lino torcido.

25 Hicieron también campanillas de oro puro, y pusieron campanillas entre las granadas en las orillas del manto, alrededor, entre las granadas;

26 una campanilla y una granada, otra campanilla y otra granada alrededor, en las orillas del manto, para el servicio, como El Eterno ordeno a Moshéh.

27 E hicieron las túnicas de lino fino de obra de tejedor, para Aharón y para sus hijos.

28 Asimismo el turbante de lino fino, y los adornos de los gorros de lino fino, y los pantalones de lino, de lino torcido.

29 También el cinturón de lino torcido, verde, púrpura y carmesí, de obra de bordador, como El Eterno ordeno a Moshéh.

30 E hicieron la lámina de oro puro, un adorno sagrado, y escribieron en ella como grabado de sello: SANTIDAD A EL ETERNO.

31 Y pusieron en ella un hilo de (color) verde para colocarla sobre el turbante por arriba, como El Eterno lo había ordenado a Moshéh.

32 Fue terminada toda la obra del tabernáculo, de la Tienda de Reunión; e hicieron los hijos de Israel como El Eterno lo había ordenado a Moshéh; así lo hicieron.

33 Y trajeron el tabernáculo a Moshéh, la Tienda y todos sus utensilios; sus broches, sus tablas, sus barras, sus columnas, sus bases;

34 la cubierta de pieles de carnero teñidas de rojo, la cubierta de pieles de los tejashím, y el velo del frente;

35 el arca del testimonio, sus varas, y la cubierta;

36 la mesa, sus utensilios, y el pan de la proposición;

37 el candelero puro, sus lámparas, las lámparas que debían mantenerse en orden, y todos sus utensilios, el aceite para alumbrar;

38 el altar de oro, el aceite de la unción, el incienso aromático, la cortina para la entrada de la Tienda;

39 el altar de bronce con su enrejado de bronce, sus varas y todos sus utensilios, la fuente y su base;

40 las cortinas del patio, sus columnas y sus bases, la cortina para la entrada del patio, sus cuerdas y sus estacas, y todos los utensilios del servicio del tabernáculo, de la Tienda de Reunión;

41 las ropas para el servicio para servir en el santuario, las sagradas ropas para Aharón el sacerdote, y las ropas de sus hijos, para el sacerdocio.

42 Conforme a todas las cosas que El Eterno había ordenado a Moshéh, así hicieron los hijos de Israel toda la obra.

43 Y vio Moshéh toda la obra, y he aquí que la habían hecho como El Eterno lo había ordenado; y Moshéh los bendijo.

CAPÍTULO 40

1 El Eterno habló a Moshéh, diciendo:

2 En el primer día del mes primero harás levantar el tabernáculo, la Tienda de Reunión;

3 y pondrás en él, el arca del testimonio, y la cubrirás con el velo.

4 Traerás la mesa y la pondrás en orden; también la Menoráh y encenderás sus lámparas,

5 y pondrás el altar de oro para el incienso delante del arca del testimonio, y pondrás la cortina delante a la entrada del tabernáculo.

6 Después pondrás el altar de la ofrenda de elevación delante de la entrada del tabernáculo, de la Tienda de Reunión.

7 Luego pondrás la fuente entre la Tienda de Reunión y el altar, y pondrás agua en ella.

8 Finalmente pondrás patio alrededor, y la cortina a la entrada al patio.

9 Y tomarás el aceite de la unción y ungirás el tabernáculo, y todo lo que está en él; y lo santificarás con todos sus utensilios, y será santo.

10 Ungirás también el altar de la ofrenda de elevación y todos sus utensilios; y santificarás el altar, y será un altar santísimo.

11 Asimismo ungirás la fuente y su base, y la santificarás.

12 Y llevarás a Aharón y a sus hijos a la puerta de la Tienda de Reunión, y los lavarás con agua.

13 Y harás vestir a Aharón las vestiduras sagradas, y lo ungirás, y lo santificaras, para que sea Mi sacerdote.

14 Después harás que se acerquen sus hijos, y les vestirás las túnicas;

15 y los ungirás, como ungiste a su padre, y me servirán como sacerdotes, y su unción les servirá por sacerdocio perpetuo, por sus generaciones.

16 E hizo Moshéh conforme a todo lo que El Eterno le ordeno; así lo hizo.

17 Y fue en el día primero del primer mes, en el segundo año, el tabernáculo fue levantado.

18 Moshéh hizo levantar el tabernáculo, y puso sus bases, colocó sus tablas, puso sus barras, e hizo levantar sus columnas.

19 Extendió la tienda por encima del tabernáculo, y puso la sobrecubierta encima del mismo, como El Eterno había ordenado a Moshéh.

20 Y tomó el testimonio y lo puso dentro del arca, y colocó las varas en el arca, y puso la cubierta sobre el arca.

21 Trajo el arca al tabernáculo, y puso el velo extendido, y cubrió el arca del testimonio, como El Eterno había ordenado a Moshéh.

22 Puso la mesa en la Tienda de Reunión, al lado norte de la cortina, fuera del velo,

23 y sobre ella puso por orden los panes delante de El Eterno, como El Eterno había ordenado a Moshéh.

24 Puso la Menoráh en la Tienda de Reunión, enfrente de la mesa, al lado sur del tabernáculo,

25 y encendió las lámparas delante de El Eterno, como El Eterno había ordenado a Moshéh.

26 Puso también el altar de oro en la Tienda de Reunión, delante del velo,

27 y quemó sobre él incienso aromático, como El Eterno había ordenado a Moshéh.

28 Puso asimismo la cortina a la entrada del tabernáculo.

29 Y colocó el altar de la ofrenda de elevación a la entrada del tabernáculo, de la Tienda de Reunión, y sacrificó sobre la ofrenda de elevación y la ofrenda vegetal, como El Eterno había ordenado a Moshéh.

30 Y puso la fuente entre la Tienda de Reunión y el altar, y puso en ella agua para lavar.

31 Moshéh y Aharón y sus hijos lavaban en ella sus manos y sus pies.

32 Cuando entraban en la Tienda de Reunión, y cuando se acercaban al altar, se lavaban, como El Eterno había ordenado a Moshéh.

33 (Finalmente) levantó el patio alrededor del tabernáculo y del altar, y puso la cortina a la entrada del patio. Así acabó Moshéh la obra.

34 Entonces una nube cubrió la Tienda de Reunión, y la gloria de El Eterno llenó el tabernáculo.

35 Y no podía Moshéh entrar en la Tienda de Reunión, porque la nube estaba sobre él, y la gloria de El Eterno llenaba el tabernáculo.

36 Y cuando la nube subía del tabernáculo, los hijos de Israel viajaban en todos sus viajes;

37 pero si la nube no subía, no viajaban hasta el día en que ella subiera.

38 Porque la nube de El Eterno estaba de día sobre el tabernáculo, y el fuego estaba de noche sobre él, a los ojos de toda la casa de Israel, en todos sus viajes.

JAZÁK, JAZÁJ VENITJAZÉK
(¡Sé fuerte, sé fuerte, y nos fortaleceremos!)

CPSIA information can be obtained at www.ICGtesting.com
Printed in the USA
LVOW03*2133040614

388688LV00010B/46/P

9 789788 352280

12/15 ③ 9/15